东北大学百年校庆丛书
1923 － 2023

讲述·东大人的故事

主编　熊晓梅

东北大学出版社

ⓒ 熊晓梅　2023

图书在版编目（CIP）数据

讲述·东大人的故事 / 熊晓梅主编 . — 沈阳：东
北大学出版社，2023.8
　ISBN 978-7-5517-3335-9

　Ⅰ . ①讲… Ⅱ . ①熊… Ⅲ . ①东北大学—教育工作者
—先进事迹 ②东北大学—校友—先进事迹 Ⅳ .
① K820.7

中国国家版本馆 CIP 数据核字（2023）第 140364 号

出　版　者：东北大学出版社
　　　　　　地址：沈阳市和平区文化路三号巷 11 号
　　　　　　邮编：110819
　　　　　　电话：024-83680181（编辑部）　　83680267（社务部）
　　　　　　传真：024-83680181（编辑部）　　83680180（市场部）
　　　　　　网址：http://www.neupress.com
　　　　　　E-mail:neuph@neupress.com
印　刷　者：辽宁新华印务有限公司
发　行　者：东北大学出版社
幅面尺寸：170 mm × 240 mm
印　　张：21
字　　数：366 千字
出版时间：2023 年 8 月第 1 版
印刷时间：2023 年 8 月第 1 次印刷
责任编辑：孙　锋
责任校对：项　阳
封面设计：解晓娜　潘正一
责任出版：初　茗

ISBN　978-7-5517-3335-9　　　　　　　定　价：84.00 元

东北大学庆祝建校一百周年

丛书编委会

《讲述·东大人的故事》
编委会

主　编　熊晓梅

副主编　王玉琦

编　委 （按姓名首字笔画为序）

丁义浩　王　刚　王玉琦　王延邦

王钰慧　史　鉴　吕　静　刘　剑

刘宇豪　刘颖慧　闫　研　孙　晶

李　晨　李家祥　李皓然　杨　明

杨　凌　杨薇薇　迟美琪　张　蕾

张广宏　周洛琦　赵春时　段亚巍

姚艾君　黄丽红　韩　斌　管珊珊

熊晓梅　霍佳锐

总序

    习近平总书记在文化传承发展座谈会上强调，在新的起点上继续推动文化繁荣、建设文化强国、建设中华民族现代文明，是我们在新时代新的文化使命。要坚定文化自信、担当使命、奋发有为，共同努力创造属于我们这个时代的新文化，建设中华民族现代文明。

    大学文化，是大学在长期的办学实践中，经过代代学人的不懈追求、沧桑历史的传承积淀，涵育出的一种独特的文化形式，体现着一所大学的发展历程和学术传统，凸显着一所大学的思想理念和精神气质，它是大学的血脉根基，是大学的灵魂所在。古今中外的一流学府，无一不是在其所处的时代背景下塑造并形成自身的精神文化，以探索未来新知，引领文明之进步、社会之发展。在全面推进中国特色、世界一流大学建设，全面建设社会主义文化强国，实现中华民族伟大复兴的大背景下，中国大学应有做文化引领者的担当，中华文明呼唤有灵魂的大学。

    东北大学创建于 1923 年，至今已有一百年的历史。一百年来，一代代东大人书写了坚守初心使命、矢志育才报国的奋斗史创业史，形成了"爱国爱校、严谨治学"的光荣传统、"献身、求实、团结、创新"的优良校风、"自强不息、知行合一"的校训精神和"实干、报国、创新、卓越"的文化品格。这是百年东大砥砺奋进的"精神密码"，是全体东大人接续奋斗的"价值坐标"，是东大历百年而常新的力量之源。正是凭借着这种强大的文化和精神力量，百年东大在上下求索中回答时代之问、勇担时代之责，谱写了与国家同呼吸、与民族共命运、与时代相偕行的壮丽篇章。

"求木之长者，必固其根本。"东北大学一百年波澜壮阔的历史，是一座宝贵的精神和文化宝库，学校发展、变革的文化脉络和历史进程，既是东大自身记录历史、面向未来的宝贵参照，也是中国近现代史中的教育缩影。为此，我们满怀珍重与敬意开展东北大学百年校庆系列丛书编写工作，以期将一个真实、鲜活、厚重、坚韧的东大用文字与图像的形式呈现在读者面前。

在关心和支持东北大学发展的师生、校友共同努力下，在为丛书编辑出版过程中发挥重要作用、作出积极贡献的专家学者指导帮助下，东北大学百年校庆系列丛书共计 10 本出版发行。这套丛书文脉清晰、内容丰富、事例翔实、图文并茂，既有对东北大学文化内涵的系统阐释，又有百年办学实践中具有典型性、代表性的人物故事；既有东大早期办学救国的珍贵史料，又有新时代东大立德树人、科技报国的生动纪实；既有校园中东大师生的活跃风采，又有海内外校友对母校的深情眷恋；既有对楼馆风物的抒情描摹，又有今日校园的如画风景。这套丛书的出版，是对东大百年文化的挖掘凝练，是对东大百年办学实践的梳理总结，是将作为思想结晶的文化藏于器、寓于形的实践创造，具有深远的历史意义和文化价值。

人类伟大的精神之花，必将结出丰硕的文明之果。一所大学之精神文化，在缔造辉煌成就的同时，也必定成为支撑其前行的不竭动力。站在建校百年的历史节点，我们回望过去，将历史化身纸书，将文化刊刻梓行，旨在继承和吸纳中进步，在传承和创新中发展。唯有如此，才能使东北大学的精神与文化超越时空，展现出永恒的魅力和风采；才能肩负起一所大学的时代责任和历史使命，在新时代新征程上，为建设教育强国、为以中国式现代化全面推进中华民族伟大复兴作出新的更大贡献。

百年东大，风华正茂；百年东大，文化日新。东北大学再上征程，朝着下一个百年的宏图愿景砥砺前行。

丛书编委会

2023 年 7 月

序言

巍巍学府，知馨行远，百年东大，与国同行。

从 1923 到 2023，东北大学走过了一百年光辉历程。诞生于民族危难之际，成长于百业待兴之时，在改革开放的大潮中勇担重任，在新时代的伟大征程上跃升引领。走过十秩峥嵘的东北大学，必将赓续红色血脉，弘扬光荣传统，再建卓著功勋，再谱崭新华章。

肩负使命，薪火相传，一代代东大人为国奉献，在奋斗中成就事业的故事，汇聚成一种强大的精神力量，铸就了东大人"实干、报国、创新、卓越"的文化品格。站在历史的交汇处，学校编辑出版这本《讲述·东大人的故事》，献礼百年华诞，通过精彩的故事、感人的事例，生动再现东大人不忘初心、爱国奉献的难忘瞬间，以榜样的力量感染人、鼓舞人、引领人，激励广大师生以奋发有为的精神状态，依靠顽强奋斗开辟学校事业发展新天地。

本书内容主要取材于东北大学"讲述·东大人的故事"典型推介会，活动自 2016 年以来已成功举办五届，选树典型集体和个人 44 个，现场直接观看人数 2 万余人。推介会以事迹短片和人物现场访谈的形式深入挖掘并分享东北大学师生的真实故事，集中展现东大人砥砺奋进、爱国报国的昂扬风貌，用理想信念照亮出彩人生，以榜样力量凝聚发展正能量，打造出具有东大特色的"榜样示范人物志"。

《讲述·东大人的故事》是一部催人奋进的东大人物群像。从著作等身的院士，到逐梦芳华的蓬勃少年；从扎根一线的科研团队，到矢志创新的先进个人；从甘于奉献的支边师生，到勇立潮头的创业巨子；从丹心育人的良师益友，到守护校园的坚强后盾……一代又一代东大人在各个领域闪耀着璀璨光芒，在实干与奉献中追求人生的真谛。阅读他们的故事，如同步入一条不断攀登、不断超越的时空隧道，无数彪炳史册的东大成就在此熠熠生辉：中国第一台模拟电子计算机、第一台国产 CT、第一块超级钢、第一个大学科学园、第一家软件上市公司，一个个"第一"引航时代发展；C919 大飞机、长征系列运载火箭、神舟飞船，一件件"国之重器"建功复兴伟业；川藏铁路、白鹤滩水电站、港珠澳大桥，一项项"超级工程"彰显东大高度……寻迹百年时光，我们在这些故事里看到的，是"自强不息、知行合一"校训精神的传承发展，而这历久弥坚的伟大精神正是东北大学继往开来、剑指一流的力量之源。

一个个先锋，树铮铮东大之脊梁；一篇篇弦歌，颂巍巍东大之悠扬。回望来时路，奋楫再出发，历史不会止步，躬逢伟大盛世的东北大学，必将以推动国家富强、民族复兴、人类进步为己任，为建设教育强国、科技强国、人才强国，为全面建成社会主义现代化强国，以中国式现代化全面推进中华民族伟大复兴贡献东大力量！

本书编委会

2023 年 6 月

目 录

第二篇 | 上下求索，积健为雄

第三篇│家国大爱，至真至深

第四篇│桃李春风，培根铸魂

第五篇 ｜ 以梦为马，追逐星辰

第六篇 ｜ 建功时代，知行合一

第一篇

担纲领衔，高山可仰

中国钢铁冶金的开拓者和奠基者

——讲述中国科学院学部委员（院士）靳树梁的故事

靳树梁 **中国科学院学部委员（院士）**

靳树梁（1899—1964），冶金学家。河北徐水人。东北工学院院长、教授。1955年选聘为中国科学院学部委员（院士）。1920年毕业于北洋大学，参加拆迁汉阳和六合沟钢铁厂至大渡口，以及组建威远钢铁厂。1943年因改进高炉炉顶布料装置获中国工程师学会论文奖，并先后获发明专利。1949年后，在恢复鞍钢和本钢生产中，深入实际，卓有成效。在任东北工学院院长期间，经常深入工厂研究、解决生产中的问题。如领导本溪高炉结瘤的研究，领导总结高炉强化经验，研究高炉降料理论，提出"风口区焦炭运动规律袋式效应"、悬料机理、造渣理论等。领导教研室开展攀枝花钒钛磁铁矿高炉冶炼的科学研究，取得突破性成就。

在我国钢铁事业从弱到强的发展过程中，涌现了多位开拓者，他们以可贵的精神和智慧，创造了一个个亮点和辉煌，载入了人民钢铁事业的史册中。东北工学院的首任院长、中国科学院技术科学学部委员、著名炼铁专家靳树梁即是其中一位。

新型小高炉第一人

靳树梁 1899 年 4 月出生于河北省徐水县，1916 年考入北洋大学采冶科。靳树梁曾目睹天津城垣被八国联军所毁的遗迹，深为祖国的前途担忧，立志献身于工业，使祖国摆脱积贫积弱的状态，因此更加努力地学习。在靳树梁毕业前夕，五四运动爆发，他痛恨帝国主义的欺压和军阀政府的卖国求荣，毅然走上街头参加示威游行。1919 年毕业后，任汉口谌家矶扬子机器公司工程师。

1936 年 2 月，作为中央钢铁厂筹备委员会成员之一，靳树梁带领 7 名技术人员赴德国实习考察。他率先垂范，勤奋学习，每天除下厂实习 9 个小时外，业余时间集中钻研理论，广读参考书。靳树梁虽身在万里之遥的异国，而心却和祖国的命运紧紧联系着。全面抗战爆发后，平津、沪宁等地相继沦陷，祖国大好河山已失半壁。他异常痛心和忧虑，再也按捺不住急切的救国之心，为给抗战提供钢铁，毅然中断学业，回到了战火纷飞的祖国大地。

回国后，靳树梁被分配到由兵工署、资源委员会联合成立的钢铁厂迁建委员会任工程师。他的任务是和同事一起，将汉阳钢铁厂和六合沟钢铁厂的部分设备拆迁到重庆大渡口重建，以应战事急需。

大家苦干三月余，终于在日军逼近武汉时，基本完成预定拆迁任务，赶赴重庆大渡口。但重建 100 吨大型高炉需时太长，而抗日战争急需钢铁，所以国民政府决定先建一座 20 吨小高炉。但既无前人经验，又无技术资料借鉴，靳树梁挺身而出，毅

青年靳树梁

然承担了重任。他根据四川省当时探知的煤铁资源质贫、层薄、分散，运输条件差等情况，充分利用拆迁来的设备和材料，历尽千辛万苦，克服重重困难，成功地设计出中国第一座新型 20 吨小高炉。经过技术人员和工人的艰苦努力，终于在 1940 年 3 月 2 日在大渡口开炉投产。其间，他还为永荣铁厂设计了一座 5 吨小高炉，为云南钢铁厂设计了一座 50 吨高炉，较快地为抗战提供了生铁。

靳树梁的心也像熊熊炉火般炽热。他后来撰文说："小型炼铁炉为近代技术，在交通困难、矿层贫薄情况下，供战时生铁急需之时代产物，而东西典籍，查无资料记载，缺乏资料可以引证。创行伊始，众目睽睽，一国既出，群相效尤，得以救活当时之铁荒现象，实我国工业上莫大之成就。"靳树梁也因此被誉为"新型小高炉第一人"。

靳树梁务实求进，又对当时小高炉普遍存在的焦耗高、产量低问题，进行了深入研究，最后终于设计出"小型炼铁炉标准炉喉"。这一发明，1942 年 12 月 25 日在威远铁厂小高炉上正式应用。在抗战期间，威远铁厂小型高炉的技术经济指标，一直雄踞同类型高炉之冠。

此时的靳树梁已经被公认为抗战时期最有成就的炼铁专家、对抗战作出贡献的爱国者，为此曾有一段佳话广为人知。1944 年 11 月，冯玉祥将军到威远和自贡两县宣传抗日。靳树梁热烈地响应，在威远钢铁厂内组织开展了爱国献金活动。为感谢各界人士支援抗战，冯玉祥委托威远铁厂制作铸有其亲笔所书"还我河山"字样的中国地图形铁盾和"收复失地"字样的哑铃形铁牌，赠送捐献者留念。靳树梁欣然承允，并于 1 月后亲自将纪念品送到冯玉祥下榻处。冯玉祥在招待靳树梁时用了四菜一汤，席间叙谈许久，甚为融洽，虽文武有别，但他们的爱国之心却紧紧相连。

东北工学院首任院长

东北全境解放后，为适应新中国建设对人才的大量需求，1949 年 3 月，东北行政委员会决定，以东北大学工学院为基础建立沈阳工学院。1950 年将沈阳工学院、抚顺矿专和鞍山工专三校合组为东北工学院，校址设在长沼湖，也就是现在的沈阳南湖，靳树梁担任首任院长。

第二年，东北人民政府批准了东北工学院南湖基建工程开工的申请，南湖

校区建设在靳树梁院长的带领下紧锣密鼓地展开。靳树梁曾写过一首词描绘南

湖旧景："风自吹襟，人争掩鼻，汩汩沟流半粪污，湖安在？指几行衰柳，一片黄芦。"经过东工人几百个昼夜的奋战，师生们肩挑手推，四大学馆相继落成，185万平方米的荒地、芦苇荡变成美丽的校园。靳树梁院长将四座教学楼定名为建筑学馆、冶金学馆、采矿学馆和机电学馆，老东大"自强不息、知行合一"的精神悄然在典雅、凝重的南湖校园中传承。

东北工学院首任院长靳树梁

1956年暑期，东北工学院全部迁入南湖校园。当时正是新中国成立初期，神州大地百废待兴，东北工学院及时调整办学方针，坚持服务国家战略和区域发展，面向国民经济主场，主动承载起"科技报国、产业兴国"的梦想，探索出一条产学研相结合的特色发展之路。

靳树梁主张工科院校要实行厂校合作，教学要面向生产，理论要联系实际，要求各系和厂矿建立密切的合作关系，厂矿工程技术人员到学校做兼职教师、作专题报告，学校教师深入工厂熟悉生产实际、帮助解决技术问题。在他的倡导下，厂校合作迅速开展，到1954年10月，东北工学院就有炼铁、炼钢、钢铁压力加工等9个教研室与鞍山钢铁公司所属10个厂矿签订了合作合同。

东北大学第一任校长王永江早在建校之初就主张"知行合一"，注重实践，来自生产第一线的靳树梁院长更是对此身体力行，他带领几位青年教师为本溪钢铁公司成功地解决了高炉结瘤问题；在四川威远钢铁厂高炉改造失败，四处求助专家，甚至在借鉴了苏联经验后仍无济于事的情况下，切中要害，提出科学、有效的解决方案，为高炉的正常生产作出了贡献。

靳树梁为学生讲授高炉操作课

靳树梁始终致力于教学改革，强调在学习苏联先进经验的同时要结合实际并依靠自己的教师创造中国的经验。他先后四次组织修订教学计划，重视教研组的建设，发挥教师的集体力量，强化学生的认识实习、生产实习、课程设计、毕业实习等实践性教学环节。他还以身作则，深入教学第一线，亲自讲授炼铁专业的"高炉操作"课。

靳树梁深知，要搞好教学，必须狠抓教材建设。在他的领导下，东北工学院编写了中国第一本材料学著作及其他许多教材，他还主持编写了第一部结合中国实际的炼铁专业课教材《现代炼铁学》，被公认为是一部内容丰富、理论水平高、实践性强的炼铁学教科书。

靳树梁与炼铁教研室的同事们讨论《现代炼铁学》初稿

在此基础上，按照培养工程师的目标，东北工学院率先对矿区开采专业五三届学生展开毕业设计，这是全国工科院校中最早展开毕业设计的专业。教育部肯定了毕业设计的经验，并向全国高等工科院校进行推广。面向实践夯实理论基础，东工人的求真务实的精神就已经孕育其中。

1955 年 6 月，中国科学院学部委员会成立，靳树梁教授被选为中国科学院学部委员。

攻克钒钛磁铁矿冶炼世界难题

从 20 世纪 50 年代初到 60 年代初，靳树梁一直从事高炉强化课题的研究。1957 年，他精心研究高炉风口区的炉料运动，提出了"高炉风口区炉料运动特征——袋式效应"的新观点，并写成论文在 1960 年中国金属学会炼铁年会上发表，受到了与会者的重视。这一观点给高炉工作者研究炉料运动提供了新的线索，随之而来一系列新理论，是破旧立新的一个新起点。

新中国刚成立，急需建立独立完整的工业体系，而钢铁工业更是重中之重。当时，钒钛磁铁矿的研究在瑞典已有 100 多年的历史，苏联也进行了 30 余年，但只限于在炉渣中二氧化钛不超过 15% 的情况下才能顺利炼出合格的生铁，而我国承德矿渣中的二氧化钛高达 20%～25%，由于高炉冶炼技术实际未能得到解决，一直被业界视为"硬骨头""啃不动"，于 1961 年 7 月被迫停产。

为响应党中央提出建设"三线基地"的号召，1962 年"多元铁矿石的冶炼和综合利用"课题被列入国家科技发展规划。东北工学院以高度的责任感承担了这一任务，靳树梁院长对炼铁教研室的教师们说："国家建设的需要，就是我们的研究方向，承德钒钛磁铁矿冶炼研究是国家急需，我们炼铁工作者责无旁贷。"他又深有感触地说："我国钒钛磁铁矿资源极为丰富，能从事这方面的研究和生产，也是三生有幸。"

靳树梁分析了攻克难关的可能性，组成了科研组，并派人赴承德钢铁公司进行实地考察。他和他的团队夜以继日地科研攻坚，利用承德当地的铁矿模拟攀枝花矿石进行试验性开采冶炼，开拓了承德钢铁厂钒钛磁铁矿高炉冶炼新工艺，提出了高炉风口区炉料运动特征——袋式效应新观点，终于解决了钒钛磁铁矿冶炼的科研难题。

考察结束后，在靳树梁的直接指导下，工作小组迅速制订出研究计划，分含钛炉渣黏度、含钛炉渣脱硫能力、烧结、炉外脱硫四部分进行。靳树梁在院务繁忙的情况下，辛勤地领导着这一课题的研究，热心关注课题的进展，尽力给予指导。他亲自查阅德文、英文文献，审定所有研究计划、方案和图纸，经常到实验室了解实验情况和问题，详阅数据，和大家一起讨论，为攻关出主意、想措施。1963 年 3 月，科研组开始主攻技术难关——脱硫问题。至 1963 年国庆节前夕，科研组终于提出了"高碱度、较高炉温、烧结矿"冶炼钒钛铁磁的新方案，突破了国外百余年来形成的传统技术方案。11 月初，在马鞍山钢铁公司 18 平方米烧结机和 225 立方米的高炉上，开始了工业性试验。新方案深受专家和现场专业人员的好评，技术鉴定的结论为："试验获预期效果，以承德钒钛磁铁矿炼出含硫合格的含钒生铁，为钒钛磁铁矿冶炼指出了新的方向，并为将来西昌的矿冶炼试验打下了基础。"这一研究成果促使承德钢铁公司恢复了生产。

1963 年 10 月，东北工学院参与攀枝花钒钛磁铁矿冶炼的实验研究工作，东北工学院炼铁、冶金物化、选矿、分析化学、地质等教研室和中心化验室与攀枝花钢铁研究院等五个单位研究的"高钛型钒钛磁铁矿的高炉冶炼新技术"项目，1979 年获国家技术发明一等奖。攀枝花钢铁集团因此成为国内知名的钢铁企业，攀枝花也从一个小小的村落发展成为西南的名城。

靳树梁为我国的钢铁冶金和冶金教育事业奋斗终生，留下了不朽的业绩，毛泽东主席赞誉他为"冶金界留德学派的代表人物"，周恩来总理尊誉他是"新中国钢铁冶金伟大的开拓者和奠基者之一……"

1990 年 6 月，东北工学院抚顺校友会塑立了靳树梁的半身铜像，并被安放在图书馆内，让这位深受东北大学师生爱戴的老师，永远深情地注视着辛勤向学的东北大学师生。

（文：王钰慧、刘颖慧）

中国铝业之父

——讲述中国工程院院士邱竹贤的故事

邱竹贤 中国工程院院士

　　邱竹贤（1921—2006），有色金属冶金专家。江苏省海门市人。1943年毕业于交通大学唐山工程学院，获工学学士学位。1987年当选为挪威技术科学院外籍院士。1989年当选为挪威科学院外籍院士。1995年当选为中国工程院院士。长期从事铝电解工业生产和融盐电解、融盐物理化学基础理论及应用技术的研究。研究成功多项炼铝节电、节能技术，大幅度降低冶金工业中的耗电量，产生巨大的经济效益和社会效益；系统研究了低温度铝电解、惰性电极材料、大型电解槽及融盐应用技术并取得了创造性的成果；在融盐湿润、渗透、阳极效应和金属雾生成等四种界面现象，均有新的创建。多次获得国家及省部级奖励，"锂盐阳极糊节能技术"获1992年国家科技进步奖一等奖。发表学术论文200余篇，出版专著8本。

"我靠炼铝以镀，也将奋斗不已"，铝是他的人生伴侣，他一生探索铝工业节能的规律和有效途径、研究低温铝电解、发展融盐电解理论，用丰硕的科研成果为建设和发展我国铝工业作出了重要贡献，他就是我国著名有色金属冶金专家、中国工程院院士、东北大学教授邱竹贤。因其在我国铝工业界所起的引领作用，被称为"中国铝业之父"。

参与新中国第一个铝厂的恢复建设与生产

邱竹贤，江苏海门人，他最初的理想是像父亲一样，成为一名医生，切脉开方，去痛解难，救死扶伤，医治天下百姓。可是父亲突然病故，14 岁的邱竹贤，由此打消了学习中医的念头。

1935 年夏，邱竹贤考中海门中学。就是在这所学校里，邱竹贤与炼铝结缘。他一边读书，一边在图书馆里打工，每当他走进书库，就像是在知识的海洋里漫游。他从书中了解到，地壳中含有 8% 左右的元素铝，这就意味着如此丰富的金属就在我们脚下，他幻想有朝一日能把铝从泥土中提取出来。

1943 年邱竹贤大学毕业后，进入四川綦江电化冶炼厂炼铜车间任技术员。当时，中国民族工业中，还没有炼铝业，而西方成熟的炼铝业却已经有半个多世纪的历史了。邱竹贤刚一接触铝冶金，就看到了这种差距。作为中国知识分子，他被现实赋予了不容推卸的历史重任。

1945 年，邱竹贤在台湾高雄铝厂参与被称为"中国工业史上第一次炼铝试验"，最终看到为数不多的铝球时，内心百感交集。那是邱竹贤第一次真正接触到铝工业，并且通过向日本的一些技术人员学习，深入了解了炼铝技术上的相关问题，自己对炼铝工艺也进行了系统的学习、归纳和总结。1949 年 3 月，他毅然回到了家乡。

1950 年春，新中国刚刚成立，政通人和，百废待兴。为了增强国力，共和国要有自己的铝工业。抚顺铝厂建于 1936 年到 1937 年间，最高年产量8000 吨，在抗日战争中遭到严重破坏，到 1945 年已经停产。1950 年，抚顺铝厂开始筹备恢复生产。作为国内唯一的有炼铝经验的工程师，邱竹贤担任计划科科长，参加了铝厂计划、设计和人员培训工作。他每天 7 点上班，晚上 8 点下班，中午带个饭盒，虽然厂房里烟熏火燎，他却乐此不疲。

后来，厂里来了20多位苏联专家，负责人是全苏铝镁设计研究院的总工程师，他带来各个方面的专家，帮助进行铝厂重新改造的设计工作，任第三厂房主任的邱竹贤组建成相应的配合团队。因为原有的厂房和设备尚可利用，要做详细的调查研究，以便拟定改造方案，他们紧锣密鼓地开展调查，当年10月，就圆满完成了预定工作。

邱竹贤青年时期照片

那段日子，邱竹贤和苏联资深设计专家巴甫洛夫结下了深厚的友谊。巴甫洛夫回国前，将自己随身所带的俄国老一代铝冶金专家所著的《冶金中电解》一书送给邱竹贤，并在书的扉页上写下两句话：一句是"纪念和邱竹贤共同工作的时光"，另一句是"理论是实践的良友"。邱竹贤一直把它当作一件弥足珍贵的纪念品加以珍藏。

1954年10月，抚顺铝厂经过4年的重新设计和修复，正式投入工业生产，电解槽从原设计的5.4万安培增加到6万安培，工厂的额定生产能力达到了2.5万吨，生产了大量金属铝，为国家建设作出了重要贡献。

为国家建设培养轻金属冶炼专业人才

抚顺铝厂是新中国的第一个铝厂，为了迎接即将恢复的铝生产，人才培训尤为重要。当时，有一些厂领导和技术人员到苏联乌克兰的扎波罗热铝厂进行学习，而主要的人员培训还是在国内进行。因此，邱竹贤就成了培养第一批中国自己的技术人员和熟练工人的教师，培养了大批轻金属冶炼专业人才。

1950年，抚顺铝厂因建设需要，举办了铝冶炼训练班，工厂委托邱竹贤为从上海新招来的20多名高中毕业生讲授铝电解课程，培训铝冶炼技术。要授课，却没有教材，怎么办？邱竹贤发挥自己的特长，根据大学里学到的专业知识，在中国台湾高雄铝厂的生产实践经验，还有与苏联专家接触中的学习体会，查阅文献，自己编写了一本铝冶炼的专业性教材《铝电解》。这本教材虽然是手工钢板刻印的线装书，却是中国铝工业史上第一本铝冶炼教材。

两年后，这本线装书的读者顺利毕业，在日后的工作中，他们都成了新中国铝镁冶炼和加工事业中的栋梁之材。可以说，新中国的铝工业是站在这本线装书上起步的。

1952年，东北工学院为适应中国铝冶金和铝加工事业的发展需要，组

邱竹贤

织两个班级进行专业培训，借调邱竹贤担任铝冶金专业课教学工作。参加培训的50多名学生毕业后，分到抚顺铝厂和哈尔滨铝加工厂，在新中国铝镁冶炼和加工事业中成长为中国铝冶金与加工事业的技术骨干。

为了让工人们形象地看到铝电解的过程，也是为了实现自己的铝冶炼梦，邱竹贤和黄光夏、张大有筹建了一台2000安培的小型电解槽，生产原料是刚解放时留存下来的。邱竹贤画了一张电解槽图样，送给当时在厂的苏联设计专家巴甫洛夫看，征求他的意见，专家对这一设计予以认可。不久后，电解槽建成。厂里调集几位老电解工人和几位新入厂的技术人员一同进行试验，这台电解槽启动不久，便生产出新中国的第一块铝锭。那时激动的情形令邱竹贤终生难忘，毕竟那是中国人自己设计和安装的设备、自己生产出的铝锭。

建立新中国第一个有色金属冶金学科

目睹中国铝工业的落后现实，邱竹贤认识到从事教育工作、培育炼铝人才的重要性，所以他坚定地选择了从教的道路。

1955年，邱竹贤来到东北工学院任教，担任轻金属冶炼教研室主任。在这里，他建立起新中国第一个有色金属冶金学科，继续他与铝冶金相关的教育和科学研究工作，把理论学习、科学研究和工业生产试验紧密结合起来。

邱竹贤认为，要提高教学质量，必须编写自主的教材，而要写好教材，必须先从事科学研究取得科研成果，借以充实教学内容，加深理论认识，发展新的学说。他把工业实际和理论研究结合起来，写成《铝冶金物理化学》等近10部具有重要理论价值和应用价值的专著。

邱竹贤在东北工学院

早在1966年前，邱竹贤就开始培养研究生。他和研究生成年累月地在实验室进行科学研究，又深入到全国各地的铝厂汲取丰富的一线经验，致力于提高学生发现问题和解决实际问题的能力，同时把知识毫无保留地传授给技术人员和工人们。1981年经过国务院学位委员会批准，邱竹贤成为全国首批冶金专业博士生导师，培养了一批博士生。1986年被评为全国冶金教育先进工作者，1989年被评为辽宁省优秀教师，1991年被评为全国高等教育有突出贡献的专家。

发展融盐电解理论

长期以来，邱竹贤一直致力于铝冶金及融盐电化学的基础研究和应用研究，对融盐湿润、融盐渗透、阳极效应和金属雾生成等均有新发现，形成了融盐界面现象及界面反应新学科。

融盐是一种高温离子溶液，冶金工业中应用于电解法生产铝镁等多种金属。融盐不但温度高而且具有很强的腐蚀性，理论研究工作难度大，若干基本理论当时仍然存在分歧意见。邱竹贤带领团队攻坚克难、深入理论研究，通过拍摄大量而系统的实验照片，归纳出普遍的湿润现象，揭示出阳极排斥电解液和阴极吸引电解液的基本规律，深度解释融盐电解中发生阳极效应、电解液向阴极渗透的机理，节省了电能和物料消耗、延长了电解槽使用寿命。

邱竹贤及其同事研制了一台高温透明电解槽，在此槽内观测铝电解、镁电解以及各种碱金属电解中金属在融盐界面上的溶解现象，用摄影机记录下金属雾颜色和特征。从量子化学研究，提出了生成胶体溶液与真溶液的混合溶液观点。

邱竹贤和他的团队研究的项目"金属溶解和电流效率研究""铝电解中的界面现象和界面反应研究"先后于 1989 年和 1990 年获得国家科技进步奖二等奖和一等奖。1991 年，项目"铝电解中若干物理化问题的研究"获得国家自然科学奖三等奖。

铝工业是个用电大户，节省电能是一项重要的研究课题。在研究融盐电解理论的基础上，邱竹贤开始探索铝工业节电的基本规律和有效途径。他以亲身的工作经验认识到提高铝电解槽的电流可以节电。20 世纪 40 年代他在台湾高雄铝厂工作时，电解槽的电流只有 2.7 万安培，而现在大型槽已达到 28 万 ~30 万安培，由于热损失系数减小 1.3 伏特，每吨铝电能消耗量减少 4300 千瓦·时。这一节电理论具有普遍的适用性，也可推广至其他金属或合金的冶炼。

邱竹贤从事科研工作

1982—1984 年，邱竹贤参加了抚顺铝厂首批三台 13.5 万安培大型电解槽的试制工作，承担铝电解质组成研究和电流效率测量。大型槽试验成功后，经过中国有色工业总公司鉴定，电流效率达到 90%，每吨铝电能消耗量降低到 13500 千瓦·时，课题获得有色工业总公司一等奖。此种槽型在抚顺铝厂和包头铝厂得到推广应用。

1985 年，邱竹贤在美国矿冶工程师年会上宣读了题为《低温铝电解》的研究论文，提出了可以在温度 850~900 ℃电解的低熔点电解质，预期电解槽的热损失量会因电解温度降低而明显减少，而且电流效率会明显提高，两者均可节电，受到国际学术界的重视。

作为中国铝冶金科学研究的先驱，邱竹贤以众多新发现促进新学科成长，总结节省电能的规律，为建设和发展中国铝工业作出了重要贡献。

邱竹贤非常喜欢茅以升的一段话："人生一征途耳，其长百年，我已走过十之八七。回首前尘，历历在目。崎岖多于平坦，忽深谷，忽洪涛，幸赖桥梁以渡。桥何名欤？曰奋斗。"并自言："茅老以造桥闻名于世，他是我的老师。我靠炼铝以镀，也将奋斗不已。"

（文：贺翔、刘颖慧）

中国流动注射分析的领军人

——讲述中国科学院院士方肇伦的故事

方肇伦　中国科学院院士

　　方肇伦（1934—2007），1957年毕业于北京大学化学系，曾任中国科学院沈阳应用生态研究所研究员，东北大学分析科学研究中心教授，浙江大学化学系微分析系统研究所教授，英国皇家化学学会高级会员。1997年当选为中国科学院院士。

　　主要从事原子光谱、流动分析及分析系统微型化研究。在我国最早从事流动注射分析技术研究，在理论和实验技术上取得多项重要成果。以非平衡溶液处理学术思想为指导，全面发展了流动注射分离与预浓集的理论与实验技术。在流动注射与原子吸收光谱联用方面的基础与应用研究中显著地改善了后者的分析性能，在国际上得到高度评价。在16家分析化学学术期刊担任编委或顾问编委，其中包括6家著名国际分析化学期刊。代表作有 *Flow Injection Separation and Preconcentration*、《微流控分析芯片》等。曾获辽宁省自然科学奖一等奖等。

从"墙角实验室"中走出的化学天才

方肇伦 1934 年生于天津市，他的父亲虽不是学富五车的知识分子，但却怀有强烈的"科技兴邦，工业救国"的愿望。正是在这种愿望的激励下，父亲办过机械工厂，组装过汽车……轰鸣作响的机器，紧张忙碌的工人，这幅劳动情景，给方肇伦幼小的心灵留下了深刻的印象，并对他后来通过实践解决实际问题产生了深刻的影响。

上中学后，化学课特别是化学实验课深深地吸引了方肇伦。酒精灯淡蓝色的火焰，各种玲珑剔透的试管，变幻莫测的各种实验，把方肇伦带到了一个令他无限神往的境地——方肇伦深深迷恋上了化学课。于是，他从旧物市场买来了一些试管、容器和试剂，在家里建起一个"墙角实验室"。在方肇伦十五六岁时，社会上兴起了装配矿石收音机的热潮，方肇伦也加入其中。方肇伦把铅块锉成铅粉，加上硫黄粉后，在坩埚中烧结，居然形成了固体的硫化铅，并真的做成了矿石收音机。成功的喜悦，使方肇伦对化学课更加喜爱了。还有一次，方肇伦突发奇想，想用熔融的 KNO_3 通水蒸气制 KOH，结果，"砰"的一声，高温熔融的试剂从自制的简陋铁皮坩埚中喷溅出来，所幸的是只有手被轻微烫伤。即使是经历过失败的实验，也没有影响他对化学课的向往，反倒更增加了他对探索化学世界奥妙的执着精神。

1953 年，方肇伦考入了北京大学化学系，在分专业时毅然选择了分析化学专业。学习期间，著名教授、中国科学院院士高晓霞先生讲授仪器分析课，尽管高教授讲课的浙江口音比较重，但她条理清晰、深入浅出、引人入胜的讲解深深吸引了方肇伦。在高教授的影响下，方肇伦在毕业时把仪器分析当作了自己今后的工作方向。

北京大学化学系名师荟萃，普通化学课是由张青莲和傅鹰等教授开授的。这样的基础课本应由讲师讲解，可当时已是著名教授的张青莲和傅鹰（二人均于 1955 年当选为首批学部委员）在教学中依然认真备课，严谨讲授。北京大学化学系其他老师如严仁荫、黄子卿等，给方肇伦的印象也很深刻，他们那种一丝不苟的学风，诲人不倦的态度，在方肇伦的记忆中挥之不去。

甘作幕后英雄

大学毕业后，出于兴趣和爱好，方肇伦把仪器分析作为今后工作的方向，但真正工作起来，却遇到了许多令人困惑的地方。一个突出的问题就是人们生活的方方面面都离不开化学分析，每天的饮用水要化验，食品要检测，诊断疾病要用仪器检查……但现实中人们并没有真正认识到它的重要意义。当一个重患者大病治愈，人们称赞的是主治大夫精湛的医术，却很少会有人想到为整个治疗工作提供各种数据，以及医生由"眼观、耳听"难以掌握情况的负责化验、仪器检查和建立分析方法的人员的功劳。有人形象地说，化学分析永远是成不了主角的配角，是具有眼睛的作用而无眼睛的地位的工作。

方肇伦对此有自己的看法。由于分析化学自身的特点，分析化学的研究成果在工业上见效、体现并不那么明显、直接。分析化学的数据结果和分析设备在应用中真正发挥作用的时候，往往是被忽略了的时候。但是，分析化学是从根本上为物质结构、组成成分的研究提供分析数据的科学。提供数据的质量、数量与效率，都直接影响涉及物质组成基础研究的发展，从这个意义上说，分析化学是基础科学的基础，是国家经济与社会生活众多行业中不可或缺的化学实验室的基础学科。在完成任何一个项目或任务中，它都不会是主角，但它是不可缺少的配角。当前台演员在雷鸣般掌声中谢幕时，后台工作人员正忙于繁杂的剧务，但谁又能说他们的工作不重要呢？所以，搞分析化学的人要耐得住寂寞，淡泊名利，心甘情愿坐冷板凳。因此，方肇伦对分析化学的执着不仅仅是出于兴趣和爱好，而是通过理性思考后认识到了分析化学在社会生活中的价值。

从"士兵"到"将军"

"不想当将军的士兵不是好士兵。"19世纪风云一时的法国皇帝拿破仑的这句名言，经常被人引用。对于这句话，方肇伦有自己的理解，从鼓励人们这个意义上说，这句话是有道理的。但实际情况是不可能所有的好士兵都能成为将军，没能成为将军的士兵同样值得称道。一个士兵如果整天想着当将军，那恐怕不是一个好士兵。一个士兵应该根据自己的素质条件和客观环境恰当地确定奋斗目标，而不是都去努力当将军。一个人设计了合理的奋斗目标，虽经努力而没有达到，不会影响他的进步；而一个人由于所设计的目标不合理，百倍努力也不可能实现，只会使人的积极性受到更大打击。所以，科研工作者一定要正确确定自己的奋斗目标。正确确定的关键就是从实际出发，实事求是，做自己有能力胜任、客观环境也允许的工作。用句通俗的话讲，就是要量体裁衣。

1977 年，方肇伦从文献中看到丹麦学者发表的首篇流动注射论文，从而预见到这一技术在分析化学发展中的革命性意义及发展前景，于是，他着手利用有限的实验条件，从最基本的仪器部件入手，开展实验工作。基于正确的最初的论证工作，初次实验就取得了成功。以此为起点，他在我国首先开展了流动注射分析的系统研究工作及仪器研制工作，20 年来，始终坚持这个方向，并取得了一系列具有国际领先水平的成果。

方肇伦和科研团队交流

等离子体质谱发展得快，而且在当时是国际前沿课题。但是，开展这项工作，仅仪器就需投资二三百万元。方肇伦知道，这笔投资难以筹措，于是暂时放弃了在这方面的努力，而是去抓力所能及的也是属于前沿的课题。

做力所能及的工作，不是消极、被动地能做什么就做什么。即使是力所能及，也要经过一定努力甚至艰辛的努力才能取得工作成效。分析化学现在正向智能化、自动化、微型化和集成化方向发展，一个新兴学科——微流控分析正在迅速发展，分析化学已从试管到管道，并从管道向芯片上集成。开展这方面的工作困难是很大的，突出的困难是在微型化上。走微电子道路是最理想的方案，但它耗资巨大，当时的科研资金支持力度根本不够。但这不是不可跨越的障碍，应该走一条自己的路。于是他先用简单的材料自己动手连焊带粘，做出一个雏形，并取得了初步效果。方肇伦在实验室里做出了在一个面积不到 10 平方厘米的芯片上布满了直径只有几十至一百微米的管道，再配上相应的系统之后，就是最简单的便携式的分析检测系统了，它在 8 秒钟内就能分离测定出 3 种不同的氨基酸。方肇伦在有关国际学术会议上作了报告和发表了论文后，在国际上引起了很大反响。一位美国著名科学家发来电子邮件表示称赞，称方肇伦做出的仪器是"穷人智慧的芯片"。

潜心科研，严谨治学

方肇伦在具体科研工作中，强调辩证严谨，唯真求实，把自己在科研工作中形成的这种治学方法归纳为"目标正确、善待文献、数据充分、数据有效、立论严谨、描述准确、语言简练、深入总结"8 句话 32 个字。方肇伦认为搞科研工作一定要有正确的目标，要多进行文献参考，做到知彼知己，科研数据要充分有效，理论准确严谨，以简练并准确的描述定义科学术语，并要善于由表及里，找寻规律性的东西，以提高科研的工作效率。

方肇伦认为，分析化学的发展应与电子计算机、仪器制造，以及材料、环境、生物医学、药学等诸多学科领域交叉融合成内容更为综合广泛的分析科学，以迎接新世纪的挑战。最具有挑战性的课题是把分析化学从化验室解放出来。与占据数十平方米的大型计算机向笔记本计算机发展的历史相似，分析仪器在 21 世纪初也应普及到生产现场、病房及千家万户。实现了这一点，人们便可随时在家自己监测病情及食物的品质。实现这个目标的瓶颈环节是试样处理的自动化与微型化。检测手段的自动化、微型化很重要，过去的一二十年来已有较多的科学积累与技术积累。而试样的前处理，包括溶样、过滤、沉淀、萃取、稀释、渗析和蒸馏等却相对受到冷落，较多沿用了 100 年前就已定型的操作方法。这一环节的效率不提高就谈不到整个分析系统效率的提高。

方肇伦在实验室

　　方肇伦在我国最早从事流动注射分析技术研究，在试样前处理的自动化和微型化方面具有明显的优势，在理论和实验技术上取得多项重要成果。他以非平衡溶液处理学术思想为指导，全面发展了流动注射分离与预浓集的理论与实验技术。在流动注射与原子吸收光谱联用方面的基础与应用研究中显著地改善了后者的分析性能，在国际上得到高度评价。他在 16 家分析化学学术期刊担任编委或顾问编委，其中包括 6 家著名国际分析化学期刊。代表作有 *Flow Injection Separation and Preconcentration*、《微流控分析芯片》等。曾获辽宁省自然科学奖一等奖等。

（文：李家祥）

行止无愧天地

——讲述中国工程院院士陆钟武的故事

陆钟武　中国工程院院士

　　陆钟武（1929—2017），冶金热能工程和工业生态学专家。1950年毕业于大同大学（前三年在中央大学），获学士学位，1953年毕业于东北工学院研究生班（前二年在哈尔滨工业大学）。1997年当选为中国工程院院士。

　　在炉窑热工方面，率先参照势流理论研究了竖炉气体力学，用高炉炉身静压成功地判断了炉内的主要变迁。建立了火焰炉热工基本方程式，查明了普通平炉改为内倾式后指标下降的原因。改造后的加热炉热效率达国际先进水平。在系统节能方面，提出了载能体概念，产品能耗的e-h分析法，以及物流对能耗的影响分析法，创立了系统节能理论和技术；提出了钢铁工业的节能方向和途径。探明了我国钢铁工业年节能率一度下降的原因，预测了我国钢铁工业2000及2010年的能耗值。率先建立了有时间概念的产品生命周期物流图及其分析方法。在工业生态学方面，明确了我国钢铁工业废钢资源严重短缺的主要原因是钢产量持续高速增长，揭示了资源效率等指标与物质循环率及产品产量变化等因素之间的关系。以穿越"环境高山"为比喻，阐明了新型工业化道路在资源、环境方面的基本特征。导出了环境负荷与经济增长"脱钩"的条件方程式。多次获得国家及省部级奖励，1985年获国家科技进步奖二等奖，2004年获光华工程科技奖。发表学术论文210余篇，出版专著10本。

兴邦承父志，创业赴他乡

1929年，陆钟武出生在一个书香世家，老一辈多有饱学之士。曾祖父陆雪香、祖父陆舜卿等祖上数代都从事教育工作。父亲陆绍云1915年赴日本留学，1921年学成归国，相继在沪、津、鲁、渝办了包括上海国棉七厂等在内的近十所纺纱厂，赢得了我国纺织界几代人的赞誉。

父母对陆钟武的教育是潜移默化的。陆钟武在重庆长大，当时的重庆几乎天天有空袭警报。"为什么偌大的中国任人宰割？"小时候的他不懂"落后就要挨打"的道理，但知道中国内忧外患的主要原因是工业落后。他立志要像父亲那样"实业救国"。

《工业生态学基础》

1946年10月，陆钟武考入中央大学，1949年2月，转学到上海大同大学化工系，1950年7月大学毕业。毕业时，正值新中国成立之际，全国人民为新中国的成立而欢呼鼓舞，为建设崭新国家而努力工作，有志青年纷纷争先恐后地投身到祖国的建设中去。陆钟武每当回忆起当年的情景，依旧激动不已。他说："平生对我思想影响最大的就是在解放初期聆听华东区几位部长级领导为上海大学生所作的几次精彩报告，那真是对我人生的洗礼，让我茅塞顿开，受益匪浅。从那时起，我就下定决心，听共产党的话，跟共产党走，为新中国的建设建功立业，奋斗终生！"

1953年，他在东北工学院组建新中国第一个冶金炉专业，是冶金炉教研室首任主任。20世纪六七十年代，陆钟武建立了火焰炉热工基本方程式，指导全国几百座加热炉的节能改造，改建后的加热炉热效率达到国际先进水平。20世纪八九十年代，陆钟武把节能视野从冶金炉窑扩大到工序、企业乃至整个钢铁行业，从节约能源扩展到非能源，提出了"载能体"概念，创立了钢铁工业系统节能理论和技术，引领全国钢铁工业的节能工作。系统节能思想被原冶金工业部列为"七五"计划以来我国钢铁工业节能的一贯方针。自20世纪末，陆钟武把研究对象从钢铁行业拓展到工业系统节能、国民经济发展、生态环境保护领域及其相互关系上面，开辟了中国工业生态学新领域。他实现了工业生态学的"中国化"，被誉为"中国工业生态学之父"。

陆钟武院士

掌握操纵杆，开窗纳江来

1984年，陆钟武走上东北工学院院长岗位。上任伊始，他就发表了《谈开放办学》一文，提出了"开放办学"思想以及坚持教学和科研"两个中心"、坚持为冶金工业和地方经济"全面服务"等办学方针，他的办学理念落地生根、开花结果。

"向媒体开放""向中学生开放""向企业开放""向国外开放"，一向"深宅大院"的东北工学院对外敞开了"四扇"大门。20世纪80年代，他提议拆掉东门，划出体育馆以东6公顷土地，在三好街建立中国第一个以大学命名的科学园，也就是今天的东北大学科学园。30 年后的今天，东北大学科学园成为沈阳的"中关村"，孵化出东软集团等一批创新企业，年产值 120 多亿元。

为了实行开放式教学，陆钟武在全国高校中率先实行图书馆书库向全校师生开放、体育场馆向全校师生开放。在 20 世纪 80 年代师生们还没接触过网球的时候，他主导建造了 7 个网球场地，拨款建设健身房，成立东北大学健美协会，等等。

陆钟武坚持为冶金工业和地方经济"全面服务"的办学方针，于 1984 年成立东北工学院辽宁分院，为辽宁培养了大批应用型人才。1987 年，陆钟武代表学校领导班子，接手冶金部秦皇岛冶金地质职工大学，创办了东北工学院秦皇岛分校。遵照陆钟武"不办则已，要办就办好！"的建校方针，东北大学秦皇岛分校从无到有，从弱到强，如今已发展成为拥有教职工八百多人、在校生万余人的多学科协调发展的特色鲜明的大学。

学生是一校之长关注的焦点。陆钟武发现：现有的阶梯教室容易给考试舞弊者提供抄袭的条件，今后考试应在平面教室里进行。考虑到学校当时的情况，他决定将冶金学馆的大会场改建成平面考场并配备了全新的桌椅。

在陆钟武院长的督促下，1987 年底，一个能容纳数百名考生的"东北大学中心考场"正式投入使用。"大考场"在全国属于首创，相邻的每一列安排不同年级的学生，左右桌考题不同，自然也没有了作弊可能。

陆钟武是一个亲民的院长，有一年运动会上，陆钟武发现孩子们大部分很瘦弱，于是他放出话："男生们都出来，跟我比一比掰腕子，看看谁能掰得过我？"十多个男生前来挑战，除了一名体格健壮的学生，其他人全都败下阵来。此后，陆钟武在全校倡导，每个学生应该掌握 1~2 项受益终身的体育项目，东大学子跟随"健美校长"掀起运动健身的热潮。

1991 年，陆钟武卸任院长职位，那时他已经 62 岁了。了解他的同事都说："陆钟武教授任院长期间，继往开来，发挥了承前启后的开拓作用，留下了好多可圈可点、可以传承的东西。"只有那些有思想的学问家，才有其学术思想可言；只有那些有思想的教育家，才有教育思想可言，才是时代呼唤的教育家。陆钟武不愧是这样一位有学问、有思想的大学校长，做学问和当校长都能达到顶级水平，尤为难得。

勇攀科研高峰，创多个"第一"

陆钟武的墨宝"行止无愧天地"镶挂在他家的客厅里，这刚柔相济、入木三分的 6 个大字是刻在他心目中几十年恪守不变的座右铭，更是他学术生涯的写照。

陆钟武经历的第一次重要实践是中华人民共和国成立后创建第一个冶金炉专业，成为我国冶金炉学科的主要开创者和奠基人之一。

1953 年，东北工学院组建了冶金炉专业和冶金炉教研室，陆钟武担任教研室主任。陆钟武研究的第一个问题是关于炉内热电偶的热点温度，他修正了苏联专家那扎洛夫关于热电偶指示温度的计算式。20 世纪五六十年代，陆钟武主编了《冶金炉理论基础》《冶金炉热工及构造》《火焰炉》《火焰炉理论（中文版）》等冶金炉学科成立以来主要的专著和教科书，被全国高等工科院校相关专业普遍选用。这些研究成果已经成为冶金炉学科新的理论基础和技术体系，得到了国内外业内人士的普遍认可。他为我国冶金炉专业的从无到有、从小到大、从弱变强作出了重要贡献，是我国冶金炉学科的创始者和领军人。

陆钟武与乌克兰高校专家开展交流（前排左三为陆钟武）

进入 20 世纪 80 年代，陆钟武开启组建冶金热能工程学科，创立系统节能理论的第二次重要实践。

80 年代初，陆钟武根据国际上刚刚爆发的能源危机和我国钢铁工业能耗过高的现状，组建了冶金热能工程学科和热能工程系，并出任热能工程系主任。陆钟武创造性地提出了"载能体"概念，将热能工程专业的服务对象和学科视野，从过去的单体设备（冶金炉）及其部件，扩展到生产工序（厂）、联合企业乃至整个冶金工业。

陆钟武的系统节能理论，从建立到应用并非一帆风顺。他的系统节能思想最初曾遇到一些人的不理解甚至反对，寄给报刊的文章也曾多次受阻，迟迟不予发表。直到80年代末期，冶金工业部把"节能降耗"确定为我国钢铁工业节能的两大任务时，人们才被陆钟武远见卓识的"学术思想"所折服。1987年，全国冶金节能工作会议在吉林省召开，冶金部充分肯定了陆钟武教授的研究成果，系统节能理论成为我国"八五""九五"乃至今后更长时期冶金工业节能的指导方针。

1993年，陆钟武的系统节能代表作《系统节能基础》由科学出版社出版，2010年修订后再版。30年来，他主动为本科生开设系统节能课程，多次组织系统节能理论培训班，培养了一批系统节能方向的硕士生、博士生、博士后以及青年学术带头人。陆钟武成为冶金工业系统节能理论及技术的先行者和创建人，为推动我国钢铁工业节能降耗作出了历史性贡献。

世纪之交，陆钟武将目光聚焦到工业生态学领域，开启了他的第三次重要实践。

为了研究和处理好工业生产、经济发展与生态环境保护之间的尖锐矛盾，他集中精力投身于工业生态学的研究，把研究视野从工业生产过程拓展到产品加工制造、包装运输、使用，直到产品报废后的回收利用，囊括了产品的整个"生命周期"，实现了学术思想的第二次飞跃。

陆钟武把发达国家在工业化进程中的环境负荷曲线形象地比喻为一座"环境高山"，发展经济就是一次"翻越环境高山"的实践，并导出了单位GDP环境负荷年下降率的临界值公式，以及环境负荷与经济增长"脱钩"的条件公式，绘制了资源消耗、废物排放与经济增长脱钩的曲线图。

陆钟武与学生
蔡九菊交流

　　回眸陆钟武 60 年的学术生涯，他因工业兴国而始，为工业污染而忧。在炉窑热工方面，陆钟武率先参照势流理论研究了竖炉气体力学，用高炉炉身静压成功地判断了炉内的主要变迁，建立了火焰炉热工基本方程式，查明了普通平炉改为内倾式后指标下降的原因。在系统节能方面，陆钟武提出了载能体概念，产品能耗的 e-h 分析法，以及物流对能耗的影响分析法，创立了系统节能理论和技术，提出了钢铁工业的节能方向和途径，率先建立了有时间概念的产品生命周期物流图及其分析方法。在工业生态学方面，陆钟武明确了我国钢铁工业废钢资源严重短缺的主要原因是钢产量持续高速增长，揭示了资源效率等指标与物质循环率及产品产量变化等因素之间的关系，以穿越"环境高山"为比喻，阐明了新型工业化道路在资源、环境方面的基本特征，导出了环境负荷与经济增长"脱钩"的条件方程式。陆钟武多次获得国家及省部级奖励，1985年获国家科技进步奖二等奖，2004 年获光华工程科技奖。

（文：李晨、李家祥）

厚植家国情怀　笃行报国之志

——讲述中国科学院院士张嗣瀛的故事

张嗣瀛　中国科学院院士

　　张嗣瀛（1925—2019），自动控制专家。1948年毕业于武汉大学机械系。东北大学自动控制系教授、自动化研究所所长。1997年当选为中国科学院院士。

　　早期从事运动稳定性及最优控制的研究，其中包括新型的有限时间区间稳定性。曾参加反坦克导弹的研制，解决了控制系统的关键问题，取得突出实效。在微分对策的研究中，提出并论证了定性微分对策的极值性质，给出了定性极大值原理，使定量、定性两类问题都统一在极值原理的基础上，形成新体系，并给出一系列应用。在主从对策的研究中，提出惩罚量等新概念及定量计算。提出复杂控制系统对称性及相似性结构研究的新方向。对非线性系统、组合大系统进行了广泛研究，得到系统的规律，即这类结构可使系统降维、分解、化简，并得到简化的控制规律。

他是领跑者，赤诚报国，始终向"新"，一生以国家需求为科研导向，为国奉献矢志不渝；他是奠基人，行者恒远，滋兰树蕙，为中国控制学科的建设与发展孜孜以求，夙兴夜寐；他是引路人，崇文重教，爱生如子，用深厚的学识修养、高尚的道德情操、不懈的精神追求教育和影响着一代代学子；他是孺子牛，执着坚守，不知疲倦，九秩高龄仍耕耘不辍，在复杂系统中寻求简单的人生。他，就是中国科学院院士、东北大学教授张嗣瀛。

科学无国界，但科学家有祖国

"张，你的工作做得很好，再接着做下去，再花上一年时间得出一些结果来，就可以做副博士论文答辩了。""谢谢您的挽留！我不能延期，不能留在这里，我必须要按期回国，我的祖国需要我。"这段对话发生在 1959 年夏天，张嗣瀛作为东北工学院选派优秀青年教师赴苏进修期满前。

张嗣瀛的青年时期历经了中国社会两大转折期——抗日战争和新中国诞生。他曾亲睹日军的暴虐、国民政府的无能和中国共产党带领人民求解放、谋幸福、图发展的艰苦卓绝。少年时期，他拒绝学习日文，离家千里，中学苦

张嗣瀛（一）

读强识；初入大学，他积极投身"反内战、反饥饿"大游行，为全国解放振臂高呼。学有所成、报效祖国是青年张嗣瀛的价值观。

1950 年 11 月 11 日，25 岁的他光荣地加入了中国共产党。有了正确方向的指引，张嗣瀛的爱国之心便有了坚定的政治航向，他孜孜以求投身教学与科研。

20 世纪 50 年代中期，新中国百业待兴，急需建设人才，党中央决定有计划地向苏联及东欧各社会主义国家派遣留学生。

1957 年 11 月 17 日，莫斯科大学礼堂。毛泽东主席接见赴苏留学人员。演讲中，他深情地说："你们青年人朝气蓬勃，正在兴旺时期，好像早晨八九点钟的太阳。希望寄托在你们身上……世界是属于你们的。中国的前途是属于你们的。"这一幕深深地烙印在赴苏进修未满两个月的张嗣瀛心里。学好本领，报效国家。自此，张嗣瀛更加如饥似渴地学习新理论、新方法。

在莫斯科大学教授、苏联科学院通讯院士 N. G. 契塔耶夫（Chetaev）的指导下，张嗣瀛做出了一批科研成果，他的努力与天分赢得了导师的欣赏、信任和重视，进修期满前，他向这位来自中国的青年科学家发出了挽留的邀请。"科学家都是有良知的，人这一辈子要取之社会，回报社会。" 1959 年夏末，带着这份坚定和执着，张嗣瀛与赴苏进修的同事如期回国。那时，一心回国的他不知道，这个看起来有点倔强的决定会为共和国的国防事业带来一次重大的突破。

"为国奉献是我最珍视的荣誉勋章"

1984 年 10 月 1 日，天安门广场，建国 35 周年阅兵仪式，这是新中国成立以来规模最大、装备最新、机械化程度最高的一次阅兵仪式。"红箭 –73"作为我军新一代单兵反坦克武器，威风凛凛地行进在受阅方队中，接受党和人民的检阅。看到"红箭 –73"，年届六旬的张嗣瀛热泪盈眶、激动无比。

这一刻，距离张嗣瀛进入"红箭 –73"项目攻关组，已经整整过去了 10 年。20 世纪 60 年代，美苏军备竞赛升级，我军急需一种有效的单兵反坦克武器来强化军备能力。1973 年，中央启动了反坦克导弹研制工作，仿制苏联 AT-3 型"萨格尔"反坦克导弹，定名为"红箭 –73"反坦克导弹。1974 年 5 月，"红箭 –73"研制项目进入了关键阶段，辽宁省国防工办决定从高校调用科技

张嗣瀛（二）

人才参与攻关。

"能参与一个国防项目，这是一个莫大的荣耀。"那段艰苦卓绝的岁月，在张嗣瀛的记忆中都是闪亮的日子。

潜心解决"红箭-73"反坦克导弹因控制指令交叉耦合而不能中靶的关键问题，张嗣瀛付出了常人难以想象的艰辛与汗水。50多岁的他每天从沈阳最南端的东北工学院骑车到最北端的军工厂，25公里，风雨无阻，冬天北风起的时候棉袄都湿透了，他也从不间断，一个项目做了3年。

废寝忘食，全年无休，张嗣瀛带领团队夜以继日地攻克一个又一个技术难点。"搞仿制不是一件容易的事。咱们国家就弄了几颗导弹来，想把它做出来，但是没有图纸，没有技术，我们就自己摸索。"

张嗣瀛得出的关键性结论，是对苏联经验的颠覆式改进，正式3000米打靶的时候，十发九中，成绩令人振奋不已。

1979年，"红箭-73"反坦克导弹定型并批量装备部队，填补了中国反坦克导弹装备的空白。而被仿制的苏联AT-3型"萨格尔"反坦克导弹是20世纪50年代初问世，1965年才开始装备苏联摩托化空降部队。张嗣瀛和"红箭-73"攻关团队用6年时间完成了当时的军事强国苏联10多年才走完的科研攻关之路。

面对成绩，张嗣瀛的想法很朴素很简单，他说："对知识分子来说最好的奖励是真正能为国家做点事。"

1978年3月18日，全国科学大会在人民大会堂隆重召开，由于在"红箭-73"研制过程中作出的突出贡献，张嗣瀛荣获了"作出突出贡献的科技工作者奖"称号。

领跑才是科研的最美姿态

始终把国家利益放在首位，以服务国家重大战略和经济社会发展需求为目标，想国家之所想、急国家之所急。张嗣瀛总是充满了科研紧迫感。

经过最优控制问题和对实际军工项目的研究与实践，张嗣瀛看到了一个更为广阔的研究方向——微分对策问题的研究。

张嗣瀛与团队成员在一起

　　微分对策研究是 20 世纪 60 年代美、苏军备竞赛军事理论研究的热点。对策理论零基础、国内文献零存储，张嗣瀛科研转向的背后是他领跑科研、科技强军的毅力与决心。在研究中他创造性地提出一系列新概念、新方法，形成了完整的新体系。

　　如何将科研成果转化为军事战斗力？张嗣瀛与八机部、四机部、航天部等单位建立了协作项目，进行"飞行最优制导律"等实际问题的研究，得出了可指导实际应用的结果。

　　1987 年张嗣瀛出版了《微分对策》一书，这是国内唯一一本关于微分对策理论的专著。当今世界最系统、最完备的大型学术性数学工具书《数学辞海》中收录的有关微分对策的 30 余个词条均出自《微分对策》一书。同年，张嗣瀛因其开展的"微分对策及定性极值原理的研究"荣获了国家自然科学三等奖和国家教委科技进步一等奖。

　　成绩的背后，张嗣瀛想的是更远的未来："必须有原创性的东西，得提出方向来让别人跟着你走才行。"

　　20 世纪 90 年代初，密切关注学术研究领域新动向的张嗣瀛又开辟了一个全新的研究方向——复杂系统的研究。

　　复杂性科学是一门崭新的科学，张嗣瀛以复杂控制系统的对称性及相似性结构为主攻方向，带领团队开始攻坚战。至 20 世纪末，这一研究方向取得了重要进展，不到 10 年间，团队在国内外期刊及重要国际学术会议发表论文百余篇。1995 年"复杂控制系统对称性及相似性结构的研究"荣获国家教委科技进步奖一等奖。

1997 年，张嗣瀛因在控制科学与系统科学领域的突出贡献当选为中国科学院院士。"院士没什么不一样，我还是继续做我的研究。"

行者恒远丹心随，滋兰树惠满庭芳

"我对东北大学是有极深感情的。从东北工学院成立，我就在这里任教。我很骄傲，我是一名东大人。"这是张嗣瀛的东大情缘。

1957 年，在钱学森、周培源等著名科学家的倡议和推动下，中国力学会成立了。张嗣瀛将自己的第一个研究结果写成论文，投稿力学会议并被大会接收。

1957 年 2 月，中国第一届力学会议在北京召开，张嗣瀛宣读完论文后，突发奇想地提出："包络把稳定区域包起来以后可能这就是一个最优的。"这时，坐在台下的力学学会理事长钱学森问道："你这个最优是什么概念？什么叫最优？学术问题是非常严谨的，必须严格定义。"正是钱学森的这次发问，促使张嗣瀛对最优控制理论产生了浓厚的探索欲望。

在控制学科的长期教学与科研实践中，张嗣瀛敏锐地发现学科建设是高校发展不变的主题："学科建设是关键，重点是提高学科实力，打造学科高地，要做好规划、突出重点，使部分学科在较短时间内能够走在全国前列。"

"他创办了这个学科，又培养了好多代人。张老师一直影响着控制学科发展的进程。"谈到张嗣瀛对控制学科的贡献时，东北大学信息科学与工程学院院长杨光红如是说。

1985 年，作为中国自动化学会常务理事的张嗣瀛在北京主持筹办了国际自动控制联合会（IFAC）的"建模、决策与对策（MDG）国际学术会议"，并任国家组织委员会主席。

第二年，张嗣瀛主持创办了自动化学科领域的综合性学术刊物《控制与决策》，并亲自出任主编。这是当时国内控制界仅有的四大学术刊物之一，对国内控制领域的学术研究工作起到了不可低估的推动作用。

1988 年秋，张嗣瀛提出主办全国性大型学术会议"中国控制与决策会议"。从 1989 年开始每年一次，控制界专家学者齐聚一堂，交流学术思想，开风气之先，领时代之新。2007 年，年会实现与国际接轨，所有论文均进入 IEEE Xplore Database，并被 EI 检索。2018 年 6 月 9 日，第 30 届中国控制与决策会议在沈阳召开，九秩高龄的张嗣瀛到会致辞，细数了年会三十年的发展历程，如歌的岁月承载的就是张嗣瀛行者恒远、滋兰树蕙的皓首丹心。

丹心育桃李，韶华铸师魂

作为教育和科技工作者，张嗣瀛思考更多的是如何能培养出科技创新能力更强的人才。1961 年，张嗣瀛将在苏联进修时的讨论班形式引入教研室，成立了东北工学院第一个个人发起、不受行政干预的科研活动组织——学术讨论班。

"张老师每周三主持学术讨论班，初期开学术讨论班的目的就是给大家普及一些科研相关知识。"逐字逐句的翻译、深入浅出的批注、精准细致的画图，工工整整的抄写，井元伟向记者展示了他收藏的两本泛黄的厚厚笔记。那是 1961—1963 年间张嗣瀛为了能够方便讨论班同事阅读文献、了解运动稳定性基本理论而翻译注释的苏联导师契塔耶夫的书籍译稿和备课笔记。

如今的信息学馆 214 室，每年有 300 多场学术讨论班在这里举行。传承 60 余年的学术传统，促进了学术队伍的发展，一大批科研骨干和学术精英迅速成长起来。回想起先生对自己的教育和影响，学生们印象最深刻的莫过于他春风化雨的教诲和无微不至的关怀。

1984 年 7 月，井元伟硕士毕业后留校任教。张嗣瀛同他进行了一次语重心长的谈话。"张老师告诫我，人，是要有一点精神的。要么就不干，干就干得好，要么就不做，做则取最优。"井元伟回忆道。

一片丹心育桃李，张嗣瀛以"为祖国培养人才"为己任，从教 70 余年，培养出百余位博士、硕士研究生，先生所想均是国家需求，弟子们自然厚植家国情怀。如今，活跃在自动控制领域的张门弟子，许多已成长为国家"杰青"、学术带头人。

张嗣瀛与学生们在一起

　　"我做了一辈子教书匠，我很满足，我的学生们正直、朴素、勤奋，兢兢业业、踏实勤恳地在工作岗位上奉献付出，他们的成长成功是对我最好的回馈。"张嗣瀛发自内心地感慨。

　　这，就是师者质朴的幸福与满足。这，就是学者无私的奉献与付出。这种燃烧自己、至诚报国的爱国情怀，温暖当下，烛照未来。

（文：姚艾君、井元伟、刘颖慧）

一生科研为邦国　终身绚烂如椿木

——讲述中国科学院院士闻邦椿的故事

闻邦椿　中国科学院院士

　　闻邦椿，中国科学院院士，原籍浙江温岭，1930年9月生于浙江省杭州市。1957年东北工学院机械系研究生毕业。现为东北大学机械工程与自动化学院教授，机械设计及理论研究所名誉所长。IFToMM（国际机器理论与机构学联合会）中国委员会委员，国际转子动力学技术委员会委员，亚太振动会议指导委员会委员，中国振动工程学会名誉理事长。曾任第六、七、八、九届全国政协委员，国务院学位委员会第二、三、四届机械工程学科评议组成员，中国振动工程学会理事长和《振动工程学报》主编、上海交通大学"振动、冲击、噪声"国家重点实验室学术委员会主任。1984年被评为全国第一批有突出贡献的中青年专家，1991年当选为中国科学院院士（学部委员）。

　　系统地研究和发展了振动学与机器学相结合的新学科"振动利用工

程学"，还研究了转子动力学、机械系统非线性振动理论及应用、机械故障的振动诊断、综合设计理论、机电一体化以及工程机械理论的某些问题。发表论文 700 余篇，撰写专著和主编的论文集 28 部。指导了 100 余名研究生，已有 87 名研究生取得了硕士学位，61 名研究生取得了博士学位，还曾指导博士后 10 名、俄罗斯和哈萨克斯坦访问学者各 1 名。完成了数十项国家和横向重大科研项目，包括国家自然科学基金重大项目、面上项目和"973""863"项目等，曾获国际奖 2 项，国家奖 4 项，省、部、委级奖 15 项，国家专利 9 项。有多项成果达到国际先进水平，取得了重大经济效益和社会效益。

不忘初心，与时俱进，攀登机械学科高峰

2018 年教师节前夕，一张照片在东大人的朋友圈广为流传：一位老人在火车站候车大厅里，把笔记本电脑放在自己的腿上，专注地工作着……

这位老人，就是中国科学院院士、东北大学教授闻邦椿。1957 年，闻邦椿以研究生毕业考试五门全优的优异成绩留校任教。一个甲子与共和国同行，与祖国的机械事业同步，闻邦椿院士用一生践行着"机械工业报国"的使命。

在 60 多年的岁月中，闻邦椿创建振动利用新学科，开设了工程非线性振动等近 20 门课程。他为科学真理立说，为莘莘学子解惑。在半个多世纪的时光中，闻邦椿在振动机械、工程机械领域内矢志不渝地创新、实践，先后研制出 10 多种新型机械装备，使振动这一现象变害为利、造福社会，创造了巨大的社会和经济效益。他用常人难以想象的勤奋和创新精神，成就了硕果满枝的学术人生。

晚年的闻邦椿，并没有过上含饴

闻邦椿在火车站候车大厅里工作

弄孙的悠闲生活。回顾几十年的工作，他开始了对科研和教学的总结，并与时俱进推动机械学科与人工智能深度结合。2004 年，他受聘为东北大学"重大机械装备设计与制造关键共性理论与技术""985 工程"创新平台的首席教授。以平台为依托，他带领团队经过系统研究，提出了三段设计模型，即 7D 总体规划模型、1+3+X 综合设计新模型和产品设计质量检验与评估模型，建立了一套完整的现代产品设计方法体系。

2010 年，闻邦椿主编六卷本《机械设计手册》时，将上述设计方法体系

融入手册内容中。该手册后来成为行业经典，2018 年再版为七卷本著作，被誉为"工程师手边书"，为我国上万家制造类企业制定上千条行业标准，引入工业机器人生产标准等内容，获得中国机械工业科学技术一等奖。

闻邦椿在学术交流会议上作报告

不改本色，甘为人梯，潜心培育栋梁之材

虽已是著作等身、一代大家，然而在众多的社会角色中，闻邦椿最看重的身份就是教师。在他看来，每一个学生都是一块璞玉，都要因材施教、精心雕琢。"勤奋、刻苦、创新、开拓"，是闻邦椿行事品格的完美注脚，更是他留给学生的最宝贵精神财富。

"还记得闻老师给我们研究生上非线性振动课时，已经七十多岁，但是他一上就是 4 个小时，中间从不间断，看着整黑板的公式推导和老师汗湿衣襟的背影，我受到了极大的震撼。"机械工程与自动化学院李小彭教授回忆道。闻邦椿的学生马辉教授也感慨道："闻老师的包总是鼓鼓囊囊的，背着书啊、笔记本啊，火车站、飞机大厅……都是他的办公地点。"

闻邦椿对培养学生严谨的学风特别看重。一次，闻邦椿出差，在报纸上看到一篇揭露博士生抄袭别人论文的文章，就把这张报纸带回学校。"闻老师把

这篇文章复印后发给每一个博士和硕士研究生，我们不约而同地把这篇文章放在案头用来警示自己。"博士生张居乾说。

言传身教，以身作则。在闻邦椿看来，培养学生时，一个独家秘籍就是要以自己的实际行动去影响他们。"我其实就是这样，我不弄虚作假，我勤奋刻苦，我在工作中坚持不懈地努力，他们看到老师这样，自己也愿意这样做。"闻邦椿说。

闻邦椿的博士生顾大卫回忆起自己刚读博时遇到困难的情景，至今记忆犹新："刚接触到振动利用这门学科时，我被烦琐的公式搞得头昏眼花，想打退堂鼓。闻老师告诉我，他曾经花了一个多月的时间，推导一个机械系统的动力学公式，桌子上的稿纸都快堆成小山啦！"动之以情，循循善诱，闻邦椿总是耐心地为学生排忧解惑。

在闻邦椿的办公室，一块镌刻着"德才兼备的科学家、学生爱戴的教育家、聪明睿智的思想家——闻邦椿教授全体学生"几行字的金色牌匾，仿佛在向这位丹心育人、负重前行的老教授默默致敬。

闻邦椿指导学生做实验

老当益壮，笔耕不辍，把科学方法论融入高校思政课

闻邦椿曾在多个场合强调，实践和创新是通向成功的必由之路，实践是实现创造的核心和前提，创新则体现在完成每一件事的过程中。在他心中，大学不仅能够锤炼学生正确的世界观、人生观、价值观，更要有具体实践和操作的

抓手。抓住了这两个核心要素，再掌握了科学的方法论和正确的工作方法，就一定会在人生之路上走得更快更远。

正是基于这样的教育思想，21世纪以来，闻邦椿积淀一生所学，深入系统地提出科学方法论体系，帮助学生获取成功高效做事的"金钥匙"。他还先后义务为全国近30所大学、10多个企业作报告，宣传和指导科学思维、科学创新、科学创业。

"在我78岁的时候，开始整理自传《奋斗的人生》，就在撰写这本书的过程中，我通过我的家族历史和个人经历，总结了提高处事成功概率的一些经验和教训，我想这些对每一个人都是有用的，可以帮助年轻人科学高效做事，少走弯路。"谈及研究科学方法论的初心时，闻邦椿院士这样说道。

已是耄耋之年的闻邦椿院士还有一个"小目标"："最近我主要在写科学方法论方面的书，这是我毕生经验的总结，我把它写出来，希望对后人有所帮助，使年轻人都能提高做事成功的概率。"

据机械工程与自动化学院执行院长于天彪教授介绍，闻邦椿院士的人生哲学与科学方法论课已经在机械学院本科生中全面推开，涵盖18个班级的近580名本科生，每学期16学时，未来还将进入研究生课堂。与此同时，闻邦椿院士的科学方法论还被推广到宁夏理工学院，并在该校的思政课中全面推开，以提高学生的学习做事效率。

闻邦椿和学生在一起

"'工欲善其事，必先利其器'，我们为中华民族伟大复兴培养创新型人才，不仅要培养他们正确的世界观、人生观、价值观，更要让他们学会科学的方法去高效、正确做事。创新不是凭空臆想的东西，掌握了科学的工作方法，同学们就能用敏锐的眼光去发现事物的内在矛盾，找出其发展规律，提出解决问题最理想的方法，就会有助于我们的学生进入良性循环的发展快车道。"谈到将科学方法论融入高校思政课的意义，闻邦椿院士语重心长地说。

本科生刘书业在人生哲学方法论这门课上感触颇深："第一次看到有人生哲学方法论这门课的时候，我一头雾水。在真正学习了闻老师的方法论之后，我领悟到，想要成功并非只有付出努力那么简单，而是要用科学的精神和方法去探讨科学，才能取得事半功倍的效果。"

闻邦椿在办公室

教书育人一甲子，书写甘之如饴的奉献；追求卓越六十载，绘就永不落幕的精彩。闻邦椿至今还像一部高速运转的马达，每天不知疲倦地到办公室工作，指导在读博士生，他计划再撰写出若干本著作以飨后辈。

"创新是永无止境的，育人永远只有进行时。"闻邦椿说。这段话，像一粒饱满的种子，虽历经风雨寒暑，最终扎根沃土，华盖参天。

（文：王钰慧）

中国制造的超强大脑

——讲述中国工程院院士柴天佑的故事

柴天佑 中国工程院院士

柴天佑，IEEE Fellow，IFAC Fellow。1985 年于东北工学院获工学博士学位，并留校任教。1988 年晋升为教授，1990 年成为博士生导师。东北大学自动化研究中心主任。国家重点基础研究发展计划（"973 计划"）项目首席科学家。曾任国际自动控制联合会（IFAC）技术局成员及 IFAC 制造与仪表技术协调委员会主席（1996—1999）。2003 年当选为中国工程院院士。

长期以来从事智能解耦控制、自适应控制、过程工业综合自动化等领域的应用基础和工程技术的研究，先后主持与完成国家重点基础研究发展计划（"973 计划"）、国家自然科学重点基金、国家高技术研究发展计划（"863" 计划）、国家攻关计划、国家高技术产业化专项以及企业重大自动化工程等 30 多项科研项目，取得多项系统性创新成果。提出了多变量自适应解耦控制理论与方法，与智能控制、计算机集散控制技术相结合，主持研制出智能解耦控制技术及系统；提出了以综合生产指标为目标的全流程混合智能优化控制方法，主持研制了混合智能优化控制技术及综合自动化系统，并成功应用于钢铁、选矿、有色、电力等行业，取得了显著的社会和经济效益。获国家科技进步奖二等奖 3 项，省部级特等奖、一等奖 10 项；2007 年获 IEEE 系统控制协会颁发的控制研究杰出工业成就奖，2002 年获何梁何利基金科学与技术进步奖，2003 年获辽宁省科技功勋奖。发表论文被 SCI 收录 80 余篇，EI 收录 200 余篇，ISTP 收录 80 余篇。出版专著 2 部。应邀在 IFAC、IEEE 的国际会议上作大会特邀报告 20 余次。创建了东北大学自动化研究中心，并使之成为国家工程技术研究中心。培养建设了一支年轻的研究队伍，共有 10 余名博士后出站，70 余名博士生获得博士学位，200 余名硕士生获得硕士学位。获得全国五一劳动奖章及全国先进工作者荣誉称号。

做一个"最勤奋的人"

从东北大学北门步入校园，沿着知行路直行约 500 米，道路西侧一座具有浓郁俄式风格的建筑映入眼帘。洁白的大理石门廊，暗灰的五层主体建筑，相互映衬，相得益彰，庄重典雅，高端大气。中国智造的超强大脑——流程工业综合自动化国家重点实验室，就坐落在这座楼馆之内。

创建和领导这个国家重点实验室的，就是中国工程院院士柴天佑教授。在 30 多年时间里，他将一个名不见经传的小小研究室，"变"为一个在国内外自动控制理论和应用领域颇具影响力的国家重点实验室。

柴天佑在办公室（一）

岁月无言，柴天佑的经历默默地向人们证明了一个"有志者事竟成"的古训。

柴天佑从小就对知识有着浓厚的兴趣，当一个科学家是他儿时的梦。小学和初中，他是伴随着鲜花和荣誉长大的。1963年，他以优异的成绩考入了辽宁省实验中学，这在当时，相当于拿到了进入高等学府的"入门证"。可是，就在他修完高中学业，准备踌躇满志地去实现他的科学梦的时候，他却被历史的旋涡卷进一个区属小厂当了工人。

在工厂，简单的劳动并没有消磨掉他求知的渴望。他一面学习基础知识，一面热衷于厂里的技术革新。一位与柴天佑一起工作过的老工人说："柴天佑这小伙子在我们厂子里车、钳、铆、电、焊都干过，他干活肯吃苦，肯动脑子，干啥像啥，是厂里的技改能手。"由于技术上内行，他历任车间技术副主任、车间主任、技术副厂长、厂长，并被评为"沈阳市技改积极分子""沈阳市先进科技工作者"。

1977年，高考制度恢复。已近而立之年的柴天佑按捺不住内心的喜悦和激动，不顾许多人的劝阻，毅然放弃了厂长职务和进一步升迁的机遇，一举即中，考入了东北电力学院。

像鱼儿投入了海洋，工厂的实践，大学梦的破而重圆，使柴天佑对知识的认识更加深刻，对学术的追求也日益痴迷。他克服了年龄大等不利因素，以惊人的毅力和速度，完成了学习上的飞跃；他仅用两年半时间就修完了大学四年的课程，并于1980年考入东北工学院自控系，师从我国著名控制专家郎世俊教授攻读硕士学位，两年之后，他又以优异的成绩提前一年毕业，在郎教授门下攻读博士学位，选择了"多变量自适应控制"作为自己的研究方向。多变量自适应控制是世界上公认的研究难题之一，1986年美国自动控制"高峰会议"确定了7个挑战性课题，其中之首就是"多变量自适应控制"，这是一项艰巨的任务，这是一次艰难的攀登。为了突破这一科学难题，柴天佑不仅在必修课方面取得了优异的成绩，而且选修和自学了多门相关课程，并参阅了国内外数百篇有关文献。对多种控制方法进行了理论论证，做了大量计算机仿真实验，从中寻找规律。有时，为了一个数据，为了研究一种新算法，他几十次甚至上百次地计算、试验。他几乎放弃了所有的节假日，从那时起，人们就公认他是一位最勤奋的人。

一分耕耘，一分收获。经过几年不懈的努力，柴天佑提出了多变量自适应控制的新算法，建立了算法的统一格式，给出了算法的稳定性和收敛性分析。其博士学位论文"多变量自校正控制器的研究"受到答辩委员会的高度评价，被认为是一篇极优秀的博士论文。

1985 年，灯火辉煌的辽宁体育馆，在庆祝东北工学院建院 35 周年的万人大会上，当柴天佑无比激动地从校长手中接过博士学位证书时，全场掌声雷动。

"让实践来检验理论研究成果"

毕业后，柴天佑留校任教。怀着为科学事业献身的崇高精神，他脚踏实地，埋头苦干，一步一个脚印，不断向更高的目标攀登。三尺讲坛上，他施教育人；实验室中，他潜心科研。

培养一流的人才，要有一流的科研环境，而打造科研环境必须要有大量的资金投入等。靠国家拨款，要在短时间内赶上和超过国外大学的水平是不可能的，只有创造条件，探索一种适合中国特点的科研机制，走出一条自我发展的道路，才能适应市场经济的要求，掌握竞争的主动权。

经过深思熟虑，柴天佑决心带领研究室的科研人员创建自动化研究中心，在学校与社会之间架设一座桥梁，将基础研究成果与应用研究实际结合起来，走高技术研究道路，为国家的现代化建设作出直接的贡献。同时，将所获得的经济效益再用于科研环境的提升，使研究中心的发展形成良性循环。

1992 年 5 月，当柴天佑把东北工学院自动化研究中心的牌匾挂在高大的建筑学馆前的时候，无疑是写就了一篇新的更加雄浑的创业宣言，它向人们宣告：这个藏在大楼深院无人识的小小研究室，就要成为国家经济建设赛场上的重要一员了。

中心成立不久，东北最大的火力发电厂——清河发电厂的"1~4 号 10万千瓦发电机组弱电控制系统"技术改造项目向社会招标。消息传来，柴天佑感到机会来了。

在由 15 名专家组成的招标答辩会上，柴天佑创造性地提出利用集散控制方法，采用光缆通信并结合智能控制技术，以解决过去采用弱电进行控制容易出现故障、造成停电的技术难题，并进行了有理有据的论证，终于依靠自身的实力，战胜了各路竞争对手，一举中标。1993 年 5 月 14 日，清河发电厂 1~4 号机组计算机集散控制系统一次并网发电成功，正式投入使用。有关权威人士评价说："这项工程又填补了我国采用计算机集散控制技术控制大型火力发电机组的一项空白。"

柴天佑

2005 年，柴天佑院士结合竖炉、磨机等企业常用耗能设备的特点，围绕运行反馈控制结构，在国际上首次提出了运行反馈控制、控制器驱动模型和虚拟未建模动态的新概念，并组织丁进良、吴永建、岳恒等骨干力量开始进行深入研究。2007 年，柴天佑院士凭借在控制领域取得的突破性成果，在新加坡召开的 IEEE Multi-conference on Systems and Control 国际会议上获得首届国际控制研究杰出工业成就奖，并应邀作一小时大会报告。

理论成果只有应用于生产实践才能转化为生产力。柴天佑院士将科研人员分成不同的小组，分头开始针对电熔镁炉、磨机、竖炉、回转窑等耗能设备展开研究。2005 年，研究中心科研人员进驻大石桥辽宁群益集团营联镁质耐火材料有限公司，开始了在电熔镁生产线上的实验研究。2006 年在试验炉上取得成功后，节能效果明显。尝到甜头的电熔镁企业老板又在 5 台炉子上安装了运行反馈控制系统，五台炉子很快投产，节能增效的效果更加明显。

柴天佑团队在零失误的情况下，完成了电熔镁炉专用智能运行反馈控制技术的研究与实践工作，发明了针对电熔镁炉单独运行的特点的嵌入式控制系统，研制了电熔镁炉智能运行反馈控制软件，为企业打造出一个超强大脑，实现了生产线的全流程控制，在自动控制领域树起了东北大学的品牌。

柴天佑在办公室（二）

奏响智能制造国际强音

2011 年 12 月 5 日，流程工业综合自动化国家重点实验室正式揭牌，昭示着一个新航程的开启。实验室立足面向国家流程工业发展的重大需求，解决实现流程工业绿色化与综合自动化的关键科学与技术问题，形成具有自主知识产权的核心技术成果，为我国流程工业实现绿色化与综合自动化，为由制造大国向制造强国迈进提供科学技术支撑。

站在新的起点，实验室针对流程工业绿色化与自动化的重大需求和控制技术的前沿问题，开始向更高的目标阔步前行。

郑州铝厂 70 万吨拜耳法氧化铝生产线研究的综合自动化系统、排山楼金矿综合自动化系统、山西铝厂熟料窑控制系统、长春污水处理厂综合自动化系统、20 万千瓦国产机组钢球磨中储式制粉系统、元宝山发电厂进口 30 万千瓦发电机组、抚顺钢厂的炼钢—精炼—连铸—连轧四位一体合金钢棒材新流程生产线及越南氧化铝生产过程自动化系统、巴布亚新几内亚的开发施工项目……实验室在柴天佑院士的带领下不断挑战新项目，取得新成果，在冶金、电力、环保等行业建立了一批用高新技术改造传统产业的成功范例。

多年来，东北大学流程工业综合自动化国家重点实验室在柴天佑的带领下，面向国家流程工业高效化与绿色化的重大需求，开展基础研究与前沿高技术研究，在大型全流程生产线成功建立节能降耗效果显著的综合自动化示范系统，为工业化和信息化深度融合树立了典型示范。

实验室依托教育部国际合作联合实验室、辽宁省"一带一路"联合实验室、国家留学基金委创新人才国际合作培养项目开展广泛而深入的国际交流与合作。

近年来，实验室与国际合作单位联合承担科技部战略性国际科技创新合作重点专项等项目 30 余项。实验室成员应邀在 IFAC 和 IEEE 等系列国际会议作大会特邀报告近百次，国际合作成果荣获国际科技合作奖和中国政府友谊奖。2019 年起，实验室还创办了"工业人工智能国际会议（IAI）"，旨在推动深入国际交流和领域发展。

实验室研究成果获得国际权威专家的高度评价。国际控制领域最高学术组织 IEEE 控制系统协会三任主席 F. Bullo 教授、M. E. Valcher 教授和 R. Tempo 教授来访后均在业界顶级期刊 *IEEE Control Systems Magazine* 上撰文赞扬实验室："实验室声誉很高，是一个真正独一无二且令人敬佩的研究中心。""柴教授取得的成就在国际自动化领域不可比拟。"

（文：张蕾）

"超级钢"院士，一辈子就爱听钢铁"唱歌"

——讲述中国工程院院士王国栋的故事

王国栋　中国工程院院士

　　王国栋，东北大学教授、博士生导师，轧制技术领域的国际知名专家。1942年出生于辽宁省大连市，1966年9月毕业于东北工学院。1968年10月至1978年10月，在鞍钢小型厂从事棒材和周期断面型材轧制技术工作和管理工作，1978年10月至1981年12月在北京钢铁研究总院攻读硕士学位，毕业后到东北工学院任教，1987年破格晋升为副教授，1989年5月破格晋升为教授。2005年当选为中国工程院院士。

　　长期以来从事钢铁材料轧制理论、工艺、自动化等领域的应用基础和工程技术的研究，先后主持和完成国家重点基础研究发展计划（"973计划"）、国家高技术研究发展计划（"863计划"）、攻关项目、自然科学基金重大项目等，取得了许多创新性的成果。曾获国家科技进步奖一等奖2项、二等奖2项，国家技术发明奖二等奖1项；省部级科技进步奖二等奖以上奖项 15 项；冶金科技奖二等奖以上奖项 3 项。申报或授权发明专利 14 项，授权实用新型专利 7 项；出版专著 6 部、译著 4 部。发表论文被 SCI 收录 80 余篇，EI 收录 150 余篇。培养的研究生中获得博士学位 57 人，硕士学位 55 人。王国栋院士忠诚于党的教育事业，勇于开拓，治学严谨，教书育人，为我国钢铁工业发展和科技进步作出重大贡献。享受国务院政府特殊津贴，曾获辽宁省科技功勋奖、冶金部有突出贡献的中青年专家、辽宁省优秀专家、辽宁省优秀科技工作者、宝钢教育奖、辽宁省特等劳动模范、辽宁省优秀教师、辽宁教育人物、沈阳市劳动模范、沈阳市振兴奖等荣誉称号。

"大幅度提高传统钢铁材料的性能，延长使用寿命，又能有效地提高钢材的利用率和回收率，减轻了企业成本和环境压力。"中国工程院院士、东北大学教授、博士生导师王国栋团队开发的超级钢，在国际上连创 4 个"第一"，就像一座里程碑，标注出领跑者的速度和气魄。

"我不喜欢别人叫我'超级钢之父'，我们需要的是脚踏实地，而不是头顶的光环。"奔腾的钢花日夜飞溅，厚重的轧机轰鸣成曲，王国栋就是那个爱听钢铁歌唱的人。"如果说还有什么遗憾，那就是人生苦短，实在是挤不出更多的时间了。"

结缘钢铁，谱一首铁与火之歌

王国栋所在的轧制技术及连轧自动化国家重点实验室，位于东北大学校园东南侧。每天早上，他都会早早来到这里。

"我每天走路来上班，既节省了运动的时间，又能保障充沛的体力来完成工作。"王国栋这样描述自己一天的开始。

熟悉王国栋的人都知道，他太忙了。翻开他的日历，每

王国栋指导研究生进行钢板控制冷却试验

年约有一半的时间忙于给企业解决技术问题，推动钢铁智能化生产技术体系在钢厂落地……

"我去钢厂有'瘾'。到了钢厂，就有一种回家的感觉。"王国栋说，他对钢铁的情结是熔铸在骨子里的。

1950年，8岁的王国栋随父母来到鞍山。那时，如火如荼的建设工地、捷报频传的钢厂建设项目，还有那顶天立地的钢铁工人，是"钢都"生活的主旋律。

鞍钢的大型无缝七高炉是他幼小心灵中一座巍峨的殿堂。

20世纪50年代，鞍钢出了3位享誉全国的劳动模范——孟泰、王崇伦、张明山，他们是风靡全国的技术革新代表人物。"我就是听着他们的事迹长大的，是他们的'粉丝'。"王国栋说。

"别人都说钢铁车间太吵，但是我觉得那是钢铁在歌唱，仔细听是可以听出韵律的。"在他看来，巨大与细微、粗犷与精密，就像高音和低音一样，有机统一在钢材的轧制过程中。

钢铁厂热气蒸腾的生产车间，热火朝天的劳动场景，深深镌刻在了王国栋的记忆里。大学填报东北大学（当时校名为东北工学院）钢铁冶金系钢铁压力加工专业，也就成了顺理成章的事情。

1968年到1978年，10年的时间里，王国栋在鞍钢小型厂度过了化茧成蝶的青春岁月，还笔译多部俄文专著、与3位实践经验丰富的老工人组成技术革新组，解决了当时周期断面钢材轧制成材率低下的问题，被誉为鞍钢"企业领导干部、技术人员、工人三结合"的重大成果。

"那是我成长脱胎换骨的10年。"回忆起那段激情燃烧的日子，王国栋依旧深情不减，"我国的钢铁工业还很落后，我有责任

王国栋在实验室指导研究生

为祖国钢铁工业的崛起贡献自己微薄的力量。"

1978 年，中国迎来了改革开放，更迎来了"科学的春天"。王国栋考取了北京钢铁研究总院压力加工专业的硕士研究生，毕业后，他回到了阔别多年的母校——东北工学院任教，并在这里尽献芳华。

自力更生，国之重器不能受制于人

钢铁，作为工业之粮食，大国之筋骨，其战略地位不言而喻。

但在 20 世纪八九十年代，我国的钢铁工业发展与世界领先水平仍有不小的差距。汽车用钢、桥梁用钢、高层建筑用钢、工程机械用钢及航母等大国重器用的高端钢材，仍受制于人。

"核心技术是买不来的，必须靠着自己的智慧和双手去拼出一片新天地。"与钢铁打了一辈子交道的王国栋，深知只有打破钢铁材料瓶颈，国之重器才能不受制于人。

1998 年，在国家"973"项目的支持下，他和团队开始了"轧制过程中实现晶粒细化的基础研究"课题。

当时，日本、韩国已相继启动了探究晶粒细化极限的实验。而凭借多年的一线经验与实验结果，王国栋和团队决定不盲目追随日韩的潮流，而是定位在现有工业条件下能够实现的目标，创新性地提出了晶粒适度细化的概念。

有了新的头绪后，王国栋和课题组成员开始了长期"驻扎"宝钢的生活，昼夜奋战，与宝钢集团无缝衔接。

那段日子里，王国栋带领团队穿梭于实验室和宝钢之间，实验、分析、计算、调研、座谈会、讨论……

王国栋和青年科技工作者探讨学术问题

1999 年 9 月，无数次实验后，"超级钢"诞生了！这也是世界上第一次用工业化的轧机轧制超级钢的成功实验。

这一课题的研究成果，被应用于宝钢、鞍钢、本钢等企业，批量工业生产超级钢数百万吨，并连创国际竞争的 4 个"第一"：第一次在实验室条件下得到了原型钢样品；第一次得到钢铁工业生产的工艺窗口；第一次在工业生产条件下轧制出超级钢；第一次将超级钢应用于汽车制造。

2005 年 3 月 28 日，王国栋作为国家科技进步奖一等奖的获得者，在人民大会堂受到了党和国家领导人的亲切接见。

但每当谈起"超级钢"，王国栋总是说，这只是材料革命浪潮里的一朵涟漪。把这一页翻过去吧，往前看，那才是波涛汹涌的大海。

勇闯新路，矢志追求行业领跑

创新不停步，奋斗无止境。

让中国从跟跑、并行直至成为世界钢铁科技的领跑者，是王国栋矢志不渝的奋斗目标。

2004 年，日本、欧洲开发出热轧钢板超快速冷却技术，我国也十分关注这一领域，但可惜的是，我们一直处于跟跑位置。

"我们自己开发，走自己的路。"

王国栋和他的团队下定决心，兵分两路：一路以擅长装备研发的王昭东、袁国等中青年学者带头，根据已由团队研发成功的钢板淬火机的原理，进行控制冷却系统硬件的研发；一路则由擅长组织性能调控的刘振宇等牵头，开发热轧过程组织性能预测技术，建立我国自己的钢材组织控制的软件"北斗导航系统"。

人间万事出艰辛。

南钢的生产线上，有一幕特别令人振奋：印刻着"RALNEU"（东北大学轧制技术及连轧自动化国家重点实验室缩写）标识的超快冷装置和西马克集团生产的预矫直机一前一后地矗立在生产车间，仿佛在昭示着自主研发的国产装备与进口装备"硬核"过招的战绩。

提起做项目的日子，王国栋的学生袁国满是感慨："南钢辊式淬火机项目进展的关键时期，项目组三天两夜只吃了两顿饭。"

"经过几百年的努力，钢铁生产中的难题大部分已经解决了。要想领先，就得敢于啃剩下为数不多的'硬骨头'。"回忆这一段从跟跑到并行、再到领跑的发展历程，王国栋不无感触地说。

除了在热处理技术和装备、钢铁智能制造等前沿领域逐渐进入"领跑"行列，王国栋还满腔热忱地推动协同创新，结合钢铁行业工序复杂、涉及学科专业及行业众多等特点，组织覆盖"采矿—选矿—炼铁—炼钢"的全流程协同攻关。学科交叉，让团队如虎添翼，更快更好地服务国家重大需求。

协同创新中心的成果，还为非洲人民带来福祉。中心难选铁矿石研究方向的韩跃新教授团队，破解了贫杂铁矿石资源化利用的世界性选矿难题，"吃干榨尽贫矿资源"，增加了国产铁精矿产量，保障了我国铁矿资源的安全供给，先进的技术走向非洲，将塞拉利昂等国的"贫矿"变成"富矿"。

2019 年底，在王国栋的积极推动下，由河钢集团、华为集团、东北大学联合成立了"工业互联网赋能钢铁智能制造联合创新中心"，与时俱进运用"5G+"技术等赋予行业发展新动能。

绿色化的钢铁产品，有力地强健了大国"筋骨"。981 钻井平台、观音岩大型电站、新一代舰船、南海荔湾深海油气田厚壁管线、驰骋北冰洋的高技术船舶、"华龙一号"三代核电技术全球首堆示范项目……这些光彩夺目的"国之重器"，承载着国家和人民的重托，凝聚着王国栋和团队的心血和汗水，更是他们心中无上的幸福和骄傲。

"我国的钢铁工业要从并跑到领跑，必须做好原创性、前沿性、颠覆性的研究，在从'0'到'1'的研究上下真功夫，抢下被'卡脖子'的技术山头，做到人无我有、人有我精、人精我强。"

王国栋说，做项目是一件苦差事，但更是展示自己、提高水平的平台，其中乐趣无穷。

桃李芬芳，和年轻人一起寻找未来

盛夏时节的东北大学，绿树葳蕤，王国栋像往常一样来到单位参加项目研讨。没有人知道，他刚刚做完肾结石的手术。"如果说还有什么遗憾的话，就是感觉现在时间不够用。"王国栋说。

"但是我很开心，我的学生更加优秀。"王国栋最喜欢谈的话题是学生。他带出的 100 多名硕士、博士研究生，都活跃在院校和企业里，为国家的钢铁行业发光发热，这是最令他欣慰的。

桃李不言，下自成蹊。

刘振宇是王国栋团队的中生代力量。他带领的团队与宝钢梅山公司、鞍钢等企业合作，让大数据握手大生产，开发出绿色钢铁智能化制造技术，有效解决了当前钢铁企业规模化生产和用户个性化需求之间的矛盾。"当时研究生很少，系里只有我们两位。王老师每次讲课都非常认真，还给我们准备了厚厚的一本教案。"刘振宇深情地回忆着当年种种。

袁国是东北大学轧制技术及连轧自动化国家重点实验室主任。还在研究生期间，他就参加了王国栋院士团队的大型研究项目。无论是淬火机的从无到有，还是中厚板、热连轧、无缝钢管超快冷技术从"0"到"1"，山重水复、关关难过的"硬骨头"项目，决定"生死"的关键时刻，都有王国栋院士带着袁国等年轻的"战友"们拼搏的身影。

"钢铁材料是很可爱的，你们只有爱上它才能驾驭它。"袁国表示，这句话是老师对钢铁的态度，也是对学生们的谆谆教诲。

"我'年轻的战友'都很优秀，正在成长为参天大树，他们是我的开心果。"王国栋说，有了这样为国家钢铁事业奋战的年轻一代，他深感欣慰。

如今，王国栋的学生们和实验室的青年教师们

王国栋和他的学生们在一起

围绕国家战略重点和企业实际需求，参与港珠澳大桥、西电东送输电铁塔、大型潜艇等重大项目，创新成果写在国家重大需求和国民经济的方方面面。

王国栋，这位钢厂车间里走出来的中国工程院院士，这位推动了中国钢铁由"傻大黑粗"向"绿富精强"转变的钢铁"战士"，正和他的团队一起，书写着钢铁人生，乘风破浪，一路向前。

（文：王钰慧）

向地球深部进军

——讲述中国工程院院士冯夏庭的故事

冯夏庭　**中国工程院院士**

　　冯夏庭，1964年9月生，安徽潜山人，教授，博士生导师，岩石力学专家，国际岩石力学与岩石工程学会会士。1992年获东北工学院矿山建设工程专业博士学位。国家杰出青年基金获得者，国家自然科学基金委创新研究群体负责人。国家百千万工程领军人才，中国科学院"百人计划"入选者。兼任国际岩石力学与工程学会岩石工程设计方法委员会主席、中国岩石力学与工程学会理事长、英文《岩石力学与工程学报》主编、深部工程岩体力学与安全学科创新引智基地负责人，曾任国际地质工程联合会主席、国际岩石力学与岩石工程学会主席、中国科学院武汉岩土力学研究所所长、岩土力学与工程国家重点实验室主任，2019年当选为中国工程院院士。

　　冯夏庭教授主要从事深部工程岩体力学与安全研究工作，在深部地下工程稳定性分析理论、设计计算方法、工程实验技术以及岩爆监测预警与动态控制等方面做出了突出贡献。主持国家"973计划""863计划"，国家重点研发计划、国家自然科学基金国际合作重大、重点等重大科研项目20余项，发表SCI收录论文180余篇，出版中英文专著10部，获发明专利授权70余项，获国家科技进步奖二等奖4项（其中3项排名第1）。荣获国际岩土力学计算机方法和进展学会杰出贡献奖、首届"全国创新争先奖状"等。

　　暑假，东北大学校园宁静祥和，实验室却是一番热火朝天的景象，几个青年人紧张地布置装置，仪器旁研究人员紧盯显示屏上跳动的数字不停记录……穿梭于实验室之间，终于在走廊里找到中国工程院院士、东北大学校长、深部金属矿山安全开采教育部重点实验室主任冯夏庭教授。步履匆匆的冯夏庭，行动快语速也快，"我们搞科研的没有节假日的概念，只有完成项目的时间节点"。

提升中国在科技领域的国际话语权

　　1982年，来自安徽潜山农村的冯夏庭，考入东北工学院采矿工程专业。研究生期间，他师从岩石力学专家林韵梅教授，开启了在岩石力学智能分析方法及其工程应用领域的漫漫科研之路。冯夏庭回忆："导师对我的影响特别大。1994年，她在东北

冯夏庭在办公室

大学组织了第一次岩石力学国际会议，为我们打开了国际视野。"正是在林韵梅教授的指导下，冯夏庭在国际上最早提出"智能岩石力学"方法研究。

　　2009年5月18日，国际岩石力学学会（ISRM）理事会在香港大学召开，

时任 ISRM 副主席的冯夏庭当选下一届（2011—2015 年）主席。这是 ISRM 成立以来，中国人第一次当选为该学会主席。

国际岩石力学学会成立于 1962 年 10 月，作为世界岩石力学研究的顶尖学术团体，其宗旨是鼓励和协调岩石力学领域的国际合作与交流，组织召开相关的国际会议等。其主席的选举有一套非常严格的制度，竞选者必须经历国家小组推荐、工作业绩网上视频展示、理事会演讲、会员国投票等一系列程序。

作为一名中国科学家，能在激烈的国际竞争中成功胜出，冯夏庭认为"我之所以能够当选，首先归功于国家魅力"。

冯夏庭说，伴随着我国经济的高速发展，国内在铁路交通、水利水电、能源矿山、市政城建等基础设施建设方面进入了新的大发展时期，给岩石力学研究带来了很好的机遇。"就岩石工程建设而言，我国的大型工程项目令世界瞩目。"

在冯夏庭看来，中国科学家积极参加国际学会组织的各种活动，加强国际交流和沟通，是他此次成功当选的又一砝码。"我们在国际学会中一直都很活跃，真正做到了在国际学会组织中有人、有声、有朋友。"冯夏庭说，中国国家小组自 1979 年加入 ISRM 以来，经过多年的努力，取得了不错的成绩。中国著名的岩土力学专家陈宗基院士、钱七虎院士等先后担任过国际岩石力学学会副主席。特别是近年来，在钱七虎的带领下，由国际岩石力学学会组织的历次大会，中国的出席人数是最多的。

"真正把中国建成科技强国，提升中国在科技领域的国际话语权，以引领世界科技发展，这是我们一直努力做的事情。"冯夏庭说，"原来都是我们出去做访问学者，去学人家的东西，回来之后再创新，然后变成自己的东西，然而现在这种状态已经倒过来了。"现在，越来越多的外国学者到中国、到东北大学来做访问学者，学习中国的先进科技。

不能虚报的"狼来了"

"入地"比"上天"更难。向地球深部进军，越深入就越危险。最常见的就是施工诱发的岩爆，严重的可达震级 4.6 级，释放的强大能量，可以让一颗小小的石子瞬间变成"子弹"。冯夏庭说："工程建设不断向地球深部走，岩爆等灾害问题不仅耽误工期，还伤人、伤设备，破解这些难题，就是我们的职责。"

冯夏庭是最早在我国提出智能岩石力学研究的学者，他从事的智能岩石力学是国际上新兴的学科研究方向，其目的是针对当前岩石力学研究的两大"瓶颈"问题——岩石的参数选定问题和模型的建立问题，开辟一条全新的研究途径。经过冯夏庭和团队的努力，团队在岩石力学的研究方面取得了非常显著的成果：提出了岩石力学参数的智能辨识方法、材料本构关系识别的进化方法、神经网络——数值计算方法等。研究成果得到了国内外知名专家学者的广泛推崇。

冯夏庭在实验室（一）

在谈到个人取得的成就时，冯夏庭非常低调："林韵梅教授、王咏嘉教授、徐小荷教授等我的导师与前辈们给了我很多指导，教育并要求我作为科研工作者该如何做科学研究。"

20 世纪 80 年代，冯夏庭的同学中有很多人脱离了艰苦的采矿专业，选择出国、搞外贸。而冯夏庭选择静下心来读书学本领。"我们学科的特点就是不仅是在实验室工作，更多的是在工地现场。现场环境很恶劣，有的隧道里面可能四五十摄氏度，又潮又湿。为了解决岩爆问题，凌晨三四点钟都要在隧道里来保证监测设备系统的运行安全。发生灾害的过程中或者之后，马上要到现场去，看看跟你想象的、预计的是不是有差别，你预警的结果对不对，现场发生了，要验证这个东西，它不能开玩笑。以前老是有人喊'狼来了'，如果狼总是不来，人家就不相信你的技术。我就要做到喊'狼来了'，就是狼真的要来，你要不应对的话它就真来了。"经过反复验证、不断应用，冯夏庭团队提升了自己的信心，团队也不断壮大。"国家、省、市都给我们很多的支持、鼓励，我们更感到这是一种责任。要承担更大的责任，不断地去努力工作。国内的工程解决了，国外的工程要陆陆续续地往前推进。"

国家需要就是我们努力的方向

冯夏庭表示，东北大学为他的研究和发展提供了一个自由宽松的研究氛围和良好的科研平台，这些都为科研成果的取得起到了很好的促进作用。

运用国家"973"项目"灾害环境下重大工程安全性的基础研究"首席科学家之一冯夏庭提出的智能岩石力学理论和方法，我国成功地解决了三峡工程、清江水布垭水利枢纽工程等一些重大工程技术难题。冯夏庭认为，国家的需求为科研提供了很多机遇，而国际学术前沿课题给科研提供了很好的推动力。他表示，做研究必须要有兴趣，国家需求与前沿问题都很多，在学校的培养和导师前辈的指导下，"通过多年的摸索已经发现了自己的兴趣和方向，即发现问题、申请课题、通过研究解决问题，不断向前迈进，这也成为了我个人的追求，也是我作为一个科研工作者的责任。所以，我一再强调，科学研究要面向国家的需求，面向国际的前沿。"

冯夏庭主要从事深部工程岩体力学与安全研究工作，主持国家"973计划""863计划"，国家自然科学基金国际合作重大、重点和部级等重大科研项目20余项，发表高水平论文180余篇，出版中英文专著5部，获发明专利授权70余项，获国家科技进步奖二等奖4项（其中3项排名第1）。荣获国际岩土力学计算机方法和进展学会杰出贡献奖、首届"全国创新争先奖状"等。谈到做科研工作，他的经验是："科研之路不可能一帆风顺，所以必须学会坚持，不要轻易放弃！"

2008年，"西电东送"的标志性工程——锦屏二级水电站建设长大深埋引水隧洞群，平均洞线长达16.67公里，最大埋深2500多米，是目前世界上施工难度最大的水工隧洞之一，施工过程具有极高岩爆风险。冯夏庭和团队深入一线，慢慢摸清了深部工程围岩剧烈破坏的"脾气"，掌握了调控措施，将实验室的成果应用到强烈岩爆频发的现场，一举攻克了这个世界性的深地工程难题。

"通过近4年的努力，我们将微震监测技术引入这个工程，给隧洞做了个全身'CT'，进而确定是否需要'手术'。"冯夏庭介绍，在团队的不懈探索下，现在已经将岩爆的定性预警提升到对等级和位置的定量预警。

冯夏庭在实验室
（二）

巴基斯坦某水电站工程，是"一带一路"倡议的重要项目。2015 年 5 月 31 日，发生极强岩爆，停工修复达半年之久。冯夏庭带领团队及时精准地预警出隧洞开挖过程中潜在的岩爆区域与等级，为施工人员及设备安全提供科技保障。

重大铁路隧道控制性工程在海拔 3500 米，地处板块缝合带，是世界首座重度岩爆铁路隧道。修建过程中，一度遭遇每天 20 次岩爆的险情，重达 4 吨的开挖台车被震得整个飞出，被称为"石头炮弹隧道"，工程方先后更换了 7 支施工队。冯夏庭带领团队挺进现场，用自主研发的高精度岩爆监测预警系统，现场监测持续 918 天，为铁路隧道装上预警"听诊器"，为施工人员人身安全撑起"防护罩"。得益于监测预警的准确性，监测区域未出现因岩爆造成的人员伤亡事故，施工效率提高 20%。

在重大铁路项目施工现场，初入项目隧道时，岩爆微震监测数据处理效率很低，而且不同人员数据处理的标准差异很大，预警准确率受到很大影响。项目组的师生在冯夏庭院士的悉心指导下，借助人工智能建立了微震数据智能分析处理方法，搭建了岩爆智能监测预警系统，统一了数据处理标准，提高了数据处理效率，预警及时性与准确性得到提升。

通往地球深部的路充满荆棘，摸清地下岩石的"脉搏"不是一件容易事。井下作业条件十分艰苦，40 公斤的监测设备需要人力运输，调试设备徒步上万米也不稀奇。"今天条件再艰苦，仍比 70 多年前要好很多。当年，老一辈东大人本着'国家需要就是我们努力的方向'的理念，义无反顾地奔赴一线，给我们留下宝贵的精神财富。我们要弘扬这种精神，坚守老一辈采矿人的初心。"冯夏庭说。

冯夏庭在铁路隧道施工现场查看围岩情况

　　春节期间，为确保工程的安全高效施工，课题组每年都安排骨干成员坚持驻守工程现场，以高度的责任感确保工程持续安全施工、工程进度不因岩爆而延误、工程建设成本降到最低。当前，岩爆平均预警准确率已达到 85% 以上，受到了各界的广泛好评。

　　谈到今后的工作，项目负责人冯夏庭院士说："未来，我们将继续响应习近平总书记'向地球深部进军是必须解决的战略科技问题'的号召，迎难而上，敢为人先，面向世界科技前沿、面向经济主战场、面向国家重大需求、面向人民生命健康，进一步向着解决岩爆时间预警这一世界难题前进，争取实现更短时间范围的岩爆时间预警，为以中国式现代化全面推进中华民族伟大复兴贡献东大力量。"

（文：丁义浩、刘宇豪）

工业智能与系统优化的教育先行者

——讲述中国工程院院士唐立新的故事

唐立新 中国工程院院士

　　唐立新，1966 年 8 月出生于黑龙江省兰西县，中国工程院院士，IEEE Fellow，现为东北大学副校长（科技规划、国际合作），第十四届全国人大代表，辽宁省第十四届人大常委。东北大学控制科学与工程（自动化）国家一级重点学科负责人、控制科学与工程国家"双一流"学科建设领导小组组长，智能工业数据解析与优化教育部重点实验室主任、工业智能与系统优化国家级前沿科学中心主任和首席科学家、计算机软件国家工程研究中心工业软件首席设计师。兼任国务院学位委员会第八届控制科学与工程学科评议组成员、教育部科技委人工智能专委会副主任、中国运筹学会副理事长兼智能工业数据解析与优化专业委员会主任、清华大学自动化系咨询委员会委员、北京大学大数据分析与应用技术国家工程实验室技术委员会委员。2017 年获全国五一劳动奖章。

　　主要研究方向为工业智能与系统优化理论方法，包括工业大数据科学、数据解析与机器学习、深度学习与进化学习、加强学习与动态优化、凸优化与稀疏优化、整数与组合最优化、计算智能优化等理论方法，智能工业全流程生产与库存计划、生产与物流批调度、生产过程操作优化与最优控制等系统优化技术，过程监测、设备诊断、产品质知等质量解析技术，图像理解、语音识别、可视仿真等工业智能技术，以及在钢铁制造、装备/芯片制造、能源工业、物流系统、信息工业中的工程应用。

　　现为 7 个国际工业智能与系统优化领域重要 SCI 期刊的 Associate Editor 或编委，包括 *IISE Transactions, IEEE Transactions on Evolutionary Computation, IEEE Transactions on Cybernetics, Journal of Scheduling, International Journal of Production Research* 等期刊 Associate Editor，国际期刊 *Annals of Operations Research* 编委，国际期刊 *Asia-Pacific Journal of Operational Research* 区域主编（Area Editor）。

长期投身控制科学与工程学科建设工作

唐立新在办公室

　　唐立新教授现为东北大学控制科学与工程（自动化）国家一级重点学科负责人、控制科学与工程国家"双一流"学科建设领导小组组长，兼任国务院学位委员会第八届控制科学与工程学科评议组成员、教育部科技委人工智能专委会副主任，从 2002 年开始长期负责东北大学控制科学与工程学科建设工作，做了大量的系统规划、方向凝练、专家研讨、组织实施、材料撰写工作，支撑控制科学与工程学科在第五轮学科评估中进入全国第一层次。基于在国家重点学科建设和发展方面作出的突出贡献，被授予"辽宁省国家重点学科建设先进个人"。

在系统工程国家重点学科申报与建设方面。2002 年，在控制科学与工程的二级学科系统工程申报辽宁省重点学科过程中，负责整个材料的设计、撰写和答辩工作，使该学科获得辽宁省重点学科。2007 年，作为系统工程学科申报国家重点学科的执笔人，负责申报组织和材料撰写，该学科成功获批为国家重点学科。由于系统工程获批国家重点学科，再加上原有的国家重点学科——控制理论与控制工程，使得控制科学与工程一级学科直接被认定为国家一级重点学科。

在控制科学与工程学科评估方面。2012 年，在控制科学与工程学科评估中，负责整个材料的设计与撰写，评估结果全国第二。2016 年，在第四轮学科评估中，负责整个材料的设计与撰写，评估结果为 A。2021 年，唐立新教授作为控制科学与工程学科负责人，在第五轮学科评估中，负责整个材料的设计与撰写，评估结果进入全国第一层次。

在控制科学与工程学科"211 工程"建设方面。2008 年和 2012 年，两次作为执笔人，负责设计与撰写控制科学与工程学科"211 工程"三期建设方案和总结报告，建设成果在国家验收中全国信息组排名第四。

在控制科学与工程学科"985 工程"建设方面。2004 年，作为执笔人，负责控制科学与工程学科"985 工程"二期建设方案的撰写，在教育部评审中，申请书获得一次性通过。2008—2012 年，作为执笔人，负责控制科学与工程学科"985 工程"三期建设项目的预研究方案、建设研究报告和阶段性检查的设计与撰写。2013 年，作为执笔人，负责控制科学与工程学科"985 工程"三期建设项目学校验收报告的设计与撰写，验收结果为优秀（全校仅 2 项），使学科获得了学校专项奖励。

在控制科学与工程学科"双一流"立项方面。担任信息科学与工程学院院长期间，控制科学与工程学科入选学校唯一的国家"双一流"建设学科，唐立新教授担任控制科学与工程学科群负责人，学科群覆盖计算机科学与技术、软件工程、生物医学工程、管理科学与工程、机械工程等学科，多次牵头组织专家凝练学科方向，并负责学科群"双一流"一期建设方案的设计与撰写。

在控制科学与工程学科"双一流"一期建设方面。作为控制科学与工程学科群负责人，多次召开研讨会论证学科方向建设，2019 年和 2020 年，两次作为执笔人，负责控制科学与工程学科"双一流"一期建设项目中期检查和项目总结报告的设计与撰写。建设情况 2021 年被教育部评为"成效显著"。

唐立新团队合影

在控制科学与工程学科"双一流"二期建设方面。2021 年，唐立新教授担任控制科学与工程学科负责人和建设领导小组组长，主持控制及相关学科召开 6 次学科建设会，讨论总体方向设计、专题方向凝练、建设方案研究，与计算机、软件、机械等学科教授和学科带头人召开 120 余次方向与撰写研讨会，参与人员达 500 人次，凝练研究方向和具体写作，为控制科学与工程学科的建设与发展作出了贡献。

作为东北大学副校长基于系统工程进行科研创新管理

唐立新教授担任副校长（科技规划）工作期间，认真贯彻习近平总书记关于科技创新的系列重要论述精神，积极落实教育部关于高质量科技发展和有组织科研的要求，以实现高水平科技自立自强为己任，努力打造国家战略科技力量培养与创新模式。提出并践行"系统规划、精细管理、工程控制、高效创新"的科研理念，运用系统工程方法，构建科学－技术－工程深度融通的全链条创新模式，强化科技创新顶层设计和系统布局，高效推进有组织科研管理，实现学校科研工作格局高质量的时代创新。唐立新教授担任副校长工作期间，学校获批建设工业智能与系统优化国家级前沿科学中心；实现年度科研经费的快速增长，五年内将近翻一倍；历史上首次以第一完成人、第一完成单位获得国家科技进步奖一等奖、国家自然科学奖二等奖。唐立新教授提出的科研组织创新和高质量科研管理模式被教育部作为典型在教育部官网报道，同时引起中央电视台的关注和报道。

系统规划，战略布局。在科技战略方面，提出 HSEV 科技创新计划，通过合作和交叉研究的机制创新，实现系统性、整体性、协同性跨越。在智能化方面，设计 H 计划，将 H 左端自动化与 H 右端工业化以中间智能化为纽带，构建面向智能制造的数字经济与实体经济深度融合交叉创新；在链条化方面，强化 S 计划，融合产业链和创新链，实现供给侧与需求侧、流程工业与装备制造业、区域与行业创新协同，战略层面解决高端防卡、运作层面解决高质防堵、平台层面实现循环增效；在生态化方面，构建 E 计划，面向"双碳"目标，实施资源、制造、材料、物流、能环五位一体的创新生态；在科学化方面，打造 V 计划，按照应用研究倒逼基础研究（V 左端）、基础研究引领应用研究（V 右端）的研究范式，建立科学、技术、工程分时融合的创新模式。基于 HSEV 的有组织科研相关工作成效 2022 年 7 月被教育部选为典型代表，并推荐到中央电视台进行报道。

唐立新参加十四届全国
人大一次会议（一）

精细管理，组织创新。构建与实践组织创新，实施资源整合、流程再造与优化配置，成立科学技术研究院，包括国家项目部、国防科研部、工业合作部、战略发展部和运作管理部等五个部门，落实唯一责任人制度，建立责任 – 结构 – 功能界面清晰、目标明确的组织机构。面向世界科技前沿、面向经济主战场、面向国家重大需求、面向人民生命健康，通过组织创新，开启学术丝绸之路，搭建国家需求之网，铺设工业合作之桥。以构筑大平台、凝聚大团队、承担大项目、形成大成果为重点，提升学校创新体系整体效能。唐立新教授提出的组织创新和科研管理模式被教育部官网报道，2019 年 12 月受到中央电视台的关注和报道。

唐立新参加十四届全国人大
一次会议（二）

工程控制，真抓实干。面向工业"卡脖子"技术和重大实际难题，持续有效推进"基础研究 – 技术创新 – 应用转化"创新体系建设落地。通过立体网状的有组织科研模式，推进学校开展广泛工业合作和科技成果转化。依托"高等学校科技成果转化和技术转移基地"，构建了"评审分类、评价分级、专利导航、成果挖掘、人才引育、流程管理"六位一体的高价值知识产权创造与管理体系，提升高价值专利运营质量，推动专利技术向现实生产力转化。在以上模式作用下，学校建立了钢铁共性技术协同创新中心、鞍钢东大先进材料工程研究院、河钢东大产业技术研究院等校企合作机构；与宝钢、鞍钢、河钢、沙钢等钢铁企业，中国石油、中国石化等能源企业，中国铝业、金川股份等有色企业，中航工业、中国一重等装备制造企业，华为、百度等信息企业共 300 多家开展深度科技合作，为推动产业链、供应链高质量发展提供重要支撑，显著提高了企业的经济和生态效益。学校成果转化经验和案例继 2019 年、2020 年两次入选后，2022 年再次入选科技部《中国科技成果转化年度报告（高等院校与科研院所）》典型经验，成为教育部直属高校 3 次入选典型经验仅有的几个代表之一，相关工作得到教育、科技主管部门的高度认可。

高效创新，提质增效。开展基于系统工程的有组织科研管理，在重大科技成果方面，2018 年和 2019 年两年内获得国家科技奖励 11 项，其中，获国家科技进步奖一等奖 1 项、国家自然科学奖二等奖 3 项；在国家级科技平台方面，获批建设工业智能与系统优化国家级前沿科学中心，流程工业综合自动化国家重点实验室被列入全国重点实验室建设序列，计算机软件国家工程研究中心被列入新的国家工程研究中心建设序列，钢铁共性技术国家协同创新中心完成新一轮论证并牵头建设；在成果转化方面，自主研发的基础原材料、关键技术和核心装备成功应用在国产大飞机、港珠澳大桥、国防航空发动机等国家重大工程中，入选国家发改委全面创新改革试验百佳案例，大学科技园在全国绩效评价中获评"优秀"。

第二篇

上下求索，积健为雄

大国有重器　百炼淬成钢

——讲述轧制技术及连轧自动化国家重点实验室的故事

> 　　创新谱写绿色，超级钢打破坚冰；实干成就梦想，轧制机激荡豪情。自强不息，为国铸栋梁；知行合一，低谷善攀登。鏖战国民经济主战场，你们敢当先锋。抢占科技制高点，你们载歌而行！

　　中国是钢铁大国，但大而不强，钢铁大国向钢铁强国转变的出路在哪里？瞄准国家重大战略需求，以"绿色制造""制造绿色"为信念，用创新的钢铁工艺和产品挺起中国钢铁的脊梁，这，就是东北大学轧制技术及连轧自动化国家重点实验室给出的答案。

轧制技术及连轧
自动化国家重点
实验室内景

2005 年，王国栋院士领衔实验室开发了世界首块"超级钢"，获国家科技进步奖一等奖，在国际上连创 4 个"第一"：第一次得到超级钢工业生产的工艺窗口；第一次在实验室条件下得到了原型钢样品；第一次在工业生产条件下轧制出超级钢；第一次将超级钢应用于汽车制造。在超级钢线材、中厚板等方面连续取得突破，被宝钢、首钢等大型钢铁企业广泛应用，成为轧制技术及连轧自动化领域的领跑者，助推中国从钢铁大国向钢铁强国迈出关键一步。

"真正的论文要写在轧钢生产的创新实践上，真正的创新成果要体现在轧钢生产技术进步上。通过设备升级和新技术开发，不断提高钢铁生产的质量和效益，实现绿色、低耗钢铁生产，从跟跑到并行，直至让中国成为世界绿色钢铁工艺的全球领跑者，是我们东大人肩负的重要使命。"王国栋的话语掷地有声。

刘振宇、张殿华、王昭东、袁国、韩毅、付天亮等一批中青年学术骨干组成的"先锋队"，进行中厚板热处理工艺和装备开发，一举打破国外长期技术垄断。

"我们不担心 SCI、EI，能够做出创新的工艺、装备、产品，那 SCI、EI 也一定是我们的囊中之物！"国家科技进步奖二等奖获得者刘振宇对实验室的未来信心满满。

独行快，众行远。实验室的人才雁阵，爆发出强大的创新合力，在钢铁轧制领域多点突破，全面开花。在钢铁行业的"严冬"中，新一代控轧控冷技术、辊式淬火机等打破国外垄断的专利，让企业看到了困境中崛起的希望。

轧制技术及连轧自动化国家重点实验室自研控制冷却系统

"我们之所以练就了解决企业难题的高招，让技术切实转化为生产力，靠的就是经得起失败、耐得住寂寞和滴水穿石的毅力。"李建平教授，这位数十年如一日耕耘在中试设备领域的行家，一语道出团队的通关秘诀。

实验室的团队，将高端中厚板热处理国产化率提高 50% 以上，广泛应用到重型装备制造企业以及汽车、舰船制造等重点用钢领域，产品批量出口至英国、西班牙等 10 余个国家；热轧板带钢先进快速冷却系统，推广应用至国内大型钢铁企业 20 余条生产线，实现了千万吨节约型热轧钢材批量化生产，为我国高品质钢材升级换代作出巨大贡献。

南京钢厂，2011 年计划国际招标引进一台全球最先进的 5 米中厚板轧机，这是国家支持大型企业转型升级的重大项目。在轧机轧后冷却系统的招标中，实验室同西门子 - 奥钢联、西马克等国际顶尖公司同台 PK，最终凭借超强的实力秒杀对手，一举中标，这一项目大大推动了南钢的绿色转型。

轧制技术及连轧自动化国家重点实验室科研人员在开展实验工作

在南钢 5000 毫米宽厚板生产线，有一个场景特别令人振奋：印刻着 RALNEU 标识的超快冷装置和西马克集团生产的预矫直机一前一后地矗立在生产车间。印度钢铁公司到南钢考察，被东大设备创造的效益所震撼，并立即联系实验室，希望帮助其改造生产线，实现绿色减量化生产。

提起在南钢做项目的日子，袁国满是感慨："南钢辊式淬火机项目进展的关键时期，项目组三天两夜只吃两顿饭。"

历尽天华成此景，人间万事出艰辛。1200 吨超大型起重机吊臂、南海荔湾深海油气田厚壁管线、驰骋北冰洋的高技术船舶，这些光彩夺目的"国之重器"，承载着国家和人民的重托，凝聚着实验室科研团队的心血和汗水，更是他们心中无上的幸福和骄傲。

实验室的科研尖兵们先后获国家科技进步奖 8 项、国家技术发明奖 1 项，近五年来累计为钢铁企业创造利润 500 亿元，综合减少我国钢铁行业 CO_2 总排放量的 7%。

钢铁就是这样炼成的。

【轧制技术及连轧自动化国家重点实验室在 2016 年"讲述·东大共产党人的故事"典型推介会上的访谈实录】

王昭东和李建平
在讲述活动现场

主持人：王老师，您好，您在科研工作中取得了众多突出的成绩，在这个过程中，您有没有遇到困难想放弃的时候？

王昭东：这个当然有过。我印象最深的是 2006 年 2 月，当时我代表实验室到太钢集团临汾钢铁公司去交流建设不锈钢辊式淬火机首台套的技术方案，一开始太钢公司并没有下定决心用我们的成果。在临汾这个小城市，我待了 45 天，我每天和公司的技术人员沟通，讨论细节。由于之前跟太钢没有大的合作项目，方案又是在国内首次实施，太钢很担心要承担很大的风险，太钢集团内部一直存在着对项目推广不利的声音。

李建平：实际上就是企业不信任你。

王昭东：最困难的时候，我真的想放弃，甚至买好了回沈阳的机票，准备打道回府，再做别的项目。

主持人： 如果这样放弃的话，那就太可惜了。

王昭东： 如果放弃的话，就没有了后来东北大学辊式淬火技术在国际、国内的领先地位，也没有了 2014 年我们获得的国家科技进步奖二等奖。幸运的是，我在去机场的路上，发短信向公司的一个常联系的技术人员告别，表示感谢，说"来日方长"。没想到这位技术人员很快回复信息说："为什么不做最后一次努力呢？"就在这一刻，我感到热血沸腾，又燃起了希望，不行，我不能这样放弃，我肯定要继续做下去，要不做的话，对不起实验室对我的重托，也对不起我向王院士立下的军令状。就这样，我退掉机票，回到宾馆，马上重新起草项目材料，继续和公司商谈技术细节，公司的技术人员也给了我很多好的建议和意见。也正是这最后一步的坚持，促成了这个 1497 万元项目的落地，就这样，这个项目我们拿下来了。在三个月的项目实施期，我们课题组，像袁国，现在已经是 36 岁的年轻教授，当时还是博士生，还有韩毅、付天亮等一批年轻人，当时为了不影响企业正常的生产，项目组成员每天下午 4：00 进厂，第二天早上 8：00 离开。为了节约时间，也为了省钱，我们十多个人就近租住在工厂附近的一个毛坯房里，虽然条件艰苦，但我们也苦中有乐。这个项目成功后，我们激动地抱在一起，现在想起来，我们团队觉得再也没什么难题能难倒我们了。

主持人： 李老师，您好，东北大学几乎垄断了轧制实验设备的国内市场，您作为这方面的行家，能不能给我们讲讲是怎么做到的？

李建平： 我国钢铁工业经过技术引进，装备已经实现现代化，但是产品和产品的研发始终处于低端，缺乏实验装备，是我国钢铁工业存在的共性问题。过去，为了研发产品，科研人员、工厂只能在大生产线上进行产品研发、摸索，一炉钢 300~400 吨，一块钢坯几十甚至上百吨，这样的环境下，还有很多实验无法进行，甚至产生大量废品。在这样的情况下，我们带领科研团队，研发中试装备，建立中试平台，通过小炉炼钢，用几十公斤的小试样来模拟大生产，再进行工业化的产品研发，这样高效率、低成本、绿色化的中试研发技术很快得到了企业的认可，而且得到了企业的快速推广。

我们为宝钢、鞍钢包括台湾中钢在内的 20 余家钢铁企业建立了国际最先进的中试研发平台，这些企业的钢产量占中国钢产量的一半，利用中试设备开发的高强汽车钢等一大批高端产品为企业创造出巨大的经济效益，国内 97%

的钢铁企业在使用我们研制的中试装备，2014 年我们获得了国家科技进步奖二等奖，这是我国钢铁工业在中试研究领域获得的最高奖励。

王昭东：我们实验室很多的原创技术都源自我们拥有国际上最好的、一直在更新的中试系统。

主持人：实验室为企业创新插上了翅膀，"领跑"已成为实验室的关键词，我们是怎样做到长期领跑的?

王昭东："领跑"这个概念是王院士首先提出来的，我们围绕这个概念去做。"领跑"不是在办公室里天天苦思冥想出来的，我们这样一个学科必须要接地气，我们要到企业现场去调研，找问题，因此提出我们的目标，作出创新性的工艺和技术，甚至在硅钢铸轧等领域作出颠覆性的技术，只有这样我们才能做到领跑。举个例子，我们首先在新一代 TMCP 技术、热处理技术、冷轧技术、中试平台等各个点上实现突破，实现领跑，然后提炼出基础研究、基础开发、工程化应用和服务 R&DES 这样的创新理念，通过一个全产业链的创新，我们在这个领域和这个行业实现领跑。我们实验室有一个优良的传统，特别注重年轻人，不看头衔，注重实干、实绩、实效，鼓励年轻老师在大项目中磨炼、摔打，最终形成一个人才雁阵，在人才方面我们也要领跑。

（文：王钰慧）

开创国际自动化领先新方向

——讲述流程工业综合自动化国家重点实验室的故事

把创新镌刻在基因里，把争先写在旗帜上。做工业自动化领域的排头尖兵，引领控制学科发展方向，从制造大国到制造强国，30 年勇往直前，为新型工业化道路注入澎湃动能，助力高水平科技自立自强！

拥有国际先进水平的研究团队：中国工程院院士 2 人，国家自然科学基金委创新研究群体 4 个，国家特聘专家、杰青 20 余名，优青等中青年骨干 10 余名；多次获得国家级、省部级科技奖励：国家自然科学奖二等奖 2 项、国际科技合作奖 1 项、国家技术发明奖二等奖 5 项、国家科技进步奖二等奖 5 项、省部级特等奖和一等奖 20 余项。研究成果被写入国际自控联合会白皮书，引领未来国际自动化的发展方向……

这是东北大学流程工业综合自动化国家重点实验室——中国工业自动化领域的排头尖兵。

1992 年，当青年教师柴天佑把东北工学院自动化研究中心的牌匾挂在高大的建筑学馆前时，团队只有 3 个研究人员和 10 万元固定资产。艰苦的科研环境中，他们夜以继日，成功研制出智能解耦控制技术及系统，并应用于复杂工业过程，开始了用自动化技术改造与提升传统产业的初创工作。

"当时国家有一个需求，就是用高新技术改造传统产业，而我们的自动化技术就是典型的高新技术。此外，从人才培养的角度，我们必须培养能够在重大需求中提炼科学问题、理论联系实际的科研人员。在这样的背景下，在学校的支持下，我们成立了研究中心。我一直对他们说，科技攻关没有捷径，关键是有没有战胜困难的信念和勇气，要'在战争中学习战争'。"柴天佑记忆犹新。

实验室全景

清河发电厂重大技术改造、酒泉钢铁（集团）选矿厂自动化工程改造……

大漠戈壁、环境艰苦、工作强度大、项目难度高、没有经验可以借鉴……征途漫漫，唯有奋斗。

在一个个精品项目中，团队打造出了用信息化带动工业化、走新型工业化道路的成功范例。

实验室面向世界科技前沿、面向经济主战场、面向国家重大需求、面向人民生命健康，以先进的科研成果创造巨大的经济效益和社会效益，以有组织科研助力高水平科技自立自强。

凭借着在流程工业领域的良好声誉，实验室走向国际舞台。成果应用到越南氧化铝生产自动化系统、巴布亚新几内亚瑞木镍钴冶炼自动化工程等数十个项目中，有力支撑了"一带一路"倡议，也在国际自动控制领域树立起了中国制造的一面旗帜。

通过长期科研一线作战，实验室在一次次突破创新中跃升发展，2017 年在信息领域 32 个国家重点实验室评估中排名第一。

实验室坚持原始创新，把基础研究与应用研究相结合，推动了我国自动化学科的发展，不但使我国在相关领域跻身国际先进水平，也为国家由制造大国向制造强国发展提供了科学和技术支撑。

实验室副主任丁进良介绍说，他们在国际上率先提出并建立了生产全流程多目标动态优化决策与控制一体化理论与方法，研发了以节能降耗、提高产品质量和生产效率为目标的数据驱动的耗能设备智能运行反馈控制技术及装置，还有复杂生产制造、复杂工业过程环境下的系列标志性研究成果的开发和应用，都在国际上产生了重要影响。

实验室研究成果引起了国内外广泛关注，获得了国际权威专家的高度评价。国际控制领域最高学术组织 IEEE 控制系统协会三任主席来访后均在业界顶级期刊 *IEEE Control Systems Magazine* 上撰文赞扬实验室："实验室声誉很高，是一个真正独一无二且令人敬佩的研究中心。""柴教授取得的成就在国际自动化领域不可比拟。"

柴天佑指导科研

随着数据积聚、高效算法、计算能力、网络设施等不断演进和高速革新，人工智能与工业自动化的深度融合必将成为下一代智能制造新技术的基础和新一轮工业革命的核心驱动力。

谈到未来实验室发展愿景，柴天佑说："按照国家的布局，在信息领域，把人工智能和自动控制放在一起，给我们规定的国家目标就是要创立流程工业综合自动化与智能化系统理论和技术体系，以及智能优化决策与控制一体化。所以围绕着这个目标，我们现在在学校的支持下专门建立了一支研发队伍，进行有组织科研，主要的目的是为我国工业界树立智能化的典范，同时用新一代技术去研究和打造新一代的智能决策与控制的工业系统，让高技术企业能够研发出自主可控的智能化工业系统，同时培养出前沿技术领军创新人才，这是我们下一步的主要目标。"

柴天佑指导工作人员

【流程工业综合自动化国家重点实验室在 2023 年"讲述·东大人的故事"典型推介会上的访谈实录】

主持人：王老师，您好，实验室获得了一个个重大成果、一项项国家级奖励，请您谈谈是如何开展有组织科研、打造国际领先的科研团队的。

王良勇：实验室注重培养团队合作能力和协作精神。我们以学科带头人为核心，以创新团队建设为重点，将团队成员分为基础研究团队、前沿高技术团队和教学研究团队，分类进行管理与考核。倡导有序竞争和团队合作，在共同完成重大科研任务目标的过程中，促进团队成员的成长和发展，实现集体和个人的双赢。基础研究团队的目标是承担国家重大科研任务，以及产出具有重要影响的学术成果；前沿高技术团队的目标是研发工业互联网和工业人工智能的前沿技术，并树立流程工业智能化的应用示范；教学研究团队的目标则是建立流程工业综合自动化的课程体系和系列教材。

目前，实验室形成了院士领军、青年人才支撑的"基础研究—技术攻关—应用验证"全链条创新团队，形成了一个国家重点实验室内拥有 4 个国家创新群体的人才景观。

流程工业综合自动化国家
重点实验室在讲述活动现场

主持人： 杨老师，您好，建设教育强国需要提高人才自主培养质量，请您谈谈实验室如何培养具有创新能力的卓越工程师人才。

杨　涛： 柴老师提出，要"在战争中学习战争"。在工程科学技术领域要有所作为、取得重大成果，必须培养以工程为背景的基础研究与应用研究相结合的学风，提高自身知识生产力和以工程实际为背景进行学术研究的能力。

为了培养引领未来技术发展的创新型工程科技人才，在学校的支持下，我们于 2016 年创办了工业人工智能研究生创新实验班。组建了由院士、杰青等组成的研究生培养团队。将科学研究与教学深度融合、课堂教学与科研实践活动相结合，从课程体系、授课内容、授课方式、研究过程管理以及学生的学习能力和创新思维方式的培养等方面进行创新，研发配合新的课程体系的教学实验系统，开展创新型自动化工程科技人才培养模式的研究和实践。2022 年，实验室获得了国家级研究生教学成果奖。

主持人： 在服务国家战略方面，实验室有哪些做法和设想？

王良勇： 流程工业是制造业的重要组成部分，是经济社会发展的支柱产业，是实现"双碳"目标的主战场。流程工业高端化、智能化、绿色化是国家重大战略需求。实验室将建立流程工业综合自动化与智能化系统理论和智能优化决策与控制一体化理论，并在国际上产生重大影响；攻克基于新一代信息技术的流程工业综合自动化与智能化系统关键技术，建立技术体系，推动并引领流程工业综合自动化与智能化发展；建立流程工业智能化发展方向的应用示范，支撑和引领高技术公司研发自主可控的基于新一代信息技术的智能化决策与控制系统，牵头制定国家和国际标准，引领我国流程工业智能优化制造发展。

（文：张蕾）

特种钢 "特种兵"

——讲述冶金学院姜周华教授的故事

> 锻造国之重器，不再受制于人。解锁核心关键技术，四十年坚守得始终。不抛弃，不放弃，用甘之如饴的奉献，谱铁与火的欢歌。千锤百炼，淬火成钢，时光铸剑，尽展锋芒！

C919 大飞机落地瞬间，起落架必须承受住载重 70 多吨机身的冲击力，如此巨大的高强度钢部件，只有 8 万吨重的巨型模锻压机才能生产。生产中使用的特大型高强模具是核心部件，其关键材料正是由东北大学姜周华团队自主研发、性能、质量全球领先的特厚板产品。

2019 年，以东北大学为第一完成单位、姜周华教授为第一完成人的"高品质特殊钢绿色高效电渣重熔关键技术的开发和应用"项目荣获国家科技进步奖一等奖。

姜周华

姜周华团队项目获国家科技进步奖一等奖获奖合影

大国重器，牵涉国运国脉，关系民族盛衰。电渣重熔产品作为国家重大工程、高端装备、先进武器最尖端部件制造的关键材料，从前却是我国冶金行业的短板。

姜周华瞄准国家重大需求，带领团队针对新一代电渣重熔技术开展了原始创新和科研攻关，取得了重大理论和技术突破。

项目成果被推广至 60 多家企业的 325 台成套装备中，市场占有率达 61%，为我国探月工程和载人航天发动机、AP1000 核电主管道、单机容量世界最大的乌东德水电站、白鹤滩水电站等重大工程、重大装备解决了一系列"卡脖子"技术和材料难题。成功打破了欧美和日本在此领域 30 余年的技术封锁和市场垄断，迫使进口产品大幅降价，保障了我国高端装备制造和能源建设安全。产品出口到 50 多个国家和地区，产生了巨大的经济和社会效益。

成果很闪亮，过程不简单。与特种钢结缘 40 年，姜周华也俨然成为一个"特种兵"，夜以继日、

姜周华与成果合影

百炼成钢。

"80 年代我开始做电渣冶金方向，那时候中国钢铁产业还处于粗放型发展阶段，电渣重熔主要针对高端精品特钢冶炼，研究者和企业关注较少。但我始终认为，电渣冶金技术在未来具有强大的生命力。"回忆起往事，姜周华感慨地说。

姜周华甘坐冷板凳，做了大量基础性和应用性研究，为日后的项目实施打下了坚实的基础。

作为团队的掌舵人，他敏锐关注着国际前沿，坚持自主创新，专啃硬骨头，打造了一支"特种部队"。

"特钢所的每个成员都特别能吃苦，也特别能坚持，我想这是源于他们对于这项事业的热爱。"姜周华说。

"特别能战斗"是团队的底色，也是一切成绩的源泉。

一次，团队成员李花兵对课题有了新的想法，深夜十一点把另两位"战友"接到实验室讨论，一直谈到凌晨三点半。

"我们为了解决一个问题经常连续工作几十个小时。姜老师也和大家一样，累了就在车间的长凳上凑合休息一会儿。"团队成员朱红春讲述起与姜老师一起科研的往事，心里满是敬意。

"我们非常重视高水平基础研究与实际应用的结合，计算机模拟要做，钢也得天天炼，无论刮风下雨还是酷暑严寒，实验室的炼钢炉每天都不停歇。"团队成员董艳伍说。

团队师生在实验室千锤百炼，在企业一线摸爬滚打，从研究计算到现场实操，个个练就了一身硬功夫。从特钢所走出的几百名硕士生、博士生，

姜周华在指导科研

备受企业青睐。

　　标准是技术的制高点。姜周华被推举为电渣炉国际标准工作组组长，成为目前仅有的两项国际行业标准的制定者，并被国际电工委员会授予 IEC 国际标准奖，成为我国获此殊荣的第一人。

　　以国家战略需求为己任，专注核心关键技术攻关，解锁高端装备制造材料……在位于东大钢铁楼的特殊钢冶金研究所，特种钢和"特种兵"的故事仍将继续。

【姜周华教授在 2021 年"讲述·东大人的故事"典型推介会上的访谈实录】

姜周华在讲述活动
现场

　　主持人：姜老师，您好！听说一提到高品质特殊钢和特种合金的研究及相关产品、装备的研发，咱们东大特钢所在"圈子"内很有名气。

　　姜周华：这些年我们一直专注于这方面的研究，也跟国内上百家企业都保持着密切的合作，应该说还是有一定的影响力的。今天上午习近平总书记还专门就金沙江白鹤滩水电站首批机组投产发电发贺信，作为白鹤滩水电工程的参与者，我们也深感荣幸。

　　主持人：2019 年您获得了国家科技进步奖一等奖，之前作为参与完成人，也已经两次获得了国家科技进步奖二等奖。您和团队取得了这样丰硕的成果，有什么经验跟我们分享吗？

　　姜周华：项目的成果是一个长期积累、不断累加的过程。其实我们的工作很平凡，没有什么惊天动地的突然发现，每天就是按部就班地按照科学规律进行探索。

爱迪生曾说，成功是 1% 的天才加上 99% 的汗水。遵循科学的研究方法和拥有持之以恒的精神是必备的，决不能怕麻烦走捷径，应脚踏实地，勤奋努力，这是科学研究和技术开发人员必备的素质和需要遵循的原则。

主持人：听说冶金行业生产现场环境比较艰苦，但是您一直坚持"现场不能不去"。

姜周华：是的。科学原理怎么转化为技术？新的技术怎么实现？怎样在生产中不断完善？理论与实践之间，隔着很多复杂的工程问题。实验室研究只考虑有限的变量因素，但到了生产现场，可能就是成百上千个，有一个因素解决不了，就难以进行下去。不到生产现场就没法掌握第一手资料，理论和实践脱节，就搞不好研究，也解决不了实际问题。

主持人：这样的产学研用合作模式非常有利于技术的研发和应用。

姜周华：是的，我们的研究还在继续，未来还会一如既往地努力。

（文：张蕾）

咬定创新不放松

——讲述张化光劳模创新工作室的故事

梦想是前行的方向，行动是梦想成真的翅膀。石油管线的千里眼，高压电网的双保险，智慧同汗水在智能控制的天地里同现，屡立奇功，骁勇善战，你们用真知力行擦亮东大的名片！

2021 年 11 月 3 日，2020 年度国家科学技术奖励大会在北京人民大会堂隆重举行，张化光教授第三次登上领奖台。他作为第一完成人，东北大学作为唯一单位完成的"分布式动态系统的自学习优化协同控制理论与方法"项目填补了国际国内能源输配领域的空白，获得国家自然科学奖二等奖。至此，张化光教授集齐了国家技术发明奖、国家科技进步奖、国家自然科学奖三大国家级奖项，成为国内外自动控制领域的知名专家，多次入选全球"高被引科学家"名单。

张化光团队获国家自然科学奖
二等奖

清河发电厂项目中崭露头角的青年教师张化光，1996年牵头组建了信息学院电气自动化研究所。为打开科研之路，张化光四处出击，寻找科研课题，很快便收到了沈阳电业局"马路湾集控站开发"项目的竞标邀请。面对与清华大学、东北电力大学等知名高校和科研院所的竞争，所里的年轻人感到了压力。

急于用科研项目凝聚人心的张化光志在必得，带领大家精心准备，大胆创新，制订了系统的设计方案，最终一举中标。回忆起当年的情景，张化光深有感触地说："当时，我们是无名气、无项目、无成果的三无团队，却战胜了强大的对手，靠的就是我们的创新精神。50万元的项目虽然不大，但这却是研究所得到的第一桶金。"

张化光在办公室

初战告捷，士气大振，全所人员都以高度的责任感参与其中。经过一年的努力，张化光团队用削峰填谷的方式，解决了刚性供电不足和柔性电力需求过剩之间矛盾的重大难题，顺利完成了马路湾集控站开发工作。团队凝聚力和向心力大大增强。

敏锐注意到项目应用前景的张化光，带领团队不断深入钻研，取得了一系列原创性的成果，共申请发明专利18项。技术产品广泛应用于全国11个省份的供电企业及相关单位，年创经济效益2亿元。2010年，该项目获得了国家科技进步奖二等奖。

研究所王占山教授表示："张老师带领我们把几十万元的横向课题，做成了国家级的研究成果，靠的就是我们的实力。"

2015年，张化光被评为全国先进工作者。在东北大学举办的劳模报告会上，张化光郑重地表示："每一项荣誉都是一份责任，也是一个承诺，我将勇担责任，用更多成果回报党和人民。"

张化光团队在工程现场

东北大学信息学馆的 308 室，是沈阳市总工会和辽宁省总工会先后挂牌的"张化光劳模创新工作室"。这里已经成为青年教师和学生进行"头脑风暴"的地方。学生们在这里畅所欲言，碰撞创新的火花。

2012 级的博士研究生单麒赫表示："与李世石比赛的谷歌 AlphaGo，用到的关键技术与张老师几年前指导我们做的核心技术基本一致。张老师以高度的学术敏感，指导我们挑战前人未涉足过的领域，为我们打开了创新的大门。"

面向绿色可持续发展的国家战略，劳模工作室专注于智能控制这一高精尖的前沿领域，专啃"高大上"的科研硬骨头。杨珺老师的科研项目"分散式风电接入技术及工程示范"，以投资小、灵活机动的优势，赢得了中小型城市的青睐，已在锦州电网调度控制中心和黑龙江电网的 15 座风电场示范应用。孙秋野老师主攻的课题"风光互补发电系统实验平台"，在新能源利用方面具有广阔前景，将强力助推人类解决未来的能源危机。

"有项目才能出成果，才能培养拔尖创新人才，一定要抓住科研项目这个拔尖人才培养的牛鼻子，在实践中助力青年人的成长成才。"这是张化光从实践中总结出的育人经验。在张化光的精心培养下，劳模创新工作室已涌现出荣获沈阳市五四奖章称号的冯健、全国百篇优秀博士学位论文提名奖获得者王占山、入选教育部新世纪优秀人才的孙秋野等一批"能征善战"的创新尖兵。"创新"已经成为工作室的标签，传递出正能量。

张化光劳模创新
工作室合影

【张化光劳模创新工作室在 2016 年"讲述·东大共产党人的故事"典型推介会上的访谈实录】

主持人： 张老师，您承担着大量的科研和教学工作，您每天大约工作多长时间？

张化光： 大约 14 个小时吧，不过每周末要休息半天。

主持人： 您已经是行业内知名的大专家，为什么还这么拼呢？

张化光： 科研一直是我的爱好，是我喜欢做的事。所以，虽然做的时间长，但也感到幸福，感到快乐。

主持人： 科研是爱好，这倒是一个很新颖的说法。虽然工作这么忙，可是一点也没有影响您对儿子的教育，听说您的儿子很出色？

张化光： 一般吧，我儿子本科是清华大学毕业的，然后到美国读的硕士和博士。他用两年半时间获得了博士学位，发表了 6 篇 *IEEE Trans.* 论文。

但是，我对儿子花的心血跟我的学生比起来还少得多。我更多的精力和时间是用在对学生的培养上。我有一个博士生小权，是华中科技大学少年班的毕业生，到这来硕博连读，当时只有 18 岁。突然有一天他告诉我："张老师，我想退学。"我说你前途这么好，为什么不想读了？他说："博士要求创新，我考试行，创新怎么也想不出点子，论文也写不出来。"于是我采用三步对他进行指导。第一步是让他把我推导的公式，用另一种方法进行推导。第二步是我给他举个例子，让他用这种方法做仿真。第三步是给他几篇文章让他写一篇综述。十天时间，一篇文章写好了，送到国际杂志，一投就中了，从此，他的创新智慧就被开发出来，成为一名优秀的博士生。

还有一个学生王占山，原来是做故障诊断的，已经达到了博士毕业的水平，发表了很多论文。但是，在跟着我们一起翻译美国知名教授神经网络方面的译著时，我发现他能把专著中的错误给找出来，这说明这个学生的数学基础好，我就劝他做神经网络的方向。最后，在神经网络方面他确实做得非常出色，发了 5 篇 *IEEE Trans.* 论文，成为我们专业首个全国百篇优秀博士论文提名奖获得者。

张化光劳模创新工作室在讲述活动现场

主持人： 听您这么一说，确实在学生身上倾注了大量的心血。印象中，冯老师，您也是张老师的学生，现在已经成为研究所的副所长、劳模工作室的科研骨干，请您谈谈对张老师的印象吧。

冯健： 对张老师印象最深刻的，就是他对科研的执着精神。正是这种精神激发了团队成员的创新精神和必胜信念。记得我和张老师一块做管道泄漏检测项目的时候，需要 24 小时不断地监测数据，不断地修改我们的程序。张老师就和大家一道 24 小时排班，不断地修改程序。最频繁的一次，在 72 小时之内，我们修改出来了 50 多个版本。正是这种精神，让我们团队的每个成员在科研当中都无往不利，这种精神值得我们每个人一生去学习。

（文：张广宏）

锻造耐腐蚀和高防护的坚实双翼

——讲述材料科学与工程学院王福会教授的故事

> 向海图强，攀登耐腐蚀和高防护的科研高峰；巡天卫国，突破空天金属材料的关键瓶颈！研发颠覆性技术，攻克"卡脖子"难题，坚守初心，默默奉献，国在你心中最重！

金属腐蚀现象十分常见，有着极强的破坏力，严重影响国防装备性能，制约各军种战斗力，危及国家安全。中国知名抗腐蚀专家、国家高端金属材料抗腐蚀的守护人、东北大学材料科学与工程学院王福会教授在这一领域奋勇攻关，带领团队研制的各种抗高温腐蚀防护涂层，在航空航天和海洋等领域的国防装备上获得重大应用，为国防安全锻造了耐腐蚀、高防护的坚实双翼。

"我接受科研工作的第一项任务是'斯贝舰改'发动机涡轮叶片涂层。当时国际的发展趋势是涂层和基体合金是两种原料，我独辟蹊径，采取涂层和基体合金是一种材料，只是通过晶粒尺寸差异来实现防护的新想法。"王福会说。

独辟蹊径，一战成名！王福会率先提出高温合金"自防护"的概念，通过微晶化实现了高温合金的自我防护，在国际上开辟了"纳米材料的化学稳定性"研究新方向。1993年获得国际材料联合会颁发的"青年科学家与工程师"奖。

王福会团队
合影

2004 年，某装备动力装置运行前发生重大事故，反应堆配合面严重腐蚀，塔顶涂料损坏，研究工作被迫中断。国家相关部门领导专程找到了王福会教授。

经过几个月的艰苦努力，反应堆配合面腐蚀损伤部位成功修复，反应堆塔顶部分涂装了王福会团队新研制的防腐抗核辐照自修复涂料，核动力装备顺利交付使用。

30 多年来，王福会深爱自己的工作，长期在高温、高压、高湿的环境里坚持做科研，攻克一个又一个科研难题，不断攀登耐腐蚀和高防护的科研高峰。

王福会参加研讨会

2009 年，团队成功研制出用于舰载机涡轮叶片的抗海洋环境高温腐蚀涂层，用于发动机机匣、密封片、调节片、尾喷管等 10 余种高温部件的金属搪瓷涂层，累计交付50 多台套发动机。

王福会表示,东北大学有着良好的创新氛围和科研环境。在这里,团队四个研究方向都取得了很多成果,最值得骄傲的是陈明辉、王群昌等完成的抗腐蚀自润滑和耐高温自润滑轴承、衬套等产品。

团队利用颠覆性技术,解决"卡脖子"问题,实现了从"0"到"1"的突破。目前,可重复使用的飞行器、五代战机、临海飞机、无人机、超高音速飞行器等重要航空航天装备都采用了团队研制的技术和产品。

何年凿破白云根,银河倒泻惊雷吼。2020年10月,王福会所在研究所收到一封特殊的感谢信:东北大学王福会教授团队坚决贯彻落实上级指示和集团党组"一号任务"要求,为任务万无一失、圆满成功作出了重要贡献。

团队研发的一系列科研成果作为我国战略"杀手锏"工程,得到了习近平总书记的高度赞扬。

王福会指导实验

王福会团队在实验室

黄沙百战穿金甲,不破楼兰终不还。在为我国国防事业发展提供强大支撑的新征程上,王福会带领团队不畏艰险,奋勇向前!

【王福会教授在 2023 年"讲述 · 东大人的故事"典型推介会上的访谈实录】

主持人： 王教授，刚刚的视频中说，你们研制的防护涂层帮助我国核动力装置顺利下水，现在使用的效果如何？

王福会： 2005 年我国研制的新一代核动力装置顺利下水，经过 15 年的海上运行，2020 年装置回厂检修。检修时人们发现反应堆塔顶用的国外涂料全部粉化失效，只有两个地方的涂料完好无损。这正是我们团队研制的抗核辐照自修复涂料。2021 年 2 月，国家主持召开抗核辐照自修复涂料鉴定会，并在会上强烈推荐在核动力装备上使用东北大学研制的经过实践检验的涂料。

王福会在讲述活动现场

主持人： 王教授，听说团队除了片中提到的耐高温轴承，还有很多值得骄傲的成果，能不能再介绍一个？

王福会： 是的，我们团队几个研究方向都做得非常好。大家知道，镁合金质量比较轻，是航空航天首选的轻质结构材料。但镁合金的首要问题是抗腐蚀能力比较差。我们团队张涛教授实现了理论创新和技术突破，在镁合金表面处理方面做得非常好，在载人航天、探月工程、深海探测等重要装备的镁合金部件上得到了广泛应用，已经建立了两条生产线。

主持人： 听了您的介绍，我热血沸腾。王教授，咱们团队是学校近年来引进得最成功的科研团队，请谈谈您的感受。

王福会： 我来到东大，一直在想能为东大带来什么。当时给自己定了一个目标，要用 5~10 年的时间，让东北大学腐蚀学科成为全国一流学科。经过 7 年的努力，我们团队有 4 个研究方向，4 个优秀的青年学科带头人——张涛、刘莉、徐大可、陈明辉都是他们这个年龄段全国顶尖的，他们的学术研究水平是国内一流的，团队的国际影响力也越来越大。

主持人：谢谢王教授，希望你们取得更多突破性成果！

（文：张广宏）

点石成金

——讲述资源与土木工程学院矿物加工与粉体工程研究所的故事

> 知行合一，把论文写在连绵的矿山；悬浮焙烧，把东大的旗帜插在大漠荒原。千淘万漉虽辛苦，吹尽狂沙始到金！

中国铁矿资源的储量居世界第四，但大部分为贫赤磁铁矿。2016 年，一项名为"分步—分散协同浮选"的技术在选矿领域掀起一场"黑色风暴"，为低迷的中国矿业带来一线曙光。

辽宁鞍山，"祖国的钢都"，这里蕴藏着储量 270 多亿吨的铁矿资源。其中，含碳酸盐铁矿石的浮选难度最大，实践表明，只要含碳酸铁矿石进入常规浮选流程，浮选分离就无法进行。鞍钢集团只能将这些铁矿石进行堆存，增加了占地、浪费了资源、污染了环境，严重影响正常矿石的开采。

2003 年，资源与土木工程学院矿物加工与粉体工程研究所韩跃新教授带领团队着手进行含碳酸盐铁矿石浮选技术研发。但受当时实验设备和科研条件的限制，要想获得纯度比较高的铁精矿，团队一时也无从下手。

选矿，是一个去伪存真的过程。既然不能借助外力，团队选择返璞归真。"我们将矿样带回实验室，对其中的每一种矿物及其在浮选过程中的行为进行细致研究。"韩跃新说。

这个看似是笨方法，却是成功的捷径。经上百次试验，他们找到了问题症结，团队集体攻关，首次提出了分步—分散协同浮选技术。

东北大学矿物加工与粉体工程研究所成员合影

技术投产后，鞍钢集团获得铁品位 63.37%、浮选回收率 71.60% 的良好指标，变废石为"宝石"，仅三年新增效益就达 16.46 亿元。中国工程院院士孙传尧评价：分步浮选工艺及其工业应用技术填补了国内空白，达到了国际领先水平。

2007 年，韩跃新又大胆提出用悬浮焙烧精选铁矿的研究方向。他带领团队将悬浮焙烧炉建在四川峨眉，最初试验阶段系统经常出故障，基本上是干一天就要检修三天。朱一民回忆，有一次系统出现故障，团队成员连续监测了三天三夜，几位男老师最后困得抱着炉子就睡着了。

"40 多摄氏度的工作环境，衣服一天不知道被汗湿了多少遍，特难受。"团队中的年轻教师高鹏对当时的工作环境仍记忆犹新。

矿物加工与粉体工程研究所团队在工程现场

"每次去都得一个多月，八月十五中秋节就是大家一起围着炉子过的。"团队成员孙永升说。

苦心人，天不负。团队终于建成了悬浮焙烧炉小型试验设备以及大型平台。当他们想做技术转化时，没人没钱没企业认同……一系列问题接踵而至。

"这个技术，我们在全国是第一家。韩老师到企业推广时，面对几十个亿的项目，他们感觉风险太大，都不敢做。"李艳军说。

苦口相劝，酒钢技术人员终于同意去现场看看。现场的实验结果让他们为之一惊。

"我们原来精矿品位也就46%~48%，采用这个技术能突破到60%，保守估计盘活8000多万吨的铁矿资源不成问题。"酒钢负责人刘金长对这一技术赞不绝口。

甘肃省委批示：跟着东北大学，义无反顾地往前干。目前酒钢已建设一条年处理粉矿165万吨的悬浮磁化焙烧选矿生产线，可实现年创效过亿元。酒钢人不禁赞叹峨眉山下有"四好"：好山、好水、好人、好指标。

矿物加工与粉体工程研究所团队获2019年度国家科学技术进步奖二等奖

"针对国内铁矿石贫、细、杂的实际特点，以'绿色创新'为发展理念，实施'优质优用，劣质能用'的发展战略，降低国内铁矿石的生产成本和对外依存度，实现铁矿资源的安全供给和高效绿色，是中国铁矿石的出路，也是我们的工作。"韩跃新说。2019年，团队参与的贫杂铁矿石资源化利用关键技术集成与工业示范荣获2019年度国家科学技术进步奖二等奖。

面对国家战略性金属矿产资源高效利用"卡脖子"难题，团队积极响应国家"一带一路"倡议，2020年在赞比亚建成全球首个60万吨/年含铁锰矿矿相转化全组分利用工程项目，破解了国际上公认的含铁锰矿高效利用技术难题，年创经济效益 3.61 亿元。中国钢铁工业协会组织成立以孙传尧院士为主任委员的专家组，专家组评价该技术达到国际领先水平。2022年，海南矿业 200 万吨/年氢基矿相转化工程也已启动建设，项目投产后，铁精矿品位将由原来的 62.5% 提升至 65% 以上，铁金属回收率和精矿产量均提高 40% 以上，

NEUH-60 型含铁锰矿资源矿相转化装备成功投产

将大幅提升海南矿业的核心竞争力和盈利水平。2023 年，团队被授予"全国工人先锋号"称号。

他们在历史积淀的矿藏中细心挑选着自然的精品，岁月的磨洗与冶砺也不断优化着这支队伍。团队现已成为年课题经费超千万、年龄结构合理、多学科交叉融合的稳定创新团队，已然成为选矿领域响当当的东大名片。择矿成精举己力，点石为金固国基。

【矿物加工与粉体工程研究所在 2017 年"讲述·东大人的故事"典型推介会上的访谈实录】

主持人：韩老师，您好，咱们主要的研究方向是复杂难选铁矿，铁矿资源在国民经济中处于怎样的位置？除了在酒钢应用，目前还有什么新的进展吗？

韩跃新：矿产资源是国民经济建设与社会发展的物质基础。我国 95% 的能源、80% 的工业原料、70% 的农业生产资料来自矿产资源，没有矿产资源持续稳定的供给，就没有现代经济与社会的发展。在众多的矿产资源当中，铁矿资源又是最为重要的战略性矿产资源之一。

在酒钢应用悬浮焙烧技术后，我们目前正在着手做山钢的项目。山钢投资150 亿元购买了塞拉利昂储量达 137 亿吨的大型铁矿，这个矿采用常规选矿方法根本不能分选，不能利用，每年亏损 10 亿元以上，采用我们的技术，预计

每年可以盈利几个亿，甚至几十亿元。

矿物加工与粉体工程研究所团队在讲述活动现场

主持人：那这么大的成就，咱们团队是怎样实现的？

朱一民：团队在科研工作中至关重要！如何形成一个有战斗力的团队其实是挺难的！我们的团队最关键之处在于大家价值观趋同，团队设定了一个共同的奋斗目标，然后大家就会心往一处想，劲儿往一处使，解决难选铁矿的问题就是一个例子。我们团队经多年探索，现在已经固化下来一个成熟的研究模式，即基础研究—中试验证—工程工业。团队成员根据自身特点，各有侧重，最终形成一项创新性技术。

主持人：韩老师，我们知道您是1992年毕业就留校做选矿研究的，算起来已经30余年了，是什么力量让您和您的团队一直在东大、在这个领域默默坚守？

韩跃新：我们是站在巨人的肩膀上，东北大学选矿专业在国内成立最早，在为国家培养大批选矿技术及管理人才的同时，也涌现了一批著名的选矿专家。我们的老师，针对鞍山、本溪地区铁矿选矿，取得了一大批具有创新性的研究成果，为我们开展铁矿选矿研究奠定了基础。

铁矿是钢铁的"粮食"，钢铁又是衡量一个国家工业发展水平的重要标志。所以，铁矿资源在国家的经济建设中具有举足轻重的地位。"出好矿、选好矿"，是时代赋予我们的责任，也是我们对学校最好的回报。

（文：段亚巍、刘宇豪）

以实干创新 应国之所需

——讲述冶金学院朱苗勇教授的故事

> 37载，专注科研，坚持原始创新，引领行业发展；突破关键工艺技术，开启世界"领跑"模式。不忘初心，实干报国。为党育人，为国育才，既能"顶天"，也能"立地"。

特厚板、大规格型／棒材产品广泛应用于超大型基建、重载货运专线等国家重大工程，以及航母舰船、高铁动车等重大装备的关键承压、承重、耐磨部件制造，是中国制造、国家安全不可或缺的钢铁材料，具有重要战略意义和巨大经济价值。因其特殊的服役环境，对组织均匀性、性能等质量要求极为严苛。

我国现拥有大断面连铸生产线80余条，但因铸坯的中心偏析、疏松等凝固缺陷一直未能得到根本解决，极大制约了产品的成材率、生产效率及服役稳定性。为此，朱苗勇教授团队历经10余年攻关，与企业、设计院协同创新，研发了适用于我国"一线多产"的动态重压下关键工艺与装备技术，形成了从原理、装备、技术到应用的完整知识产权体系。2020年度国家科学技术奖励大会上，东北大学作为第一完成单位、朱苗勇作为第一完成人的"连铸凝固末端重压下技术开发与应用"项目荣获国家科技进步奖二等奖。

突破关键工艺技术，开启世界"领跑"模式

"连铸"即连续铸钢，是钢铁生产中使钢水凝固成型的主要方法，与传统模铸方法相比，具有大幅提高生产效率和金属收得率及铸坯质量、节约能源等显著优势。目前我国钢铁年产量已经突破 11 亿吨，其中 98% 以上都采用连铸方式生产。"连铸是整个钢铁制造流程的中心环节，直接决定着生产效率、产品质量与性能。"朱苗勇介绍，"一个企业的连铸水平，反映了其整体的生产技术水平。"

朱苗勇在办公室

项目组在唐钢、攀钢建成投产国际首条可实施连续、动态重压下的宽厚板坯、大方坯连铸生产线，开辟了低轧制压缩比生产高端大规格钢材的新途径。技术实施后，产品质量指标优于国外生产线。产品已广泛应用于北京大兴国际机场、冬奥会核心区、上海前滩国际商务区等多项重大工程，以及远洋货轮、煤机等重大装备。生产的 75 千克/米长尺重载钢轨组织性能更加均匀稳定，服役寿命提升了 60%，形成 100 米长尺重载钢轨生产能力，在我国"西煤东运"主干线朔黄线与"中国重载第一路"大秦线铺设率分别达 99% 和 90%，年通货量超 8 亿吨，保障了我国电煤供给生命线稳定运行。

"重压下技术是我国科技工作者对世界连铸技术的重大贡献，必将引领国际连铸技术发展的新潮流。这项技术实现了高端大规格宽厚板、型棒材产品的高效低成本稳定生产，对冶金技术的自主创新具有显著的引领示范作用。"中国工程院院士王国栋表示。

坚持原始创新，引领行业发展

朱苗勇从事钢铁冶金行业已有 39 年。1984 年，朱苗勇考入东北工学院钢

铁冶金系。刚入学时，他只想到毕业以后有份稳定的工作，但是这个想法因为一篇文章发生了改变。1986 年，《人民日报》刊发的《世界性的业绩》一文，介绍了东北工学院冶金专家萧泽强教授在国际上取得的学术成绩。"我觉得很自豪，我们中国也有这么了不起的教授，自己也应该有更高的目标。能成为萧老师的学生，是自己一生中很重要的一次选择。"朱苗勇回忆。

本科毕业，朱苗勇在研究生考试中以优异成绩成为萧泽强教授的学生，从此也对所学专业有了更深刻的认识。朱苗勇认为，20 世纪八九十年代，我国钢铁领域理论方面的研究和国际上还有一定的差距，高校应该在这方面有更多的创新，特别是理论上的创新。

1993—1997 年，朱苗勇多次前往世界钢铁领军性企业——新日本制铁株式会社（新日铁）的先端技术研究所作访学研究，1998 年前往瑞典皇家工学院做客座研究员。"在当时，国外的研究环境、条件还是更优越一些，除了专业领域的知识，他们做事精细、认真的态度，推动技术创新的经验做法，都给我很大启发。"

30 多年来，朱苗勇主持了国家创新计划、国家重大装备国产化创新、国家重点研发计划、国家杰出青年科学基金、国家自然科学基金重点项目及企业合作等科研 80 余项。

朱苗勇在工程现场

近年来，研究团队开发的多项新工艺与装备技术引起了钢铁界的高度关注，对我国钢铁行业的转型升级、绿色发展发挥了重要作用。针对"高效连铸理论与工艺研究"，团队建立了一套研究、优化连铸中间包内腔结构的理论和方法；实现了连铸过程三维多场耦合的数值模拟，揭示并建立了反映钢渣卷混的特征值与弯月面处液面波高之间的内在关系，定量描述了连铸结晶器内钢凝固过程气隙和保护渣的分布规律及凝固坯壳的热－力学行为。特别是在微合金钢连铸坯表面裂纹控制研究方面形成了原创性技术，设计研制出高效传热的内凸曲面新型连铸结晶器，研发出了实现凝固组织超细晶化连铸机二冷区控冷新技术，并规模推广应用于宝武、鞍钢、河钢及韩国现代钢铁等国内外 13 家企业 24 条生产线，成果获得辽宁省技术发明奖一等奖、冶金科学技术奖一等奖，2019 年申报国家技术发明奖进入会评。

"希望学生以后都比我优秀，为国家多作贡献"

作为东北大学先进冶炼—连铸工艺与装备研究所的负责人，朱苗勇十分注重团队建设，大力支持青年教师的发展，给他们创造机会练就本领、展示才华。朱苗勇根据不同教师的特点，帮助每个人设置了领域方向，让他们在各个项目中不断锻炼、成长。

"一项原创性的技术是很难实现的，需要几年甚至十几年的不断尝试和积累。"朱苗勇说，"我常跟团队的青年教师和学生们讲，如果容易做，那大家都能做出来了。要沉下心来，踏踏实实，以科学、严谨的态度对待每一件事，真正作出一些成果和贡献来。"

朱苗勇在指导学生

目前，朱苗勇已经培养百余名博士、硕士研究生，指导的 2 篇论文获全国优秀博士学位论文提名奖。如今，他们已成为高校和企业的学术或技术骨干，发挥着重要的作用。比如，祭程（"连铸凝固末端重压下技术开发与应用"项目第三完成人）在连铸凝固末端重压下提升铸坯内部质量研究方面不断做精做深，蔡兆镇在微合金钢连铸坯表面无缺陷化技术开发方面不断开拓创新。

"冶金学科是东北大学的传统优势学科，要把这种优势传承发展下去，坚持原始创新，加强课程、教材建设，注重人才培养，都是十分重要的方面。"

一直以来，研究所的教师们要求学生"做真课题，真做课题"，不仅要能"顶天"，而且要能"立地"，鼓励他们深入企业一线进行一定时间的摸爬滚打，学真本事。因此，研究所毕业的研究生深受高校、科研院所和企业的欢迎，在新的工作岗位能够较快适应环境，表现出较强的职业发展潜力。成绩优异的研究生不仅获得国家奖学金和各种命名奖学金，还获得"2011"钢铁共性技术协同创新中心颁发的奖学金。

"如今我已实现了当年留校设定的目标，希望学生以后都比我优秀，为国家多作贡献。"朱苗勇说。

（文：张蕾）

把光和热奉献给中国钢铁核心技术

——讲述轧制技术及连轧自动化国家重点实验室刘振宇教授的故事

坐得住板凳，耐得住寂寞，深入到工厂，专注于钢铁绿色智能制造，你是钢铁科技前沿的奋斗者。把人生理想融入国家战略需求，攻克"卡脖子"技术，清澈的爱，只为祖国！

需求导向，攻克钢铁关键技术

刘振宇主持的项目获得国家科技进步奖二等奖

我国钢材年产量超过世界的1/2，是支撑国家建设的重要工业食粮。目前，表面质量已成为与钢材尺寸和性能并列的核心指标，用户甚至提出"表面不过关，性能达标也不用"的要求。

"70%以上钢材表面缺陷因热轧氧化控制不当

引起，每年此类钢材近 7000 万吨，损失巨大且严重制约着钢材整体质量的提升。项目之前，我国在此方面缺少理论研究，技术落后，产品常被高端用户拒绝，表面质量问题已成为我国制造业转型升级的原材料瓶颈。"轧制技术及连轧自动化国家重点实验室（简称"RAL"）刘振宇介绍说。

为了破解这样的困境，刘振宇带领团队通过构建热轧氧化理论体系，开发了具有自主知识产权的成套技术，并率先实现了由经验试错向智能化控制的转型。采用了刘振宇团队开发的相关技术，我国钢铁行业形成了"免酸洗钢"和"易酸洗钢"两个品牌，生产出的工程机械用钢因表面优异，成为日资企业专供产品，不但打破了国外垄断的现状，而且在数量和质量方面都实现了反超；高牌号电工钢，因表面质量提升而有效提高了能源转换效率；高强船板达到了 D 级表面"零缺陷"，满足了我国海洋重大工程的严苛要求；项目获得 2008、2019 年冶金科学技术一等奖，2019 年中国产学研合作创新成果一等奖，并获得 2020 年国家科技进步奖二等奖。

截至 2021 年，项目成果已应用于 19 家企业的 45 条生产线，并输出至韩国浦项和现代制铁，为我国全面提升钢材表面质量起到了引领和示范作用。

刘振宇在 RAL 实验室和企业人员进行交流

执着坚守，32 载倾情钢铁"智造"

刘振宇从 1989 年开始师从中国工程院院士王国栋，是王国栋院士门下的第一位博士生。从涉足热轧过程钢材组织性能演变预测与优化这一前沿课题开始，刘振宇已在钢铁显微组织智能化调控的道路上探寻了三十多年。

这是一条披荆斩棘、攻城拔寨的奋斗之路。"一生能涉足这样一个方向，承担这样一个课题，是我们的幸运，我们把握住了这个机遇！"刘振宇说。

钢材热轧过程中组织性能演变预测与优化，是一个很前沿的课题。它的目标是基于物理冶金学原理，建立一系列数学模型描述热轧过程中钢材的组织演变行为。这实际上就是 21 世纪以来国际上的热点——材料集成计算工程研究的一部分。

刘振宇，坐得住冷板凳、钻研得进去，他非常喜欢这个题目。从硕士到博士，刘振宇研究生期间一做就是 6 年，其中一个亮点，就是他与当时信息科学与工程学院的研究生王殿辉合作，利用人工神经元网络预测钢材的力学性能，文章发表在《钢铁》杂志上，这是信息学科和冶金学科交叉结出的硕果，是一次颇有意义的尝试！经检索确认，这是国际上首次利用人工神经元网络模型进行材料研究，具有重要的开创性意义。这一成果，在降低钢卷之间力学性能波动方面发挥了重要作用。

2004 年，刘振宇留学归来回到学校任教，第一件事就是将组织性能预测研究的结果应用到生产实践中去。

钢铁工业是典型的流程工业，每时每刻都在产生海量数据。这些数据对于钢材产品性能、质量的精准预测和稳定控制具有宝贵意义，但是对于如何利用钢铁大数据调控产品质量，国内外研究人员当时均在探索之中。

作为流程化、批量化大宗生产的钢铁产品，如何精准满足客户的"订制化"生产需求？为解决这一关键技术难题，刘振宇团队基于多年来在钢铁组织性能预测技术与应用领域的理论积淀和实践，与钢铁企业通力合作，从轧钢生产实际出发，开发出热连轧工业大数据的分析和处理方法，建立起基于大数据分析与优化的智能化物理冶金学模型，开发出了以组织性能预测与优化为核心的钢铁智能化制造技术。这项技术，让人工智能助力钢铁个性化生产，可以利用一种化学成分的钢材，生产不同强度级别，甚至不同的钢种，实现"一钢多能"的目标，简化炼钢和连铸工艺，优化炼钢—连铸—轧制生产，提高生产效率和产品成材率。

在鞍钢 2150 热连轧生产线，刘振宇团队开发出焊瓶用钢屈强比波动控制技术，解决了焊瓶钢屈强比窄幅（0.735~0.785）控制这一轧钢领域的世界性难题。2004 年开始，刘振宇带领研究生与宝钢梅钢合作，开发出热轧板带集约化生产技术。在梅钢 1422 和 1780 热连轧生产线，通过组织性能预测与工艺优化，钢种牌号已减少 60% 以上，实现了热轧的集约化、绿色化生产，大大促进了企业的节能减排；同时，针对厚度规格为 2.5 mm 的汽车车轮用钢，通过组织性能预测与工艺优化，使钢中锰含量降低一半，吨钢节约材料成本约 50 元，有效解决了当前钢铁企业规模化生产和用户个性化需求之间的矛盾。

"实验室'咬定青山不放松'，由擅长组织—性能调控的刘振宇牵头，开发热轧过程组织性能预测技术，建立我国自己的钢材组织控制'北斗导航系统'。"中国工程院院士王国栋回忆起学科方向凝练的过程，感到十分欣慰。2014 年，刘振宇带领团队教师和研究生在会后深入鞍钢、承钢等企业，探索利用 AI/ 大数据对数学模型进行优化，实现了钢材组织性能的离线高精度预测。"利用 AI/ 大数据建立的高精度数学模型，实际上就是今天信息物理系统中'数字孪生'的核心。这些工作的进展，预示着我们向钢铁生产技术的最前沿发起总攻的'冲锋号'已经吹响。"王国栋表示。

"河钢集团、宝钢梅钢、涟钢、首钢这些企业是我们创新的'福地'，在解决受制于人的重大瓶颈问题上担当作为，努力实现更多从'0'到'1'的突破，我们就一定能抢占科技竞争制高点，打造钢材未来发展新优势。"刘振宇说。

刘振宇在办公室

丹心育人，与学生携手开拓钢铁行业未来

"要做到'钢铁振兴，匹夫有责'，更重要的是肩上的担当和心中的责任。"30 多年躬耕于钢铁科研一线，刘振宇在勇攀科技高峰的同时，更注重青年人才的培养。

桃李不言，下自成蹊。

曹光明，从博士生阶段就加入刘振宇的团队，开始有关钢铁组织性能优化方面的研究。他表示，刘老师作为自己的博士生导师，严谨的治学态度和忘我的工作精神激励着自己在科研之路上不断前行。

刘振宇经常强调的就是科研方法的重要性，他十分注重在基础理论上实现突破，反复叮嘱学生们在科研上要设计小而精的实验。有一次，为了解决钢材热轧过程氧化铁皮动态软测量的问题，学生们查阅了大量的文献资料，但是未能找到合理的解决方案。刘振宇和同学们深入探讨之后，指出大家不能一味地从传统角度去分析解决问题，要开拓思路、大胆创新。

功夫不负有心人。运用刘振宇提出的利用机器学习和人工智能的方法，团队终于有效地解决了问题。"刘老师经常会在指导我们的时候说，'这个我先琢磨一下，明天再继续讨论。''你修改一下再发给我'……他认真对待教学和科研的态度、敏锐的科学洞察力、开阔的学术思维，值得我们终身学习。"曹光明说。

刘振宇在办公室
指导学生

上海大学材料科学与工程学院青年教师吴思炜，提起自己的博士生导师刘振宇教授，回忆起许多美好的往事。"刘老师对学生的科研极度关心，作为国家重点实验室的副主任，他平时工作很忙，但是他对我们每个学生的科研进展怎样、课题的创新点在哪里都记得很清楚。当我们课题遇到阻碍时，他总能想尽办法指导我们渡过难关。在我博一下学期刚接触工业大数据建模的研究工作时，曾遇到一个有关模型规律性的难题无法解决，导致课题一度停滞不前。刘老师只要不出差就会叫我去办公室交流，在他的小白板上书写问题难点，对我的课题进展进行剖析，指出我当前研究的不足，并给我讲解下一步方案，这样的交流频繁时甚至一天两次、三次，即使他出差在外仍然会打电话询问模型的计算结果，这个状态持续了一个多月。在刘老师的悉心指导下，我终于攻克了难关，解决了模型规律性的问题。"

内蒙古科技大学材料成型及控制工程系教师李志峰，于 2014 年进入东北大学 RAL 实验室，师从刘振宇。在刘振宇的谆谆教诲下，李志峰攻克了本领域一个又一个的科研难点，以第一作者发表高水平论文 8 篇，授权发明专利 7 项，并主持了国家自然基金青年基金项目和中国博士后科学基金项目各 1 项。"刘老师既是严师也是恩师，他在传授科研本领的同时，还时常告诫我在生活中要谦虚谨慎，工作中要胜不骄、败不馁，他的言传身教使我受益终身。"提起刘老师，李志锋感恩之情溢于言表。

刘振宇，这位把光和热奉献给中国钢铁工业的东大人，怀着更高远的钢铁强国梦想，带领着团队不忘初心，执着前行。

（文：王钰慧）

执着于星空的"仰望者"

——讲述理学院张鑫教授的故事

仰望星空，植根沃壤。暗物质，中微子，高深莫测，却是你眼中跃动的精灵。无穷真理，你上下求索；宁静宇宙，你一片痴情。格物细推即是乐，传递梦想无止境！

张鑫在办公室

宇宙，因其无垠的时空蕴藏无穷的奥秘一直吸引我们去探索。虽然揭开宇宙之谜的路是想象不到的遥远，但人类探索与发现的脚步从未停止。

2011年，东北大学理学院张鑫教授的"全息暗能量研究"项目在国际上首次提出全息标量场暗能量模型，对暗能量和宇宙加速膨胀的研究作出了实质性贡献，被国际学术界公认和广泛引用，推动了暗能量领域研究的发展。

"好奇心是科学发展的原始驱动力，我们研究宇宙学就是要试图回答我们从哪里来、我们是谁、我们要往何处去这些基本问题，就是要弄清楚宇宙的起源、宇宙的演化和宇宙的最终命运，探索宇宙奥秘，需要的就是一种永不停歇的信心和勇气。"求学路上的科学梦想犹如远方的灯塔一直指引照亮着张鑫。他用常人难以想象的毅力和勇气，在理论物理研究的海洋中扬帆起航，破浪远行。

"搞科研是很苦的，尤其是基础科学研究，不能有任何功利性，张鑫靠的完全是对科学本身的热爱。"理学院院长徐章润说。

张鑫在课堂上

正是这种朴素的、单纯的执着，让张鑫带领他的团队在暗能量与暗物质、暴胀宇宙学、中微子物理、量子引力理论等方面取得一系列突破，为东北大学理学原始创新开辟了一片绿意葱茏的新天地。

"张老师对科研有着极强的灵敏嗅觉，学科最前沿的发展动态，他总是能超前判断。"张鑫的博士生李云鹤说。

2015 年 1 月，诺贝尔物理学奖获得者乔治·斯穆特（George F. Smoot）特别关注了张鑫关于惰性中微子的研究成果，认为该成果表明了惰性中微子模型可以解释普朗克数据与宇宙微波背景极化数据间的不一致。张鑫的成果发表仅一个月，就被宇宙学领域内著名学者引用 50 余次。

在人类认知宇宙的重大机遇面前，在国家致力于取得重要突破的研究方向面前，张鑫和他的团队永远一往无前。人类的文明已经走过了漫长的五千年，其间有那么一些人，他们的好奇心从未有过哪怕短暂的消失，张鑫就是这样一位宇宙真理的追求者。探索的意志驱使着他不断在无穷无尽的苍穹中寻找新的方向，向着宇宙的无垠远征。

2018 年，张鑫与北京大学高能物理研究中心张珏博士合作，在宇宙遗迹中微子的引力结团效应研究中取得重要成果，这是中国高校科研工作者在世界科技最前沿的研究领域取得的一次突破性进展，张鑫的研究可让我们了解来自婴儿宇宙的中微子信使如何在银河系中聚集，而这关系到能否让我们将对宇宙的认知推进至宇宙年龄仅为 1 秒的时期。

2022 年，张鑫发表于国际著名期刊 *JCAP*（宇宙学与天体粒子物理期刊）的论文 Can the H0 tension be resolved in extensions to ΛCDM cosmology?（作者包括博士生郭瑞芸、张敬飞教授和张鑫教授）对宇宙学的"哈勃常数危机"做了深入讨论，这篇论文引起了国际同行的广泛关注，并获得英国 IOP 出版社 2022 年度"中国高被引论文奖"（2022 China Top Cited Paper Award）。

张鑫与学生在一起

2022 年 11 月，张鑫团队主持的"中性氢巡天和宇宙学模拟"获批科技部国家遥感中心下发的国家重点研发计划"平方公里阵列射电望远镜"（SKA）专项 2022 年度项目立项。

SKA 是人类有史以来建造的最大射电望远镜，是超越国界的全球大科学装置。在这个势必孕育重大科学发现并将深刻影响天文学和基础物理发展的伟大工程中，张鑫与东北大学深度参与，积极融入全球 SKA 创新网络，着力提升我国射电天文基础研究水平。

"张老师每天思考的不仅是研究方向的创新，更多的是如何凝练学科方向，带出高水平理论物理研究的团队。"课题组成员张敬飞说。

因为听了张鑫的课程，很多老师和学生都"锁定"了目标，纷纷投入到宇宙学前沿研究中。

课题组成员崔晶磊的专业是材料物理，在刚进入课题组时对天体物理和宇宙学了解得不多。"张老师特意在办公室安了两块大黑板，每天都为我们讲解天体物理方面的专业知识，手把手地教我们写程序。"每次回忆起当时的情景，崔晶磊就好像又重新回到了学生时代。

一沓演算纸、一块黑板、一台电脑……张鑫乐于把自己的理念和态度分享给他的队友和学生们，感染和引导更多的人将希望与梦想播向那无尽的苍穹。

从对科研一无所知到选定个人的研究方向，从推导、编程、计算到撰写出可读性强的科研论文，需要学生们找到自己的研究兴趣，掌握科学研究的方法。整个过程蕴含了太多的细节，也凝聚着张鑫的滴滴心血。张鑫，正一步步地将他的星空梦想传递给学生。

浩瀚的星空在我们眼中没有尽头，但在他们眼中却越来越近……张鑫，正与这群仰望星空的年轻伙伴们，脚踏实地地走在探索宇宙的路上。

【张鑫教授在 2016 年"讲述·东大共产党人的故事"典型推介会上的访谈实录】

张鑫在讲述活动
现场

主持人：张老师，大家都知道搞基础研究是很枯燥的，每天阅读海量文献、思考、推导、编程、计算是必修课，是什么让您一直坚持下来的？

张鑫：因为我喜欢和热爱科学研究，特别是宇宙学领域，所以我非常愿意全身心地投入到工作当中。

主持人：同事和学生们都说您的思维特别敏捷，总是能捕捉到最前沿的热点问题。这些热点您是怎么捕捉的？

张鑫：我认为最重要的是要始终处在国际前沿，始终了解国际前沿动态，我有一个工作习惯是坚持每天浏览国际预印本库，每周浏览 *Nature*、*Science*、

PRL 上的相关研究论文，以此来保持对国际前沿以及热点问题的敏感度。

主持人： 您能举个例子吗？

张鑫： 2014 年，美国加州理工、哈佛大学等几个大学的研究人员组成的 BICEP2 团队首次精确测量到了宇宙微波背景光子的一种非常重要的独特的极化模式，这个测量结果非常重要，但是与普朗克卫星测量结果有矛盾之处。当看到这个结果之后，我就产生了一个想法，就是这二者之间的不一致性很有可能是来自我们宇宙学模型当中忽略了惰性中微子的存在。沿着这个思路，我立刻投入到研究当中。经过紧张的工作，几天之后，就得到了计算结果，与之前预想的是一致的。因此，我们很快将研究结果总结成论文，发表到了国际预印本库上。而同一时间，美国芝加哥大学的著名宇宙学家 Wayne Hu 研究组与我们做了相同的工作，但比我们晚了 4 天，他们在文中承认我们的工作先于他们完成。这个工作也产生了比较重要的国际影响，很多著名的宇宙学家和物理学家都引用和正面评价过这个工作，包括诺贝尔奖获得者、美国国家科学院院士、英国皇家学会会员、俄罗斯科学院院士等。这项研究成果公开一个月，被引用 50 多次。

主持人： 我们听说您和您爱人在一个课题组，那你们每天有时间陪孩子吗？

张鑫： 是啊，我们在一个课题组，经常会忙到很晚。但是不管工作有多忙多累，我们都会尽可能地抽时间陪孩子。我想这对我来说是很重要的，既要快乐地工作，同时也要幸福地生活。

（文：杨明）

托起矿山安全梦

——讲述资源与土木工程学院朱万成教授的故事

用守望和传承，沉淀精神的沃土。向下扎根，成就生长的气度。万里归国路，青春在学术中延展；数载砥剑成，使命助你砥砺前行。耕耘寒窗，把脉矿山，托起矿业安全梦！

1991年，17岁的朱万成，从新疆呼图壁这片大漠边陲考入东北工学院采矿工程系，或许他自己也不曾想到，这里就像一块巨大的磁铁，吸引着他全身心地投入到矿山安全的领域，这一干就是30多年。30多年来，他从青涩少年成长为博士生导师、国家杰出青年科学基金获得者。

面对这个被普遍认为条件艰苦的专业，朱万成也曾彷徨、迷茫过。然而，采矿学馆那为国分忧、顽强拼搏的强大气场，萦绕耳旁的"54煤"精神，对专业理解的不断深入，使他认清了方向，鼓足了勇气。

"作为一名土生土长的东大人，我多年来耳濡目染徐小荷等老一辈的严谨治学精神和社会责任感。我就是要把属于我们东大自己的'传家宝'、凝结了几代人青春和汗水的宝贵财富传承下去。"朱万成感慨道。

2004年2月，朱万成首次迈出国门，远赴澳大利亚，在西澳大学从事岩石力学方面的博士后研究。澳大利亚发达的采矿业和矿山良好的工作环境给他留下了深刻的印象，而那时国内频发的矿山事故也让他仿佛受到使命的召唤。

谈到回国的初衷，朱万成说："每次闻听国内重大矿难事故让数以百计的生命灰飞烟灭，我都深感痛心。作为一名采矿人，我能为此做点什么？在国外，总觉得再大的成就都是为别人效力，而我一直惦记着回来为自己的国家做一点事。"

朱万成在澳大利亚西澳大学

2006 年 2 月，朱万成放弃了在西澳大学继续工作的机会，选择了回到自己的母校东北大学。

立足于国内矿业需求，把握国际学术前沿，朱万成带领着团队，在"岩体损伤与破裂"领域建树颇丰，开创了独具特色的研究方向。

朱万成在指导学生做科研

所谓"事业有成"，标准很多，朱万成则用行动给出了最为质朴的答案："敬业"。200 余篇三大检索论文，凝聚着他夙兴夜寐奋斗的汗水，他的研究成果得到了包括牛津大学 J. N. Hooker 等千余名学者的引用和高度评价。作为洪堡学者，他还受到德国总统的接见。

通过实验和数值模拟研究，朱万成破解了高地应力、高地温以强烈开采扰动下岩石的损伤与破裂过程及其致灾机理，建立了现场监测和损伤力学模拟相结合的致灾过程分析方法，并在矿山灾害防控实践中得以成功应用。

在新城金矿的开采过程中，朱万成一举解决了 V# 矿体中段顶柱的安全回采问题，创经济效益达 2.5 亿元，并取得了显著的社会效益。

资源与土木工程学院原党委书记王立慧表示，朱万成老师突出的业务能力和踏实的工作作风正是资源与土木工程学院"德以怀远，学以精工"院训精神的生动体现，正是有了像朱万成这样的一批优秀教师，学院的明天才更加充满希望。

朱万成在矿山

为解决山东黄金集团某矿山的岩石损伤问题，朱万成连续20多次往返于学校和矿山之间，深入矿井研判岩性、地质条件，集团的负责人说："朱老师在，我们放心。"

【朱万成教授在 2016 年"讲述·东大共产党人的故事"典型推介会上的访谈实录】

主持人：朱老师，您好，从短片上得知，您本来有机会获得澳大利亚绿卡，但您选择了回国，回到母校，是基于怎样的考虑？

朱万成：澳大利亚总体来说，采矿的水平和条件要比国内好很多，而国内采矿业的管理、技术和条件都和发达国家有一定的差距。还记得 2005 年，阜新孙家湾煤矿发生矿难，一次就让 200 多人遇难，我看了后感到非常痛心，我就想，作为一个采矿人，我能做点什么？我为什么还要继续留在澳大利亚？我应该回到自己的国家，为矿山安全做点事。实际上我也纠结过这个问题，当时我的女儿两岁，如果等她在那里开始学习英语后，我回来她就要面临更多语言学习的困难。我现在觉得回来是完全正确的选择，因为这是国家的需要。

主持人：在求学和进行教学、科研的过程中，您是否对自己选择的专业有过动摇？

朱万成在讲述活动现场

朱万成：我 1995 年本科毕业和 1998 年硕士毕业时，采矿行业非常不景气，当时很多同学都转行了。一个偶然的机会，我有幸聆听了徐小荷教授的讲座，他告诉我们："矿业是国民经济的命脉和基础，国家要发展，离不开资源，离不开采矿。"当时我深受触动，我想，只要国家需要，只要能坚持下去，一定能为采矿业作出自己的贡献。

主持人：1991 年入学到现在，您已经在这里坚守 25 年，是什么样的力量让您在这里深深扎根？

朱万成：是一颗感恩的心。东北大学培养了我，我的老师们一直激励着我。比如徐小荷老师，开创了国内岩石破碎学这个新的研究方向，为了把东北大学在岩石冲击破碎学方面的研究特色传承下去，已经 80 多岁的他用师傅带徒弟的方法，亲自指导我和我的研究生在实验室里做实验，这让我非常感动。作为一名青年教师，我的责任就是要把这份事业传承下去，为采矿学科和东北大学尽一份力量。

（文：段亚巍）

生命科学与健康学院的年轻元老

——讲述生命科学与健康学院丁辰教授的故事

> 三万里归国路，十四春秋学业成，报效桑梓心澎湃，请缨提旅始带"兵"。菌种小世界，人生大作为！

微生物，人类从出生那一刻就注定要与它共处一生，它既能造福人类，也是让人体致病的罪魁祸首。摸清病原菌的致病途径，是人类健康"保卫战"中至关重要的一环。

2013 年，一位年轻博士撰写的论文引起了轰动。他提出，要将铜离子抵抗致病菌侵袭的研究由生物体外转入生物体内，他首创的致病隐球菌活体动物荧光酶成像技术，可以帮助科研人员获得更精准的判断。

丁辰

丁辰，美国杜克大学博士后，发表SCI 论文 9 篇。此时的他已经拥有了丰硕的研究成果、良好的实验环境，甚至导师还要给他解决"绿卡"。然而，对于在国外生活了 14 年的丁辰来说，他感觉自己就是漂泊的"浪子"。"我当时只有一个念头——回家。"丁辰说。

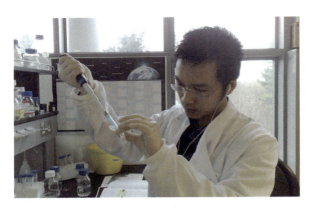
丁辰在做实验

当得知东北大学成立生命科学与健康学院时，丁辰知道，他的机会来了。

在这里，丁辰用短短半年的时间，完成了从学者到学术团队带头人的角色转换。从器材的配备到试剂的采购，从人员的分配到经费的管理，从学生的日常教学到创新实验团队的指导，从分析科研现状到把握未来走向，丁辰无不用心经营。

白天忙于千头万绪的工作和学生的教学管理，真正静下心去思考都是在晚上10点以后。"丁老师经常在凌晨两三点钟给我们发文献资料，帮助我们解惑学术问题。"学生李海龙说。

丁辰希望他的教学不是教会学生怎样做实验，而是教会学生如何思考。

"丁老师最常说的一句话就是'来办公室聊聊实验'。他办公室里有5块白板，上面密密麻麻记录着我们的实验项目和进度。"学生李焱剑说。

丁辰一直告诫他的学生，"我们做的实验必须是精品，我们的数据必须要对论文负责。"

丁辰在与学生座谈

2016 年，丁辰指导的学生团队获得国际遗传工程设计大赛（IGEM）金奖，实现了东北大学学生在国际生物学科领域竞赛奖项零的突破。他指导的学生分别获得沈阳市十大优秀自然科学学术成果奖、沈阳市优秀研究生、东北大学校长奖章，毕业后分别到北京协和医院、沈阳军区总院等单位工作。

作为一名年轻博导，丁辰总是能很敏锐地捕捉到科研灵感，更敢于挑战学界"大牛"。在丁辰看来，别人提出的想法和理论不一定就是最终的结果，而他做的很多研究都是在颠覆一些常规想法。

一直以来，业界普遍认同美国彼得·威廉姆森教授在隐球菌研究领域的理论，丁辰对此始终持怀疑态度。要反驳别人的观点，至少要提供 10 倍以上的证据。

每一天都在失败中度过，每一天都在坚持中前行。7 个月后，丁辰和他的学生孙天舒用彼得教授的特有菌种完成了指定实验，证实了在病原菌的研究中应该针对不同组织器官进

丁辰与学生合影

行独立评估，成功推翻了彼得教授"整体分析"的论断。

重症真菌感染是威胁人类健康的医学难题。丁辰团队一直致力于探讨隐球菌致病机制的各项研究，从表观遗传学、金属离子代谢、耐药分子机制等角度，深入研究隐球菌致病机理、开发相应临床治疗方案。

2022 年 9 月，丁辰指导的博士生高鑫迪以第一作者的身份在国际期刊 *Nature Communications* 发 表 文 章 *Cryptococcal Hsf3 controls intramitochondrial ROS homeostasis by regulating the respiratory process*。这项研究系统阐释了线粒体活性氧化物（ROS）的稳态调控参与真菌致病性的重要联系，进一步解释了真菌适应极端环境的多样性和特异性，对调控线粒体稳态的分子机制有了更全面的研究成果，为隐球菌线粒体保护机制提供了重要理论基础，也为开发隐球

菌特异性靶点的药物和疾病的治疗提供了新的机会。

在认识未知世界、探索客观真理的征途中，既充满艰辛也令人着迷。不在乎工作环境的好坏，不在乎他人追逐的"绿卡"，只"钟情"于探索生命的奥秘。

"这么一个新兴的学院、新兴的学科，作为在这个学院奋斗的第一批元老，我觉得我有责任，让她更好。"丁辰说。

【丁辰在 2017 年"讲述·东大人的故事"典型推介会上的访谈实录】

丁辰在讲述活动现场

主持人：作为一名 80 后年轻博导，您取得了很多成绩，对于您现在的成功，您是怎么看的呢？

丁辰：我并不认为今天的自己获得了什么成功，甚至可以说，我现在每天都在经历失败，有同行的质疑，也有实验的挫折。生命学科的研究是需要大量的实验数据来支撑的。

比如，攻读博士后期间，我选择的研究方向并不被认同，实验室也从未有过此类研究，没有实验所用的试剂、耗材，也没有相关经验。一切都只能从零开始。开始时，我用其他实验室同事给的错误菌种，进行了一年的实验。当我发现问题时，导师不同意我重新做实验。我不甘心，就自己想办法定试剂，每天下班后偷偷跑回实验室继续做实验。又经过了一年，我的论文终于发表在生命学科顶级期刊 *Cell* 子刊上。

还比如，我现在一直在从事肺炎和脑膜炎的研究，经历了很多挫折和失败，也有许多人质疑我。近三年来虽然没有发表一篇文章，但是我们一直在坚持着，现在已经取得了本领域的突破性进展，请大家拭目以待。

　　我觉得，科研人员必须有"越有人质疑，就越不能服输"的态度。

　　主持人：说得真好，这就是科研人员的坚守，也是我们常说的不鸣则已、一鸣惊人。那丁老师在平时工作中也是这样要求学生的吗？

　　丁辰：是的，我一直要求他们，要有严谨的态度，对科学研究负责。我希望他们都能够为了理想而坚守，为了理想而奋斗，也希望在不远的将来，在生命科学的国际舞台上，我的学生能自豪地说："我是丁辰实验室的学生。"

（文：杨明）

第三篇

家国大爱，至真至深

可可托海的东大人

——讲述东北大学毕业生扎根边疆的故事

> 为家国负重，怀赤子心胸，听从祖国召唤，在大西北戈壁书写无悔人生。可可托海的东大人，用青春、智慧、鲜血和生命，凝聚成绚丽的光芒，这光芒照亮了边疆多情的土地，更照亮了永不受人欺辱的强国梦想！

可可托海，在哈萨克语中指"绿色的丛林"，它位于新疆阿勒泰地区，是这片千里画廊中色调最艳丽的风景。

这是一座因矿而生的小镇。

这里的矿脉，蕴藏着研制"两弹一星"的重要战略物资——稀有金属。

这里曾经被列为"国家机密"，几十年在中国地图上找不到它的名字。

这里记录着东大人用青春铸盾坚固国防的燃情岁月。

20 世纪中叶，关乎新中国国际地位、国家安全与民族尊严的国防事业，比任何时候都更为迫切地需要稀有金属。

"我们那地方是国家国防工业生产原料的非常重要的一级保密单位。从铍精矿、锂精矿和钽铌，作为国防工业、尖端工业的原材料，新疆可可托海，60年代、70 年代基本就那一家。"中国工程院院士、东北大学 1968 届毕业生孙传尧回忆道。

到边疆去，到厂矿去，到艰苦的地方去，到祖国最需要的地方去！ 1968

年 12 月，东北工学院选矿、机械系共 29 名毕业生被分配到可可托海，最大的 27 岁，最小的还不到 23 岁。

"1968 年底，我们响应党的'四个面向'号召，匆匆地告别了年迈的父母和亲人，翻过雪山，穿越戈壁，来到了遥远而神秘的可可托海。"回想起那段岁月，东北大学 1968 届毕业生朱瀛波充满深情地讲道。

年轻的东大人，就这样激情澎湃地登上了开往乌鲁木齐的列车。1969 年 1 月 4 日，天还没亮，他们就又从乌鲁木齐启程，乘坐一辆大客车北上。

可可托海的东大人

（前排右起：陈开姚、吴晓清、周秀英、陈享、张泾生、刘人辅。
后排右起：刘思业、王介良、孙传尧、周公国、余仁焕、朱瀛波）

大家只知道，将要前往的"新疆有色局第一矿务局"，地点在可可托海，乘坐汽车最少要 3 天，至于其他信息，都是秘密。

"有些重要的厂矿，比如一些选厂，都有代号，比如 8859 选矿试验厂、8766 选矿厂。"新疆有色集团原副总经理、东北大学 1968 届毕业生肖柏阳说。

到可可托海的前 6 年，大家有的被分到大雪封山后只能乘坐马拉爬犁的阿尔泰山腹地，有的被分到野外流动采矿，有的被分到偏远、零散的矿点，还有的被分到机械厂当工人、修理汽车。打草工、采煤工、磨矿工、磁选工……任务在哪里，东大人就在哪里。

新疆有色集团原副总工程师、东北大学 1968 届毕业生刘思业说："在可可托海，冻伤几乎不可避免，-50℃以下露天坑才停止作业，工作中有时不能戴手套，手触摸到铁器或矿石就会粘掉一层皮。"

肖柏阳工作路上遇到了暴风雪，差点被冻死，幸亏哈萨克族同事及时发现了他，救了他一命；张泾生下夜班骑自行车，从桥上掉入冰冷湍急的额尔齐斯河，自己在黑暗中爬上岸，自行车却留在河水中……

艰难困苦，玉汝于成。即使交通不便、食物匮乏，东大人却在这里安下了心、扎下了根。

同学们被先后从工人岗位调出来从事技术工作。

1975年，孙传尧院士（右一）在8859选矿厂搞锂铍矿石浮选分离科研工作，他正在看偏光显微镜

1974年，年仅30岁的孙传尧，在8859选矿厂改进流程，调整药剂，大大提高了低品位锂资源的利用率。在当时，品位如此低的原矿能得到这么好的精矿指标，在国内外绝无仅有。

1975年，8766选矿厂竣工后，因种种问题无法投产。作为技术总负责人和副厂长的孙传尧和同学同事们一起，完成了上百项技术改造，终于使选矿厂顺利投产。

"为了使选矿厂早日投产，大家夜以继日地干，加班加点是常有的事。有一年，选矿厂的尾矿库需要破冰，大家连春节假期都放弃了。"原长沙矿冶研究总院院长、东北大学1968届毕业生张泾生说。

1977年，孙传尧带领团队与广州有色金属研究院合作，负责选矿厂1号系统优先选铍、铍锂分离的实验和生产调试，获得成功后，系统立刻转入生产，开创了中国工业浮选生产绿柱石精矿的历史！

随后，余仁焕等与新疆冶金研究所合作完成了 2 号系统铍锂分离的工业实验，两项成果共同获得全国科学大会奖励。

一个个生产技术难题被攻破，稀有金属矿石从可可托海源源不断地被送往祖国各地，变成原子弹蘑菇云的红、氢弹火球的橙……绘遍了中国尖端工业的红橙黄绿蓝靛紫，使可可托海成为"两弹一星"的功勋地。

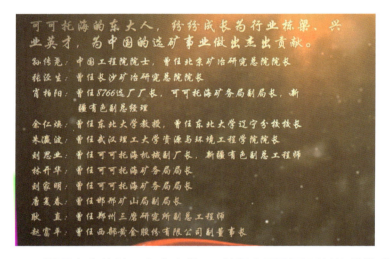

可可托海的东大人

据不完全统计，东北大学 20 世纪分配到可可托海的毕业生有 45 人之多，他们是：

丁　华　王介良　王文宗　王孝敏　王宗泗　邓荣洲
吕永信　吕富春　朱瀛波　刘人辅　刘　才　刘思业
刘家明　许鹏秋　孙传尧　李世杰　杨书良　肖柏阳
吴花秀　吴晓清　余仁焕　张文岩　张泾生　张德斌
陈开姚　陈　享　陈泽茂　武士琴　林开华　林钧合
林恒平　周公国　周秀英　赵富平　赵德君　钟良俊
姜玉苹　耿　直　钱启穆　唐复春　黄书春　黄治华
黄荣嵩　梁希昆　程勤培

在极端艰苦的条件下，他们扎根大地，百炼成钢，纷纷以一颗赤子之心加入中国共产党。

可可托海的东大人入党

人生易老天难老。当年东大拓荒勇士们拼着性命，熔铸了"吃苦耐劳、艰苦奋斗、无私奉献、为国争光"的可可托海精神。可可托海的东大人支撑新中国发出的那一声声震惊世界的呐喊，将永远镌刻在共和国的史册中！

【可可托海的东大人在 2021 年"讲述·东大人的故事"典型推介会上的访谈实录】

主持人：肖老，您好，回忆起在可可托海奋斗的岁月，您觉得那段岁月留给您最宝贵的财富是什么？

可可托海的东大人
在讲述活动现场

肖柏阳：可可托海是我上的第二所大学。我从工人师傅、老技术人员、领导干部的言传身教中学到了难得的学问和经验。在可可托海磨砺过的人，劳累、艰苦、压力都难不倒，面对金钱和物质的诱惑都不动心，这种"吃苦耐劳、艰苦奋斗、无私奉献、为国争光"的可可托海精神让我们受用一生。东北工学院培养了我，可可托海精神锤炼了我，没有在东北工学院受的教育，没有可可托海的磨炼，就没有我的今天。

主持人：谢谢您，肖老，可可托海的东大人，把最好的青春年华都奉献给了祖国的选矿事业。有的人扎根边疆，默默无闻一辈子，回想起那段岁月，大家会后悔吗？又有怎样的感悟？

肖柏阳：可可托海的东大人，以国家利益为重，以纯朴的感情扎根边疆，钻研技术，淡泊名利，甘愿奉献，他们为中国稀有金属工业创造了一个又一个的奇迹，为祖国"两弹一星"事业立下了不朽的功勋，为捍卫国家主权和民族尊严作出了巨大的贡献。我们都无比怀念可可托海，怀念那里的山、水和冰雪，更怀念那里人与人之间的温暖。奋斗的岁月最难忘，我们的青春没有虚度，像我们的 1955 届校友刘家明，曾任可可托海矿务局局长，他要求自己死后把骨灰也撒在可可托海！我们为曾是可可托海的一分子而自豪，此生无怨无悔！

主持人：可可托海的东大人，是可可托海精神的重要塑造者，完美诠释了"与祖国同呼吸共命运"的东大精神风骨，向你们致敬！让我们在新时代传承发扬可可托海精神，更好地担当起强国筑梦、助力中华民族伟大复兴的历史责任！

（文：王钰慧）

永不凋谢的情怀

——讲述东北大学"54 煤"班集体的故事

> 在那些写满奋斗的岁月里，"54 煤"的品格，融进了血脉风骨；"54 煤"的精魂，挺起了共和国采煤业的脊梁。

在东北大学采矿学馆门前矗立着这样一块刻有"感恩"的石雕。2015 年 11 月 27 日，数十名已入耄耋之年的"54 煤"校友荣归母校，为学校捐赠了这块寄托着"54 煤"校友对母校深深眷恋和美好祝愿的"感恩石"。

在东北大学的历史中，"54 煤"是一个具有着特殊意义的集体，从这个集体中走出一位中国工程院院士、30 余位大学教授、60 余位总工程师，他们为国家采煤事业的发展作出了巨大的贡献。

一腔赤诚报国的热血——为国转系

新中国成立后的第一个春天，一群热血青年登上了北上的火车。彼时的新中国，百废待兴，急需建设；彼时的中国青年，像刚挣脱了牢笼的鸟儿，对建设美丽的新中国充满了憧憬、向往与力量。

"感恩石"捐赠仪式合影

"国家百废待兴，但必须地质、采矿先行！否则其他的什么行业都干不了。"在结束 3 个月的政治学习后，正当大家都在憧憬着如何攻读自己喜爱的专业时，林干副校长向大家作动员报告，号召大家转去学习祖国最需要而人才最紧缺的采煤专业。

煤矿俗称"四块石头夹块肉"，采煤这样的专业，又脏又累，成天见不到阳光，关键还不安全。

利在一身勿谋也，利在天下必谋之。明知专业困难艰苦，但面对党和国家的需要，这 106 名同学依旧毅然"为国转系"，选择了采煤这个"艰苦专业"。王友佳同学说："我原来报的是化工系，对于江浙的南方学生来说，采矿太陌生了，甚至还有种恐惧感。但经过政治学习后，怕苦怕累的思想早就不存在了，既然国家需要，我就毫不犹豫地报名转到采矿系，这就是我人生的第二个转折点。"后来王友佳成为中国东煤企业集团的总工程师，用执着与坚守为我国煤炭事业作出了卓越贡献。

更难能可贵的是，在这个集体中还有 10 名英姿勃发的女同学。"采矿业一直是男性的天下，我们将是新中国第一代的女采煤工程师。解放了，男同志能干的事，我们女同志也能干！"就这样，她们纷纷转入采煤专业，成为我国第一批"入地"的女性高级技术人员，这在全世界都是绝无仅有的存在。

一份从未褪色的使命——求学上进

新中国的成立让每一个人欢欣鼓舞，大家恨不能使出浑身解数投入到为祖国繁荣的建设中。

"54 煤"班的同学把自己日益高涨的爱国热情都用到了课程学习上，争先恐后地将学好本领视为最重要的头等任务。他们对自己高标准、严要求，利用分分秒秒的时间抓紧学习，绝大多数人大学四年的寒暑假都没有回过一次家。

"54 煤"同学在进行
论文答辩

学习采煤专业从来都不是容易的。据王家琛回忆："下井实习的时候，上了一个班也未把眼打完，却累得浑身骨头都散了架。506 凿岩机很重，打顶眼时用手抬不住，只能用头顶着，另一个人扶着，第三个人推着，压气机一开，三个人同时抖着。机器的噪声也是满耳灌着，上井之后脑袋里还嗡嗡地响。"

"向祖国汇报成绩，绝不允许任何一名同学掉队"，这是"54 煤"班从入学初就喊出的口号。有一次考试，一名同学的电工课只有"及格"成绩，同一个小组的同学都十分着急，后来电工课的课代表用几个月的时间给他讲了三遍，他的成绩才上去。

一个人先进总是单枪匹马，众人先进才能移山填海。

向"54煤"学习的文件

1954年4月，东北工学院召开了一个鲜有的表彰大会。全校师生席地而坐，共同听校长宣读了《关于介绍五四采煤甲乙两班学习经验的通令》。有了强大的爱国精神支撑，政治、业务双过硬的"54煤"很快就成为全校学习的先进典型。

就这样，这群充满使命感的青年不断地进步与成长。他们人人追求进步，个个追求入团入党。在"54煤"革命的熔炉和摇篮中愈发坚定，都树立了祖国利益高于一切的人生观。

一种永不凋谢的情怀——无悔人生

时光荏苒，白驹过隙。"54煤"的同学们于1954年7月29日结束了大学生活，各自怀揣着理想抱负走出了校门，争相到环境最艰苦但祖国最需要的地方生根发芽。

一个人该以什么样的姿态回应青春？"54煤"用他们的一生给出了答案。

跨越半个多世纪的时空隧道，"54煤"如同星星之火，投身建设祖国的伟大浪潮中，在各行各业扎根、开花、结果，为国家建设发展和改革事业作出了突出贡献。

据不完全统计，在106名同学中有：中国工程院院士1名；司局级干部12名；教授23名，其中博士生导师9名；副教授7名；教授级高工14名、高工24名；高级讲师2名。包括：中国工程院院士钱鸣高、原东北工学院党委书记费寿林、著名岩石专家徐小荷、东北大学第一位女博导林韵梅、科技哲学泰斗陈昌曙等一批杰出人才，他们都是"54煤"精神的缩影，而"54煤"也只是东大人敢为人先、实干报国的一个缩影。

采矿系教师介绍
"54 煤"学习经验

　　"热血青年　献身矿业　刻苦学习　敬业报国　饮水思源　感恩母校"。如今，"54 煤"的前辈们渐渐老去，而承载着"54"煤宝贵精神财富的"感恩石"留在了东北大学，它坐观着东北大学的飞速发展，也激励着一代代东大学子自强不息，砥砺前行，为国奋斗。

（文：李皓然）

为地球装上岩爆预警"听诊器"

——讲述深部金属矿山安全开采教育部重点实验室党支部的故事

托起深部开采的平安梦，做矿山安全的守护神。向地球深部进军，为防控灾害运筹帷幄，为培养人才尽心尽责，把光与热奉献给祖国！

深部金属矿山安全开采教育部重点实验室党支部合影

向地球深部进军！习近平总书记的号召，将人们的目光引向地球深部。抚顺，红透山铜矿，中国有色金属的支柱型企业，1000 米，1500 米，1659 米，企业不断挑战极限，刷新金属矿山深部开采纪录。这种勇气和自信源自他们身后强大的安全保障团队——东北大学深部金属矿山安全开采教育部重点实验室。

实验室副主任李元辉表示："地下采矿超过 800 米，情况就十分复杂，岩爆等地压问题突显。我们实验室一直努力研发岩爆监测技术和控制方案，为矿山安全生产保驾护航。"

2010 年，东北大学面向国际学科前沿、面向国家重大工程、面向国民经济主战场，成立深部金属矿山安全开采教育部重点实验室，吹响了向地球深部进军的号角。

"实验室党支部自成立之日起，就确定了围绕实验室建设中心工作开展党建的思路，凝心聚力，大团队创新，全力支撑向地球深部进军，为深部岩体工程解决实际问题。"实验室党支部书记杨成祥说。

通往地球深部的路充满艰辛。深地开采极易诱发大体积塌方和岩爆等灾害，对国家财产和生产安全造成重大威胁。实验室积极承担国家重大工程项目，深入一线，监测安全隐患，寻找破解方案。

在海拔 3500 米的高原深埋隧道监测时，姚志宾等人直面强烈的高原反应和频发的岩爆，不断自我调整，最终适应了环境，投入紧张的工作。在三山岛金矿工作的安龙博士，每天要花 50 多分钟的时间坐矿车到 900 多米深的矿底，在高温高湿、环境恶劣的井下工作四五个小时。但想到能为矿山解决实际问题，他认为所做的一切

支部成员在隧道现场查看围岩情况

支部成员在工程现场

都是值得的。

"现场工作条件艰苦，为了坚定大家报效祖国的理想信念，党支部积极开展传承'54 煤'精神、责任使命教育、健康减压等丰富多彩的活动，润物无声地培养全体党员的奉献精神。"实验室副主任张凤鹏说。

实验室人员频繁出入埋深 1000 多米的深部采场，探索出新型采矿方法和开采技术，为深部资源安全、高效、绿色开采提供技术支撑。

海拔在 3500 米的世界上首座高原上的重度岩爆隧道，缺氧严重，岩爆问题突出，施工难度极大，施工风险高，使人产生畏惧心理，作业队伍更换 7 次。攻关小组从研发设备揭示机理到软件开发并现场长期连续监测，采用先进的岩爆监测预警和控制方案，为隧道装上岩爆预警"听诊器"，保障了施工安全，施工队伍稳定，开挖速度提高 20% 以上。

党建护航，攻坚克难。实验室强调原始创新性研究，自主研发出高压硬岩全应力应变曲线真三轴装置等系列化的深部工程科学实验设备，成为深部工程安全的"守护者"，并创造了巨大的社会效益和经济效益。

你若花开，蜂蝶自来。"国际非常规地质力学研究中心""中加深部开采创新研究中心"等国际科研机构相继成立。实验室"以我为主"的国际合作模式，吸引了美国、挪威、加拿大等国众多顶尖专家学者参与实验室工作。

实验室在不断取得重大科研成果的同时，还积极为青年人提供参与实践的机遇，搭建高水平科研平台，让他们在真刀真枪的实战中健康成长、快速成长。刘造保教授、王者超教授、徐帅副教授等一批优秀青年教师在实验室快速成长为科研骨干，成为向地球深部进军的生力军。近年来，团队新增中国工程院院士 1 名、国家优秀科学基金获得者 1 人、入选省级高级人才 5 人次。

随着科研团队的壮大、实力的增强，实验室不断拓展新的研究领域，正向着页岩气开采、深部地热开发利用、交通隧道工程、油气地下存储、水电工程等更广阔的领域阔步前行。

一流的团队，培养一流的学生。实验室坚持以本为本，支部党员模范典型，实验室主任、中国工程院院士冯夏庭教授带领大家梳理并顶层设计规划了 11 门本科课程建设与系列教材更新建设；通过大学生走进实验室、本—硕—博传帮带等机制培养学生。毕业生年年都是就业市场的"抢手货"。

实验室老教师田军表示，"我从事实验室工作已经 36 年，亲眼见证了实验室的快速发展。我全身心地投入工作，就是源自对这个集体的热爱。人们都说我是实验室的老黄牛，其实，每个人都把实验室当成自己的家，无私奉献，兢兢业业！"

2017 年党支部被评为辽宁省先进党支部，2018 年被评为全国党建工作样板支部。这是一个充满生机和活力的集体。在这里，个个都是精兵，人人都是先锋。他们正向着"国际一流科研机构和顶尖人才培育中心"的目标奋勇前进！

【深部金属矿山安全开采教育部重点实验室党支部在 2019 年"讲述·东大人的故事"典型推介会上的访谈实录】

深部金属矿山安全开采教育部重点实验室党支部成员代表在讲述活动现场

主持人：深采的工作环境真的很艰苦，那你们是如何凝聚人心，打造出战斗力这么强大的队伍的呢？

杨成祥：其实，今天条件再艰苦，也比 70 多年前要好很多。当年，老一辈东大采矿人本着"国家需要就是我们努力的方向"的理念，义无反顾地奔赴矿山生产一线，艰苦奋斗，为祖国建设贡献青春。他们用行动凝练出的"54煤"精神，给我们留下了宝贵财富。我们要做的就是弘扬这种精神，坚守老一辈采矿人的初心，勇担矿业强国使命，使得以拼搏进取、精忠报国为核心的"54 煤"精神深入人心，成为实验室创新发展的动力之源。

主持人：说得真好，"国家需要就是我们努力的方向"。那沿着老一代开辟的深采之路前行，实验室又取得了哪些创新成果呢?

李元辉：在继承和传承老一代优良传统的同时，一代代采矿人深入矿山第一线，深耕科研，通过原始创新，研发出一系列具有自主知识产权的深部岩石力学真三轴试验机、采矿新技术和安全监控设备，为矿山安全、高效开采提供了重要理论和技术支撑。

主持人：有你们支撑起安全的"保护伞"，中国企业向深部进军一定更有底气了吧?

杨成祥：我们的技术已经成功应用于众多的深部岩体工程，取得了巨大的经济效益和社会效益。实验室立足自主创新，形成了良好的可持续发展态势。当前，习近平总书记提出"向地球深部进军"的号召，作为有着光荣爱国传统的东大采矿人，我们必将积极响应，勇往直前。

主持人：铿锵有力的四个字——勇往直前，那实验室今后的努力方向是什么呢?

李元辉：目前实验室在冯夏庭教授的带领下，通过顶层设计、多学科交叉，着力打造一支国际化科研团队。现在，我们正全力投入电爆破、微波破岩和智能开采的开创性研发工作，努力用机械化、自动化、信息化和智能化新技术更新、升级传统的采矿工艺，推动和引领中国采矿业向深地进军，努力成为世界上深部资源开发的"领跑者"!

（文：张广宏、刘宇豪）

耕耘·收获·堡垒

——讲述冶金学院有色金属冶金研究所党支部的故事

> 旗帜凝聚力量，表率就是担当。合力育人，汲取集体的智慧；硕果满枝，闪耀科研的荣光。众人划桨开大船，众人拾柴火焰高！

2016年6月，长江中下游地区连降暴雨，安徽池州段水位持续上涨，多处堤坝告急。此时，冶金学院有色金属冶金研究所党支部书记杨洪英正带领4名党员在池州冠华冶炼厂进行着紧张的实验。"我们的住处离长江只有一公里，当时真是很害怕。但实验正处于最关键阶段，如果停止，整个项目将前功尽弃。最后我们决定，我们不能撤，东大人决不能撤。"杨洪英说。

有色金属冶金研究所党支部成员合影

有色金属冶金研究所党支部是一个由90多名党员组成的大家庭。凝心聚力、团结协作是支部最鲜明的标识。学生生产实习，老师们争着帮助联系单位；年轻人经验少，老教师就主动传帮带；为帮扶困难学生，筹集善款近20万元……

刘燕老师负责一项"铁水脱硫"的大实验，由于人手短缺，支部成员纷纷来到实验室帮忙，从早忙到晚。一次，吕国志老师在帮忙搬运铁矿石时，砸断了大脚趾。"当时非常严重，医生说大脚趾可能保不住了。"刘燕说。幸运的是，缝了50多针，住了20多天院，脚趾保住了。伤口刚好，吕国志就急忙返回实验室，继续帮忙。"遇到困难的时候，党员们就要拧成一股绳，只有大家一起努力才能做成事儿。"吕国志表示。

助推青年人成长成才是支部建设的重要着力点。听课制度、工程实践培训制度、优秀教师交流座谈制度等特色制度，为青年人搭建了成长的"快车道"。

自2015年听课制度实施以来，党支部青年教师每学期至少听课2次，12人听课8门，教学能力显著提升。研究所青年教师胡宪伟是听课制度的直接受益者。"通过听优秀教师的课，我学到很多新颖的教学方法，并将这些方法运用到我的课堂上。""以前胡宪伟老师的课，更多的是建立起了一个骨架，而现在骨架以外又加上了血和肉，整体和细节都更完整了。"孙树臣老师深有感触地说。

工程实践是提升科研能力的重要途径。党支部要求每人每年必须在工厂工作30~40天，真正"将论文写在生产线上，将科研成果转化在厂房车间里"。"夏天，厂房35~36 ℃，我们都穿上制服，中暑时有发生。"冶金学院博士研

有色金属冶金研究所党支部青年教师正认真听课

究生陈桥表示，"在矿山，住在板房里，老鼠在头上来回跑，我们都成了捕鼠能手。""虽然条件艰苦，但从生产一线摸索出问题再进行课题论证，是最好的科研锻炼。"青年

教师佟琳琳表示。

在哪里耕耘，就在哪里收获。近年来，党支部在科研团队形成、科研平台建设、科研成果产出等多方面均取得重大突破，根据国家科技发展战略需求和自身特点建立了6个研究中心，集中优势力量搞科研攻关，取得了一系列重要成果。在2017年科技部组织的国家重点实验室评估中取得了优秀的成绩。先后荣获国家科技进步奖二等奖、国家技术发明奖、日内瓦国际发明展金奖，承担"863计划""973计划"国家自然科学基金、校企合作项目270余项，发表论文710余篇，获发明专利152项。

党支部通过交流访问、合作研究等手段促进学术交流，积极邀请国外专家来校进行讲学和短期合作交流，先后组织了校庆百场报告会暨"靳树梁讲座""靳树梁—青年学者讲座"等专场讲座多场，实现了"每月都有国际前沿

有色金属冶金研究所党支部教师与外国专家开展学术交流

讲座"的建设目标；积极争取国家公派留学生项目支持，大力支持博士研究生向国际会议投稿并参会，努力培养具有国际视野的高素质冶金人才，目前已有8名博士研究生到国际一流大学或科研机构学习。

"党支部为每位党员搭建发展平台，特别对于青年教师和博士生，要给他们营造良好的发展环境，让他们健康成长、快速成长。"杨洪英表示。

征程万里风正劲，重任千钧再奋蹄。有色金属冶金研究所党支部紧紧围绕立德树人、教书育人的中心工作开展党组织各项活动，将支部党建工作与专业建设、学科发展相融合，全面提升党建基础、党建质量、党建水平，不断发挥基层党组织的战斗堡垒作用和党员的先锋模范作用，真正将政治优势转化为发展优势，亮出了新时代样板支部的新风采。2018年，党支部入选全国党建工作样板支部。

有色金属冶金研究所
党支部开展爱国主义
教育活动

　　样板引领，众志成城；初心不改，成绩斐然。有色金属冶金研究所党支部将继续选准党政所需、党员所盼、群众所求、支部所能的结合点和突破口，提升组织力、增强育人力、凝聚向心力、提高创新力，以行动镌刻初心，用奉献诠释担当，争取探索出一套可复制可推广的新时代基层党组织建设模式，为新时代基层党组织建设添砖加瓦。

【有色金属冶金研究所党支部在 2017 年"讲述·东大人的故事"典型推介会上的访谈实录】

　　主持人：杨老师、刘老师，我们党支部是一个非常具有凝聚力和战斗力的堡垒，这个堡垒是怎么形成的呢？

　　杨洪英：我觉得最主要的是树立"正气"，"做事先做人"，每个人都要身正、心正；另外，就是要将支部建设与业务工作紧密结合，让每位党员在活动中学有所得、学有所用，提升大家的归属感和获得感；再有就是党支部委员要以身作则，真正带好头、当先锋，只有你做到位才能带领别人做到位。

　　主持人：刘老师，您觉得呢？

　　刘奎仁：我觉得支部取得这么多成绩首要得益于我们有个好带头人——杨老师。有一次，我们所的一个毕业生得了胶质瘤，医疗费用昂贵。我们知道后，向他捐款 3 万元，杨老师自己出了 1.5 万元。

主持人：杨老师，您对学生有很深的感情。

有色金属冶金研究所党支部
在讲述活动现场

杨洪英：培养学生是教师的天职，我们有个理念"把学生当成自己的孩子"，每个党员都要成为学生成长的领路人。去年，我们实施了联合班导师工作制，充分发挥班导师育人合力。刘奎仁老师在这方面做得很出色。

主持人：刘老师，您给我们说说？

刘奎仁：去年 9 月，我们 5 位党员教师开始担任冶金 1404 班班导师，我们调查发现这个班级的同学在打游戏上浪费的时间太多，班级整体成绩落后。我们决定先从抓学风入手。我们组成一个监督组，每天晚上安排 1 个人到学生寝室督促他们去教室上自习。到期末时他们班级成绩提高很大。为了激发学生的学习动力，我们五个人自己出钱成立一个"学习进步奖"奖学金，专门奖励学习进步幅度大的同学。现在，这个班级学风得到较大改观，有一半的同学正在准备考研。我们感到很高兴。

（文：李晨、迟美琪）

党建引领　双剑合璧

——讲述全国高校"双带头人"教师党支部书记工作室电气工程系第一党支部的故事

　　把支部建在项目上，把思政融入课堂中，把成果应用到经济社会的主战场，让党旗在教学科研一线高高飘扬。优化电力供求的平衡器，透视石油管线的千里眼，你们用真知力行亮出"党建＋科研"的双剑！

　　云南的冬季，湿冷异常。达仁村完全小学唯一的太阳能热水器无法达到加热要求，日常用水冰冷刺骨。

　　信息学院电气工程系第一党支部发挥科研优势，仅用5个月时间就设计制造并安装了一套高效节能的加热设备，让山里孩子在寒冷的冬季第一次洗上了热水澡。

　　这是"党建＋科研"的生动实践，是党支部集体智慧的完美展示。

　　1996年，张化光教授组建东北大学信息学院电气自动化研究所，并成立党支部。

　　党支部打造"党建＋科研"工作模式，将"支部建在项目上"，激发了支部成员承担国家重大项目的勇气和科技报国的信心。

　　1997年，刚刚组建的研究所，经过无数次的方案打磨，击败众多强大对手，获得了沈阳电业局"马路湾集控站开发"项目。打响了科研第一枪，科研项目接踵而来。

在胜利油田管道泄漏检测项目研发的关键阶段，支部党员和同事一起，沿着油田几十公里的管线收集数据。一干就是两个月。

教育部教师工作司司长听取科技扶贫汇报

"我们在做内检测实验的时候，在海上遇到大风浪，在无人值守的平台上，又冷又饿地坚持了一个晚上，第二天才有船把我们救下去。"支部党员刘金海说。

党员率先垂范，脚踏实地，持续攻关。2007年、2010年、2020年先后获得国家

电气工程系第一党支部在云南

科技发明奖二等奖、国家科技进步奖二等奖、国家自然科学奖二等奖。

心有大我，至诚报国。共同价值的形成，源自支部长期坚持的学习制度。党支部落实"三会一课"，实行"1+4"创新组织生活模式，激发组织生活活力。

众多行业大咖和企业老总走上支部讲台。全体成员在学习中了解国家政策和学科前沿，发现新问题，寻找新项目。

信息学院党委书记武建军表示，信息学院党委作为全国高校党建工作标杆院系，培育出以电气工程系第一党支部为代表的优秀基层党组织。支部充分发挥战斗堡垒作用，以信仰凝聚力量，以楷模引领前行，集智攻关，勇于创新，

以出色的工作业绩书写出有厚度的"党建答卷"。

面向国计民生和国家安全的重大需求，研究所发现了分布式动态系统的协同控制理论，为大型复杂工程提供关键技术保障。

近年来，研究所共实施 30 余个创新项目，一批批学生从这里开启科研人生。

"每一个科研项目，都是一次集体战役。在张化光教授的带领下，支部党员冲锋在前，攻坚克难，努力出大成果，见大效益。"支部书记杨东升说。

这是一个团结向上、充满创新活力的集体。在这里，每个人都有自己的项目，都有自己的梦想。

电气工程系第一党支部合影

在教学工作中，党支部积极开展课程思政，引导学生面向国家需求，勇攀科研高峰，把论文写在祖国的大地上。

"我们把家国情怀、科学精神等思政元素融入课堂、融入教学，实现了知识传授、能力培养、价值引领的有机统一，提高了育人效果。"支部党员冯健说。

2018 年，张化光教授领导的电气自动化研究所入选首批"全国高校黄大年式教师团队"，电气自动化研究所党支部（现为电气工程系第一党支部）入选首批全国高校"双带头人"教师党支部书记工作室。面向未来，党支部将积极响应建设"世界科技强国"的号召，向着更尖端的科技前沿进军。

【电气工程系第一党支部在 2021 年"讲述·东大人的故事"典型推介会上的访谈实录】

电气工程系第一党支部在讲述
活动现场

主持人：从片子中了解到，咱们支部是主动申请参与昌宁扶贫项目的，您当时的想法是什么？

杨东升：在脱贫攻坚的关键时期，我们希望发挥党支部的科研优势，为脱贫事业尽一份心，出一份力。确定开展冬季供热水项目后，支部成员积极参与，提供了十余套解决方案。最终采用空气能技术彻底解决了寄宿学生用热水难的问题。

当前，针对昌宁县新建的 249 亩①姬松茸种植菌棚，已经研发了一套控制设备，希望能够更好地调控影响菌菇生长的关键要素，帮助村民实现增产增值，助力乡村振兴。

主持人：参与乡村振兴，是党支部的主动担当；积极服务国家战略，是黄大年式教师团队的行动自觉。听说咱们又获得了一个重大科研项目？

杨东升：是的，2019 年研究所牵头获得了国家重点研发计划"变革性技

---

① 亩为非法定计量单位，为保留采访者语言习惯，此处保留该用法，本书其他章节"亩"同此。

术关键科学问题"项目，总经费 3627 万元。面对我国亟须解决的"更多能源"需求和"更低碳要求"的双重挑战，项目组将开展综合理论与技术问题研究，为我国发展变革性节能降耗技术奠定核心基础。

主持人：将支部建在项目上，是支部的特色党建模式，取得了良好的育人效果。刘教授，能谈谈您的感受吗？

刘金海：我们支部每个科研项目都有一个负责引领攻关的党小组。在党员的带领下，大家积极投入到项目之中，在实战中积累知识，锻炼能力，心怀大我，至诚报国。从读研究生开始参与具体项目，我在实战中一点一点历练成长，从参与者逐步变成了项目的第一责任人，成为项目育人的直接受益者。我们支部每个人都像我一样，是在参加项目的过程中成长起来的。

主持人：请两位各用一句话谈谈对支部未来的期待。

刘金海：党建引领，科研攻坚，必将激励我们攻克更多科研难题，取得更多科研成果。

杨东升：我们将以黄大年精神和劳模文化为支撑，向着更高的目标前进，用党建和科研的丰硕成果，助力学校一流大学建设！

主持人：党建引领，双剑合璧，相信党支部一定走得更好，走得更远。谢谢两位老师。

（文：张广宏）

挺起东北大学新坐标

——讲述浑南校区建设者的故事

> 美轮美奂的校园建筑，是你们心血的"建证"；有情有义的师生笑脸，是颁给你们最美的勋章；"5+2""白＋黑"，栉风沐雨，开疆拓土写传奇；舍小家，顾大家，披星戴月，筑梦东大谱新篇。

1300 多个日夜，

每天 40000 步，

6791 根桩，

8000 名学子的守候，

50000 名东大师生的期盼……

从一片黄土到卓然而立，他们挺起了东北大学新坐标！

夕阳西下，暗夜飘然而至。坚实的背影渐渐模糊在夕阳的余晖里。

火热建设中的浑南校

浑南校区建设现场（一）

区工地里，机器轰鸣，塔吊林立，拔地而起的图书馆、教学楼、宿舍、生活服务中心，让人心潮澎湃，更让人憧憬向往。这 1337.55 亩土地上的变化，是东北大学跃升发展的最好诠释，更是新校区建设者辛勤付出的最好回报。

"1300 多个日日夜夜，'5+2''白 + 黑'的工作模式，每一个巧妙的创意，都加速了一栋栋建筑的崛起。我们既是建设者，也是见证者。"基建处原处长金畅如是说。

早上 7 点，李久存简单吃过早餐就开始了一天的工作。和工友们巡视工地已经成为日常习惯。5 公里的路程，李久存三年来每天至少要走 4 次。如果不实地看一看，他就觉得心里不踏实。

沙尘、毒草使很多人都患上了过敏性鼻炎。因为没有遮挡阳光的地方，太阳照下来，地面像蒸笼一样。但每一位建设者都干劲十足，工地上每天都上演着一段段感人至深的故事。

余祖国因为长期紧张工作，积劳成疾，患上甲状腺结节，手术后 7 天，就急忙返回了工地。作为新校区建设者中少有的女将，吴真洁和其他战友们一样都是"舍小家，顾大家"。家里的两位老人相继去世时，她依然坚守着岗位。

浑南校区建设现场（二）

上千张修改的图纸，几十本工作笔记，都是东北大学新校区发展的见证。

工期紧，建设者们就牺牲自己的时间来弥补，加班加点；质量要求高，建设者们就千方百计地创新工作、保证高水平完成。

基建处原处长马立晓每天吃住都在新校区，经常半夜一两点还拿着手电在建设工地上巡查，新校区的每一层楼、每一个房间都有他巡视的足迹。

同样是晴天一身灰，同

样是雨天一身泥，同样是白了鬓发黑了皮肤，同样是熬红双眼平添疾病。马立晓告诉记者："这支团队每天带给我的不只是信心和力量，还有更多的惊喜，更多的感动。"

在亲人眼里，他们也许不是尽职的丈夫妻子，不是尽职的爸爸妈妈，更不是尽孝的儿子女儿，但他们无怨无悔，因为他们在彼此心中都是尽职尽责、顶天立地的建设者。

2012 年 11 月 8 日，新校区打下了充满希望的第一根桩。

2012 年 11 月 27 日，新校区开工奠基仪式隆重举行。

2012 年 12 月 25 日，圣诞节的夜晚，新校区打完最后一根桩。

浑南校区建设现场（三）

2013 年 5 月 27 日，浑南校区主体工程开工。

2014 年 9 月 25 日，东北大学首批六个学院顺利入驻。

2015 年 7 月 23 日，软件学院首批学生顺利入驻。

破解发展空间瓶颈，改善办学条件，实现协调发展的战略布局，浑南校区建设是东北大学历史上创造的前所未有的重大奇迹。

浑南校区建设者合影

【浑南校区建设者在 2016 年"讲述·东大共产党人的故事"典型推介会上的访谈实录】

主持人： 不知道为什么，一看到二位，脑海中就闪现三个字"新校区"。大家都知道新校区建设时间紧、任务重、困难多，那我们是如何克服一切困难，实现又好又快的建设呢？

金畅： 完成这个任务的确是一个挑战。新校区建设通常需要 5 到 7 年时间，而我们东大新校区起点高，由国内 8 名顶尖大师设计，建筑复杂、施工难度非常大。不打破常规，不突破创新是难以完成建设任务的。我们克服种种困难，从管理到技术等各个环节都进行了有效的创新，简单地说就是将传统的串联方式改为并联方式，各项工作并行开展；同时，大家几乎放弃了所有的节假日，日夜奋战，仅用短短的两年时间就建成新校区。

浑南校区建设者
在讲述活动现场

主持人： 在众多的困难中，您认为最有挑战性的是什么？

金畅： 新校区建设的难度非常大，最难的首先是创新突破，我们完成了 2 本几十万字的基建工作指导书，这给基建工作创新奠定了坚实的理论基础。

还有一个突出的难点是冬季施工，尤其是建设初期的桩基础施工，开创了沈阳地区大园区冬季施工的先河，当时零下几十摄氏度的恶劣环境，对机器的负荷和人的体能都是严峻的挑战。马处长带领基建处同志连续 50 多天、24 小时轮流值守在工地，严格把关。在风雨操场施工过程中，他及时发现有 77 根桩存在质量问题，并及时返工以确保工程质量。

我们始终以这种精益求精、严格把关的理念来确保施工质量和施工进度。类似这样的情况还有很多。我们都说马处长的大脑是"云计算中心"，眼睛是"火眼金睛"，处理复杂问题和发现质量问题的能力特别强。施工方都说这回是遇到"行家"了。

马立晓："行家"可不敢当。建筑工程管理技术每天都在发展，是一门活到老干到老的行业，因此，我永远是个学生。

主持人：刚才金处提到了工程进度与工程质量，那我们是怎样同时兼顾两者，又节省资金，让设计方案真实如期呈现的呢？

马立晓：打破常规就要敢于做别人不敢做的事情。比如，我们克服了重重困难，率先在沈阳市推行实施建筑工程招标拦标价，这一项改革，为学校节约了大约 1.5 亿元的资金；利用市场机制解决土方调整问题，没花一分钱把整个校区平均垫起来两米多高，为学校节省了 6400 多万元；我们未雨绸缪，提前一年多时间与电力设计部门进行了供电方案谈判，最终结果对学校非常有利，直接节省了 4000 多万元；金处长和吴真洁工程师负责的设计优化工作，有效地提高了成本控制和建设速度，仅生活服务中心一项工程就节省了 3000 多万元。在新校区建设期间，累计为学校节约近 3 亿元建设资金，比国家批准的投资估算还少 1.5 亿元。

另一方面，我们通过人性化管理，运用各种激励机制使大家始终以饱满的工作热情投入到新校区建设中，确保新校区又好又快地建成。

主持人：确实是，新校区建设创造了很多不可能。据我了解，您当时基本上吃住都在新校区。那您最长多少天没有回家？

马立晓：最长有 40 多天吧。

主持人：在新校区建设过程中，最让您兴奋的事是什么？

马立晓：要完成任务，就要打破常规。而要打破常规，每天都会出现意想不到的困难，有些甚至是无法克服的，但通过艰苦、执着地付出，最后都被一一解决，并顺利地完成工期，按时保证了 6 个学院的顺利入驻，这应该是我们所有建设者最兴奋的事吧。

（文：杨明）

每个人都了不起

——讲述东北大学战"疫"人的故事

> 一声号令，你们挺身而出，冲锋在第一线；众志成城，你们果敢坚毅，战斗在最前沿。舍小家，顾大家，每个人的担当奉献，构筑起校园战"疫"的钢铁长城；一个个守望相助的瞬间，镌刻出东大战"疫"人最美的精神画卷。守校园一方净土，保师生健康平安！

2020年1月，新型冠状病毒肺炎疫情突然来袭。习近平总书记在中共中央政治局常务委员会会议上强调，生命重于泰山、疫情就是命令、防控就是责任，明确"坚定信心、同舟共济、科学防治、精准施策"的总要求。党中央带领全国人民迅速打响疫情防控的人民战争、总体战、阻击战。

党旗飘扬

东北大学党委高度重视，坚决贯彻落实党中央、国务院和教育部、辽宁省决策部署，面向全体师生，第一时间构建起由防控工作队伍、防控经费、防控物资、校园安全管控措施以及后续的返校复学方案等组成的防控网络，为学校打赢防控阻击战打下了坚实基础。

在疫情面前，全校师生没有丝毫退缩和犹豫，团结一心、同舟共济、群防群控，以行动显忠诚、显初心、显使命，涌现出许多感人的事迹。

后勤的采购人员想尽一切办法采购食材和防疫物资，为了安全起见，以食堂为主的工作人员近两个月不能回家，他们从冰天雪地到春暖花开，将热腾腾的饭菜送到学生们的手中。

学生管理部门与校办、后勤管理处、校医院、公安处和场馆中心紧密协作，每天为留学生测温，定期配发口罩，提供订送菜、理发、取快递等服务。尼日利亚籍留学生桑未麦在接受央视采访时说："真的不太容易，他们也有家庭，还来这边照顾我们，特别辛苦，所以我想感谢老师和学校，对我们很好。"

全体学生工作队伍都冲锋在第一线，构建 5403 人的网络树状工作结构，发布防控通知 202 条，开展各类摸排 76 轮次，发布专题微信推送 43 期，攻坚克难，不分昼夜，担负起守护的责任。通过开展与健康教育相关的 130 余个精品教育项目，110 余期网络课堂，2 万余人次的谈心谈话，确保了学生群体身体健康。

2020 年 2 月 24 日，468 门课程、348 名教师、31400 余人次本科生同时在线开课。为了实现这一目标，老师们克服了重重困难，学会了平台的使用方法，顺利地完成了线上教学。由于超长时间盯着屏幕，有些老师的视力出现了明显的下降，原本就有的颈椎病加重了，但是老师们没有怨言，因为"课大于天"的理念已经深深地扎根于他们的内心。

家住海拔 3700 米西藏山南市的藏族学生扎西顿珠收到上网课的通知后就开始在家里找信号好一点的地方，最终在他家房

扎西顿珠在屋顶学习

顶找到了信号，但是信号断断续续的。后来，辅导员老师帮他申请流量补助金，任课老师也在业余时间帮他补习功课，还有班长帮他录制课程视频，舍友跟他一起交流学习心得，最后他的课程一点都没有落下。

2020年5月10日，我校首批博士研究生顺利返校，中央广播电视总台进行了现场直播。学校采取学生申请、导师同意、学院审核和研究生院备案四个环节，研究生院将所有的返沈信息和学生信息下载汇总之后提供给各个部门，以便返校工作的顺利开展。

抗疫志愿服务现场

学校积极响应党和国家"稳就业""保就业"的号召，迅速制定了疫情防控期间就业工作预案，启动了"云服务"就业模式，实现线上线下协同办公，保证疫情期间学生就业服务工作不断线。全年共举办了1300场各类招聘会，4000余家用人单位实现了线上线下招聘，全力促进毕业生充分高质量就业。

医院的医护人员天天处于备战状态，他们要做好隔离点的医务保障工作，遇到学生发热要第一时间赶到现场。2020年冬天全员核酸检测时，有的老师下了夜班还要连续工作十几个小时。当时天气特别冷，在给每一名师生采样之前医护人员都要用大量的消毒液进行手部消毒，就好像泡在冰水里一样凉，有的老师肚子疼得直不起腰，还有的老师得了严重的荨麻疹，在密不透气的防护服下病情更加严重了，但无论遇到什么样的困难，他们都没有一个人退却。

核酸检测现场

2020 年寒假学生返乡前一天晚上的 9 点，信网办接到任务——开发预约系统，第二天早上 5 点必须启用。信网办全员上阵，终于在凌晨 4 点预约系统成功上线。疫情之下，他们放弃休息休假，开发系统的响应时间从 7 天缩短到 3 天，最后到几个小时。秉持着这种精神，他们不仅支撑了学校的疫情防控，还打赢了信息化的攻坚战。

在疫情防控工作中，学校党委始终把广大师生的生命安全和身体健康放在第一位。学校领导下沉一线检查指挥，各部门协同联动，师生员工积极配合，以实际行动守护校园一方净土，彰显了东大精神、东大力量和东大担当。

一项项周密有序、严格落实的部署，一封封鼓舞人心、坚定信念的信，一个个默默奉献、用爱坚守的身影，一幕幕"全副武装"、坚定逆行的画面，一条条牢固驻守、坚不可摧的防线，一个个伏案工作、不知疲倦的"备影"，一堂堂生动鲜活、引人入胜的网课，一阵阵刻苦钻研、勤奋动听的"学声"，一次次志愿服务、党员冲锋在前，一个个自主研发、科学高效的疫情信息防控系统，一次次深入一线的采访，一部部满怀温度的融媒体作品……绘就了一幅幅同舟共济、同心战"疫"的时代画卷。

东大战"疫"人

东大人用无尽的辛劳付出和担当奉献，生动诠释了生命至上、举国同心、舍生忘死、尊重科学、命运与共的伟大抗疫精神。

习近平总书记在 2021 年新年贺词中指出，"平凡铸就伟大，英雄来自人民。每个人都了不起！"每一个平凡而伟大的东大人都是战"疫"英雄，致敬每一个平凡而伟大的东大战"疫"人！

（文：刘颖慧）

国家的需要就是企业的发展方向

——讲述刘积仁教授和东软集团的故事

> "三个三"起步，三十载筑梦，从第一台国产CT机到"雷神"移动CT机，从第一家软件上市公司到民族软件的旗手，让软件创造价值，用科技造福人类。沧海横流，大潮奔涌，你的身影是东大气质的缩影，你们的脚步是国家强起来的印证！

推动社会发展，创造美好生活。东软，始终与国家战略和重大需求同频共振、休戚与共。新型冠状病毒肺炎疫情期间，当很多行业和企业都按下"暂停键"时，东软却在第一时间按下了"快进键"。

东软支援抗疫

7 天研发"雷神"移动 CT，发布"火眼 AI"，为医疗机构快速诊断提供信息化解决方案；3 小时发货、18 小时装机，向抗疫前线闪电发机；捐赠 2700 万元高端 CT 设备及软件；向全球多国援驰 CT、雷神方舱 CT 等产品，助力全球 38 个国家抗击疫情……

在这场人类命运共同体的全球"战疫"中，他们用东软科技、东软速度，展现了一个企业的民族使命感和社会担当，三次收到国务院和国家卫健委的感谢信。

刘积仁

"当国家和人民需要的时侯，东软医疗作为一家技术型的公司，第一时间行动起来，用技术服务于紧急情况的行动，这也给了我们一个为医疗事业作出贡献的机会。"刘积仁说。

1988 年，刚从美国学成归来的刘积仁，期望着能够用其掌握的全球顶尖计算机软件技术实现科技兴邦、实业报国的奋斗梦想。

33 岁，中国最年轻的教授刘积仁，带着两名科研助手创建了计算机软件与网络工程研究室。

谁能想到，这个只有一间半教室、3 个人、3 万元经费、3 台 286 电脑的研究室最终会发展成为拥有近 2 万名员工、全球 6 个软件研发基地、8 个区域总部的东软集团，并当之无愧地雄踞中国 IT 解决方案与服务提供商之首，在那激流涌荡的改革浪潮中，创造了一个辉煌时代的商业奇迹！

刘积仁曾说："东软是由于有东北大学这样的大学背景和当时的产业背景，加上有中国巨大市场的拉动，才使得我们从几个人发展到今天的规模，我们

东大阿尔派软件股份有限公司股票上市新闻发布会

叫'Neusoft'，'Neu'就是东北大学，我们把'东北大学'这几个字看成了我们的 family name，我们的姓，所以我们姓东北大学。"

有时候，一个企业领军人的梦想能描绘出最大的同心圆，引领着一个行业的发展方向！

创业之初，筚路蓝缕，刘积仁却选择了最为朴实的发展路径，架起软件与应用的桥梁。

在刘积仁看来，发展

东软集团外景

中国软件产业，缩小与世界水平的距离，即使失去更多的获利机会，也要坚持以软件技术为核心，把满足社会发展需求作为企业发展的第一选择。

这一初心，30年来，东软坚守如昔，始终不变。

从缔造中国第一个"计算机软件国家软件工程研究中心"到成为"中国第一家上市的软件企业"、建设"中国第一个大学软件园"，东软在成长历程中创造了一个又一个"中国软件第一"，也找到了一条最具时代生命、最为正确的发展道路，创造出属于东软人的光荣梦想和历史价值！

2018年10月24日，刘积仁荣登"改革开放40年百名杰出民营企业家"榜单，并在习近平总书记主持召开的民营企业座谈会上首先发言。这是对一个民营企业家的最高褒奖，也是对东软集团服务国家战略需求的最好肯定！

智慧城市、大健康、大汽车……今天的东软，正致力于用软件赋能新经济，通过软件技术的创新、新商业模式的构造、内外部资源的融合，创造新时代的软件价值和产业生态，让软件真正服务于社会，走进百姓生活。

"我相信未来的30年，东软应该有更多的收获。这是因为软件无所不在。任何一个行业都变成了一个创新的行业，任何一个企业都要拥有软件，所以今天当我们看到一个数字化的社会和数字经济的时代到来的时候，我们对东软的未来充满信心。"刘积仁说。

【刘积仁教授在 2021 年"讲述·东大人的故事"典型推介会上的访谈实录】

主持人： 刘老师您好！刚刚在视频中我们看到，新冠肺炎疫情发生以后，很多行业和企业都按下了"暂停键"，而东软却在第一时间按下"快进键"。请问您和您的团队是因什么而做出的选择，并且实现火速响应和全力驰援的呢？

刘积仁： 东软作为一个软件公司，我们最大的幸运就是有机会在国家需要的时候，在社会变革的时候能够展现企业的技术。我们在过去成长过程中，每一次收获都是来自国家的需要。这次疫情给了我们一次展现企业技术，用技术服务于国家、服务于社会进步的机会。今后还会是这样。

主持人： 习近平总书记强调要发挥企业技术创新的主体作用，您对自主创新和科技自立自强有怎样的理解呢？

刘积仁： 在国家的发展过程中，事实上，我们一直在用新的技术来挑战需要解决的问题。我们从东北大学走出来，越来越觉得基础研究和基础性技术的极端重要性。当东软研发中国第一台 CT 的时候，我们要用的芯片受到国外控制。也正是由于芯片的制约使得中国没有办法研制 CT。我们当时在东北大学的校园里，用软件的力量提升软件的速度，以此降低对硬件芯片的要求标准，所以研制出中国的第一台 CT。

刘积仁在讲述活动现场

今天，当我们继续挑战新高度的时候，我们遇到了许多同样的问题，包括新材料、超导技术等问题，特别幸运的是我们来自东北大学，因为我们知道什么是基础研究，知道任何一种收获都来自对长期投入的坚持。我们也知道，只有真正掌握了自己"生命线"技术的时候，才可以有未来。

主持人： 2021 年是中国共产党成立 100 周年，再过两年母校也将迎来 100 岁生日。您作为杰出的东大人，对广大师生有哪些寄语，对母校有哪些祝福？

刘积仁： 首先，我要特别感谢东北大学，因为没有东北大学就没有我今天所有的收获。我要感谢我的导师李华天教授，他不仅给我传递了知识，而且让我认识到了知识是要贡献给国家的、要服务社会的。因为他就是这么做的。我要感谢东北大学历届领导，因为创业过程十分不容易，没有他们的支持，我坚持不到最后。所以我要感谢我的母校。其次，东北大学的校训让我知道了做科研就是要坚持，我们必须把知识变成解决问题的力量，而不是仅仅发论文、谈理论。所以，知行合一，对我来讲就是一直坚持的实践。

东北大学成立快 100 年了，学校在外面体现的就是我们东大的学生那种扎实的作风、解决问题的能力和创造的能力。刚刚看到的无论是我们教授的成就，还是一批年轻的学生在机器人领域的表现，我都十分感动。他们的背后是知识，也是情怀，还有东北大学的传承。看到近几年东北大学的飞速发展，我由衷地感到高兴。我祝愿东北大学越走越好！一百年的大学也是一所年轻的大学，东大永远有希望！

（文：杨明）

深情藏沃土

——讲述理学院谢绪恺教授的故事

> 一个判据，惊艳了学界；一生守望，感动了时光。青年成名，壮年担纲，老当益壮，你是扎根东大的栋梁。年过九秩未伏枥，犹向东大寄深情！

1957 年，中国第一届力学会议上，一位来自东北工学院年仅 32 岁的青年学者，大胆假设，缜密论证，给出了线性控制系统稳定性的新代数判据，成果令钱学森、华罗庚等学界巨擘拍案叫好，他就是谢绪恺。

复旦大学 1959 年出版的《一般力学》中，将这个成果命名为"谢绪恺判据"，国际控制学界第一次出现了以中国人名字命名的研究成果。

若系统特征方程为

$$a_0 x^n + a_1 x^{n-1} + \cdots + a_n = 0 \quad (26.3\text{-}15)$$

系统稳定的必要条件为

$$a_i a_{i+1} > a_{i-1} a_{i+2} \quad (i = 1, 2, \cdots, n-2)$$
$$(26.3\text{-}16)$$

系统稳定的充分条件为

$$\frac{1}{3} a_i a_{i+1} > a_{i-1} a_{i+2} \quad (i = 1, 2, \cdots, n-2)$$
$$(26.3\text{-}17)$$

谢绪恺判据

正当谢绪恺在学术道路上意气风发地急行军时，却遭遇了人生的"滑铁卢"。

"1957 年，我在农村亲眼目睹了农民极度辛苦，却无丝毫怨言，再回想自己用一个假期就能赚到近 3000 元的稿费，心里还觉得不够……我受到了深深的震撼，开始正确地认识自己，并决心破除名缰利锁，俯下身子扎根东工，做点回报学校、回报国家的事情。"谈到自己人生中最重要的思想转折点，谢绪恺充满了感慨之情。

在接下来超过半个世纪的岁月中，谢绪恺以对学校最深沉的爱，对学科最虔诚的敬畏，全身心地投入到教学中。在横跨自控系、数学系，涵盖本科生、研究生的近 20 门课程中，他给数万名学子留下汗湿衣襟的背影。这位温和而坚定的老人说，就像大树离不开泥土一样，自己也离不开学校和学生。

"他为我们讲的第一堂课是拉普拉斯变换，一下子把所有学生都给镇住了。课后答疑时，不管被多少学生重重包围，不管问题有多难，谢老师都能对答如流，我们发自内心地佩服他！"沈阳市人大常委会原副主任、东北大学校友宋铁瑜是谢绪恺的学生，回忆起当年上课的情景，他仍然感到历历在目。

1994 年，理学院刚刚组建，各项工作千头万绪。69 岁的谢绪恺怀着感恩之情，老将出山，在学校最需要的时候，走上了理学院首任院长的岗位。这位早可以退休在家、含饴弄孙的老人每天早早来到办公室，披星戴月回到家中，认真思考并规划着理学院的未来。

谢绪恺非常注重人才引进，方肇伦院士就是他任理学院院长期间引进的优秀专家。他认为"站得高才看得远"，倡导大力开展国内外学术交流，使理学院形成了用高水平科研成果反哺教学的传统。

谢绪恺

对学校强烈的责任感，让谢绪恺迎难而上。夙兴夜寐的汗水，滋养出明艳的花儿。明确"建设一流理科，支持一流工科"的办学目标，力促物理学、化学等基础学科获得长足发展，十几位资深教师荣升博士生导师……短短三年的时间里，谢绪恺带领着理学院逐步进入良性运转的轨道。

谢绪恺主持杨振宁教授
学术报告会

成名师者，必有大爱。2015 年，已年届 90 的谢绪恺，深感现行高等数学教材内容偏重演绎推理，学生学习起来倍觉吃力。他有一个朴素的心愿：写一本接地气的高数参考教材，让学生尽快地手握"高等数学"这块工科"敲门砖"。

"如果说数学专业的学生学数学是'铸剑'，那么其他专业的学生更需要'用剑'。作为一名老教师，想到许多学生还没有拿下高数这个'拦路虎'，心中总觉得不安。"

手写 22 万字书稿，手绘 100 多张图表，10 余次校稿……2016 年 12 月，《高数笔谈》出版了，虽然只有 184 页，却让人感觉沉甸甸的。

"我的'现代控制理论'课就是谢老师教的，学生时代我总去请教他，他对学问精益求精，对学生满腔热忱，一直是我的榜样。"中国工程院院士柴天佑教授对谢绪恺教授心系学校、心系学生的情怀充满了钦佩之情。

谢绪恺在写作

这本书出版后，谢绪恺把全部的稿酬都用于购买这本书，赠送给学生、同事和同行们，还为学生们在书上题写了"自强不息、知行合一"的校训。

东北大学时任党委书记熊晓梅在谢绪恺教授《高数笔谈》赠书仪式上表

示，谢绪恺老师用自己的人生经历告诉我们，人真正的幸福不在于你拥有多少，而在于你付出了多少。在"双一流"建设的进程中，东北大学需要很多支撑，但最重要的就是像谢老师这种甘于奉献、执着守望学校和学生的精神支撑。

【谢绪恺教授在 2017 年"讲述·东大人的故事"典型推介会上的访谈实录】

谢绪恺在讲述活动现场

主持人：谢老师，您的新作《高数笔谈》出版后在读者中产生了较大的反响，受到了广泛的好评，您是否有乘胜追击，再出新著的打算？

谢绪恺：我正在准备写一本有关工程数学方面的书，名字叫作《工数笔谈》，也就是《高数笔谈》的姊妹篇。因为我一直有一个理想，就是应该把数学问题工程化、工程问题数学化，我写《工数笔谈》也就是继《高数笔谈》之后进一步实现自己的理想。我力求把抽象的数学概念具体化、通俗化，让同学们看得懂、记得住，克服对数学的畏难情绪，让同学们知道，数学问题都来源于实践需要，也应用于实践当中，没有用不上的数学。

主持人：谢老师，可否问一下，您高寿了？

谢绪恺：准确地说，是 91.6 岁。

主持人：非常精准，不愧是数学老师。在常人看来，92 岁已经是一个应当颐养天年的岁数，是怎样的力量支持着您不忘初心、继续前行？

谢绪恺：主持人这个问题真好，我想这取决于我对幸福的看法。我认为国家、学校给我太多太多，我付出得太少，所以一直有一种报恩的思想。写

《工数笔谈》也是我报恩思想的一个方面，特别是上次我参加了学校组织召开的"为学之心，为师之道"赠书仪式暨座谈会后，我写书的愿望非常强烈，不能自己，非要把这本书写出来不可。因为我一直在想，学校创建"双一流"大学，我应该做点什么？学校创建"双一流"到底要靠谁？其实就是靠我们东大的每一个人，我有义务为东大贡献自己的力量。如果我的书能够对东北大学的教学有所助力、对学生学习有所提升，我是非常非常高兴的，这就是我的幸福。你问到我为什么有这个动力，那是因为我一直有一种信念，要想幸福，必须付出，这正是我前行的动力，说不定我还会写第三本、第四本书。

主持人：让我们再一次向谢老师对学校和学生的付出表示感谢，并致以崇高的敬意！

（文：王钰慧）

三次离家 五年扎根扶贫一线

——讲述云南省昌宁县驻村第一书记、青年教师高大鲲的故事

> 三次赴滇，五载坚守，总是和百姓心连心、肩并肩。放不下淳朴的乡亲，挂念着孩子的笑脸。小河淌水，大山巍峨，从白山黑水到彩云之南，你胸前的党徽，闪耀着滚烫的信念！

20 公里山路、402 道弯，给孩子们上足球课，是高大鲲跟孩子们的约定。孩子们都很兴奋，他也很期待。

坐落于海拔 2000 米山顶的小学，有一支"云上足球队"，每周都会迎来他们的老师高大鲲和东北大学研支团的学生们。

"高老师他们经常来学校教孩子们音乐、手工、绘画、体育、舞蹈等课程，为孩子们打开了美好世界的大门。"达仁村完全小学校长杨春余充满感

高大鲲在昌宁小学

激地说。

高大鲲，东北大学青年教师。

他三次离开家乡，来到距离沈阳 3748 公里的云南省昌宁县。用 5 年的时间，坚守扶贫一线，把共产党员的根深深地扎在了群众最需要的地方。

从最初"只能拼命点头和微笑"，到现如今一口流利的昌宁话，高大鲲已经完全融入这片土地。

阿敏是建档立卡贫困户家的孩子，在镇上读初中二年级，妹妹在读小学四年级。由于父母身体原因，劳动脱贫能力较弱，存在返贫风险。

"高老师经常来我家看我，还找了很多人来帮助我，给我捐款，谢谢高老师，谢谢那些老师。"阿敏妈妈刘国美说。

高大鲲在贫困孩子家中

"高老师经常把复习资料送给我们，还给我们辅导功课，高老师还很关心我们，前段时间还送给我们衣服。"阿敏说。

村民们提起高大鲲，都有讲不完的故事。5 年里，高大鲲的足迹遍布卡斯镇大塘村、田园镇九甲村和新华村。4700 余户13600 余名村民，数万次的遍访。30 余万字的工作本上记录了每家每户的基本情况、致贫原因、脱贫计划。

"高老师一直是'5+2''白 + 黑'、全年无休的工作状态，刚到这里不到半年，差不多就瘦了 50 多斤。"昌宁县驻村工作队队员张亚娟说。

随着扶贫工作的深入，高大鲲发现昌宁县农副产品品种丰富，却因为山深路远，无法销售。他想到利用电商模式来进行科学销售，然而第一家网店没开多久就"夭折"了。

"刚开始的时候，大家伙都不看好高老师的想法，觉得他也搞不好，但是高老师一直没有放弃。他买了一大摞子书，每天晚上忙完工作之后，他就开始自学电商的一些知识，筹备电商论坛。"张亚娟说。

无数次挑灯夜战后，"田园电商论坛"逐渐火起来了。昌宁的生态有机农产品从此走出了大山，实现扶贫方式由"输血"向"造血"转变。

高大鲲在村民家走访

从昌宁县第一个电子商务培训班，到田园镇电商综合服务中心、25家孵化企业、昌宁电商协会……一条集农特产品生产、加工、检测、包装、销售、物流于一体的产业链条在昌宁日臻成熟。

昌宁县县长范喜表示，定点帮扶以来，东北大学选派扶贫干部、落实扶贫项目，创新帮扶形式，巩固帮扶成效，积极开展教育扶贫、科技扶贫、产业扶贫，助推了昌宁经济社会的发展。东北大学帮我们培养了一批会经营网店，以及能熟练运用网络进行销售的带头致富的复合型人才，为乡村振兴拓宽了"致富路"。

2019年7月15日，高大鲲第三次奔赴云南昌宁。

"两年前我是流着泪走的，现在我又笑着回来了。"再次踏上昌宁的土地，高大鲲感慨地说，"我将奋战在人类历史上最波澜壮阔的减贫事业第一线，和身边的战友们一起去攻克最后的贫困堡垒！"

再次回到这片土地，高大鲲把电商论坛升级成为昌宁县"互联网＋新农业"综合扶贫阵地。他还积极推广百香果种植项目，邀请专家讲授种植技术，带动剩余劳动力和年老体弱劳动力发展产业带动脱贫。如今，千亩百香果园

高大鲲在昌宁县电商综合服务中心第一期培训班

已经成为珠街乡因地制宜推广的新兴种植产业，实现荒土到沃野的华丽转身。

2021 年春节，高大鲲留在了昌宁，和新华社区的村干部们一起除夕守岁，守护一方平安。

高大鲲给农户作指导

他在村委会的门口贴上自己写的春联，借来投影仪，将春晚的网络视频投在会议室的白墙上，还给大家准备了自己包的酸菜馅饺子……

牛年的钟声敲响了，大家举起酒杯共同祈福乡村振兴。在声声祝福里，高大鲲也收获了沉甸甸的幸福。

常有人问高大鲲，三次选择到云南扶贫，你的精神力量是什么？

"是共产党人的初心和使命，是东大人已经融入血脉、根植灵魂的爱国情怀。"高大鲲说。

东大人扎根云南昌宁，真心、真情、真力，开展教育帮扶、产业帮扶、科技帮扶。截至 2021 年，共有 8 名扶贫干部挂职，直接投入 1200 余万元，助销农产品 1300 余万元，62 个贫困村脱贫达标退出，21995 户 88396 人喜摘贫帽，昌宁县正式退出贫困县序列。在云南省脱贫攻坚总结表彰大会上，张耀伟、高大鲲荣获"先进个人"荣誉称号，东北大学被云南省委、省政府授予锦旗。在教育部 2020 年扶贫工作考核中，东北大学被评价为"好"。

这是东大人交出的扶贫成绩单。

【高大鲲在 2021 年"讲述·东大人的故事"典型推介会上的访谈实录】

主持人：高老师您好，请您跟我们分享一下，在扶贫的 5 年里，最让您感动的一件事儿。

高大鲲：在我刚到昌宁那年，发生了 5.1 级地震，万余间房屋受损，我和同事们一同参加应急抢险，听说么阿婆的房子被震裂，就去探望。那座老房子的墙裂出胳膊粗的口子，看起来摇摇欲坠。我们劝她住进敬老院。么阿婆眼含着泪说，"我哪都不去，房子是老伴留下来的，看见这一砖、一瓦、一草、一树都像看见老伴，老伴在这儿，我也要陪着老伴。"

拧不过阿婆，我和几个村干部找来几根粗木，把房子修补了半天，只要不发生余震，房子应该不会再有危险，裂缝就要等雨停后再修补。么阿婆帮不上什么忙，但一直围在大家旁边，摸摸墙看看瓦，临走时，她悄悄凑到我身边，塞了把栗子，说是刚从树上掉下来的。我当时就觉得一阵暖流瞬间击中了自己，好像获得了一种力量。现在，么阿婆已经不在了，但是那一把栗子，始终把我的心塞得满满的。

其实在我们扶贫工作队中有很多感人的故事，我每天都在感动与被感动之中。不只是我，还有很多东北大学的扶贫干部、支教团的学生，以及东北大学的 4 万师生们，大家一年接着一年干，一件事情接着一件事情办，相信最美昌宁的振兴画卷一定能够在我们手中绘就。

（文：杨明、赵春时）

第四篇

桃李春风，培根铸魂

在思想的田野上

——讲述马克思主义学院田鹏颖教授的故事

> 用美的方式阐释理论的魅力，三尺讲台播撒真理的光芒。为学，倚马千言见真谛；传道，授业解惑为人梯。纵横驰骋在思想的田野，你高擎信仰的火炬，照亮学子人生的航向！

推进马克思主义中国化、时代化、大众化，始终按照美的原则诠释理论的魅力，这个自称是思政课"教员"的人，就是马克思主义学院院长田鹏颖教授。

"他讲东西有一个最大的特点，没有PPT，没有讲稿，没有提纲，只有一块手表、一杯白开水，一个麦克风，说讲几个小时就讲几个小时，而且内容深刻、逻辑清晰，听完特别'解渴'。"东北大学党委组织部副部长、党校常务副校长初青松说。

"思政课是立德树人的关键课程，但上好这个课实在不易。因为这个课的基本支撑是马克思主义理论，它站到了人类真理和道义的制高点上，要真让大家听得懂、记得住、信得着、用得上，需要一个比较复杂的创造过程，一个复杂的转化过程。"田鹏颖说。

田鹏颖课后为学生
答疑解惑

怎样实现转变？首先要让学生信服讲马克思主义的这个人，从而信仰他讲的马克思主义。

"我觉得田老师很有'范儿'，他能用散文诗般的语言表达哲学的思想，用通俗易懂的话语阐释深奥的理论。"马克思主义学院崔菁颖同学说。

马克思主义学院青年教师温惠淇表示，"田院长有'两手'。一个是'手把手'，指导我们发文章、出专著，支持我们参加学术会议、外出研修培训；另一个是'手拉手'，组团队、搭平台、建基地、拿项目。我们的视野更广了、本领更强了、底气更足了。"

田鹏颖参加全国学术会议

让教育者先受教育，让有信仰的人讲信仰，田鹏颖通过课题研究、项目服务等方式带领青年优秀教师不断提升教学科研能力，并于2021年获批全国高校思政课名师工作室。政治强、情怀深、思维新、视野广、自律严、人格正，田鹏颖打造了一支明星教学团队，学院涌现出一大批思政课教学能手。

在推动思政课教学改革和质量提升方面，田鹏颖做了大量的探索，创立了"经典品读"教学模式，开展"理论之光"实践教学，不断推进思政课创新发展。

"我已经连续十几年指导'理论之光'社会实践了，让学生用自己的脚步去丈量国家发展的成就，在行走的'实践课堂'中验证理论的真理性，在理论与实践相结合的过程中自发自觉地坚定信仰，我觉得非常有意义。"马克思主义学院青年教师段炼说。

在文法学院博士研究生秦淼看来，参加"经典品读"活动，不仅让自己接受理解了更多原汁原味的马克思主义理论，也潜移默化地让经典所蕴含的精神在头脑中扎下了根。

"田院长很有战略思维，始终以学科发展为龙头，以项目和科研贡献为着力点，带领学院取得了一批标志性成果。"马克思主义学院党委书记张满胜表示。

2015 年，田鹏颖担任首席专家申报的"东北（辽宁）老工业基地'劳模文化'史料编纂及当代价值研究"项目获批国家社科基金重大项目；2018 年，东北大学马克思主义理论一级学科博士学位授权点成功获批；2022 年，他作为带头人的思想政治教育专业获批国家一流专业；2023 年，他主持的"毛泽东思想和中国特色社会主义理论体系概论"课程获批国家一流课程。

20 余个项目课题、30 余部专著教材、300 余篇学术论文……这一个个数字背后所折射出的辛劳，就是对劳模精神最好的阐释。

"无论从我的年龄，从我的阅历，还是从我的能力来考量，东大马院都将是我人生的最后一站，只有背水一战，必须干好，别无选择，更没有商量的余地。"这是田鹏颖发自内心的感悟。

马克思主义学院副院长任鹏教授回忆道："有一次去赶飞机的时候，田鹏颖教授接到了省里的任务，要阐释辽宁精神，他一上飞机就在清洁袋上打底稿，连着写了 4 个清洁袋。但是现在看来，对辽宁精神的阐释基本上没离开他的框架。"

把黑土地里的精神挖出来，把党的精神种下去，

田鹏颖在开展理论宣讲活动

田鹏颖热爱党的理论宣讲事业，十余年来，开展理论宣讲近 400 场，网络听众和现场听众达 500 万人。在鞍钢"社会主义核心价值观百家讲坛"所作的"新时代劳模精神礼赞"主题宣讲受到全国 300 余万网友的关注。

2020 年，5 年一次的辽宁省哲学社会科学奖成就奖名单公布，仅有 6 人获此殊荣，田鹏颖荣列其中；中宣部表彰了 37 名全国基层理论宣讲先进个人，仅有 6 名高校思政课教师，田鹏颖榜上有名！ 2022 年，中宣部表彰了 24 篇全国优秀理论宣讲报告，田鹏颖依然在列！

【田鹏颖教授在 2021 年"讲述·东大人的故事"典型推介会上的访谈实录】

主持人： 田院长您好，我多次听过您的讲课，非常精彩。感觉您对马克思主义的典籍非常熟悉，可以说是引经据典、信手拈来，您能谈一谈您是怎么做到的吗？

田鹏颖在讲述活动现场

田鹏颖： 坦率地讲，信手拈来还做不到，我作为思政课教师，感觉到把思政课讲好，确实像刚才视频里讲的，不是一件很容易的事。从我自己的角度来讲，我的工作体会就是要在马克思主义的经典上下真功夫，这也是我们讲好思政课的看家本领。小的时候在农村，无书可读，我们家有四本书，就是《毛泽东选集》四卷本。从第一卷第一篇《中国社会各阶级的分析》到第四卷的最后一篇文章《唯心历史观的破产》，一共 159 篇，我反复地朗读、朗诵，也就奠定了这么一个基础。

主持人： 通过您的经历，想必我们在座的师生收获很大。近些年，咱们思政课教师队伍涌现出越来越多的教学能手，您对这支队伍的建设有哪些期待？

田鹏颖： 东北大学马克思主义学院从学院建设来看，历史是比较短的，成立于 2014 年 9 月 19 日。马克思主义学院年轻，学院的这支专任教师队伍也相对年轻，45 岁以下的年轻教师占 50.8%。所以从这个意义上说，马克思主义学院未来的发展怎样，关键在于对年轻教师的培养。作为马克思主义学院和马克思主义理论学科的建设者，要努力为年轻教师的成长创造条件。我希望马院年轻教师能够各尽所能、各展所长、各得其所，实现人生精彩的梦想。

（文：王刚）

"学生是我们的财富"

——讲述材料科学与工程学院丁桦教授的故事

一生倾情材料加工，最"成型"的作品，当属一代代学子。研究式教学，智慧型课堂，悉心教导，守望成长，您，亦是学生的财富。

"材料成型金属学"是丁桦一直讲授的本科课程。探索研究型教学和构建智慧课堂，是她坚持的教学思路和风格。

丁桦有意识地把科研融入课堂，通过问题式、讨论式、合作式及案例分析等方式，让教学成为研究和探索的过程。

丁桦

"昨天做的实验，老师今天就拿出来让我们讨论，书上的知识点一下就立体起来了，而且我们也可以更容易地接触到学科最前沿的知识。"学生周聪说。

丁桦对智慧课堂有深入的思考，认为智慧不仅体现在先进的设备上，也包括教学方法和艺术。

1985年从教至今，丁桦深耕教学一线三十余载，厚厚一沓奖状，是她园丁生涯的缩影。

为了给学生搭建学习和实践平台，2015年起，丁桦及团队每年组织材料成型工艺创意竞赛。重载汽车轻质合金轮毂、新型手机壳体、汽车用控制臂、人行天桥都曾是设计主题。

丁桦在上课

"它最大的特点是综合性强，用到很多基础和专业知识，要考虑成本、预算，兼顾创新性和可行性，还需要结合绘图、设计、仿真模拟等技术手段，对学生来说是一次难得的专业实践训练。"丁桦介绍说。由于对文献检索能力、工程设计能力、沟通合作能力和创新能力都大有助益，比赛的影响力不断扩大，2019年全省有200多个团队参赛。

"我们参加第一届竞赛时因为对设计和工艺的认知不足，大量时间都耗在了方向已偏的路子上，都快做不下去了。丁老师了解到情况，就每周对我们进行指导，讲解比赛细则、指正存在的问题，还教授相关知识，鼓励我们不要畏难，坚持下去。"材料成型及控制工程专业毕业生赵金凯说。3个月后，作品终于完成，赵金凯不但增强了信心，还喜爱上了仿真模拟技术，工作后他将几页文字描述的工艺流程建模制成视频，为公司电气程序优化提供基础。

同样受益于专业创新实践平台的，还有卓越班的学生们。

作为教育部卓越工程师培养计划入选专业之一，2015年，丁桦牵头开办了材料成型及控制工程专业卓越班，强调学生的工程素养培育。

"我们参观了汽车制造企业、航空制造企业、有色金属加工企业、研究所等多维度、高层次的实训地点，知道了材料加工领域的最新发展和实际应用情况；提前开始毕业论文工作，让我们先一步进入实验室，对文献阅读能力、自主思考能力和动手能力有很好的训练。"2013级卓越班学生张茜回忆说。

"刚接触专业课时，觉得比较枯燥，理解不深，也不知道有什么用。当时我们都自称'打铁匠'，不知道以后能干啥。后来丁老师带我们到生产现场，将实际生产过程与书本知识结合起来，让我们更加了解这个行业，也爱上这个行业。"2012级学生王昭杰说。

丁桦带学生在工厂

丁桦在给卓越班学生上课

从新生入学，到专业分流，到朋辈教育，再到三级就业市场建设，丁桦从未缺席。作为业界知名的学者，她全程给予学生最专业、最权威的培养和指导。

"在东大40多年，我对学校和学生有很深的感情，愿意为他们做一些事。我认为培养好学生就是要满足他们的求知欲，让学生满怀希望而来，最后满载而归。学生就是我们的财富，看到学生进步，我们乐在其中。"丁桦说。

【丁桦教授在2019年"讲述·东大人的故事"典型推介会上的访谈实录】

主持人：丁老师您好，听学生们说您的课堂氛围非常好，同学们的表现都很活跃，您给传授些经验好吗？

丁桦：我觉得一个老师对自己讲授的课程必须有热情，这样才能激发学生的热情，使学生参与到课堂教学中来，要使他们眼睛有光。在正确清楚地讲授课程内容的基础上，教学方法也很重要，比如说可以采用合作式、探讨式、案例教学、学生上讲台等方式，使课堂气氛活跃起来。上好一门课很不容易，需要有丰厚的专业积淀和生活积累。构建一个智慧型课堂，有一个机智教学的氛围，也是我一直追求的目标。

主持人：好的。您善于把科研内容融入到课堂教学中，这也是调动学生的一种方式吧？

丁桦：嗯，可以这样说，效果也是不错的。比如有一次我们做实验，材料出现裂纹，把这个现象在课堂上讲一讲，引发学生思考和讨论，得出裂纹产生原因，学生也挺感兴趣。这不仅使理论与实践相结合，也提升了学生的参与意识。

主持人：谈到理论与实践相结合，"材料成型工艺创意竞赛"应该是一个重要的体现吧？

丁桦：是的。其实很早以前，我就想给学生提供一个创新实验的平台，后来和其他老师讨论确定采用创意竞赛这种模式。第一次是 2015 年，有 9 个参赛队，是我们专业组织的一次竞赛。困难也挺多，所以我和其他老师给学生提供指导，也是鼓励他们克服困难，最后他们比较出色地完成了这些作品。我们还组织了资深的评审委员会，这些专家对学生的作品还是挺认可的，我们也挺欣慰。

主持人：所以这个竞赛发展到现在已经成为了省级竞赛，一定有很多同学愿意积极参与吧？

丁桦：是的，报名的参赛队还是挺多的。我们也给省内各个高校的老师和同学提供了一个交流的平台。过去参赛的同学也跟我反映，参加这个竞赛提升了能力，增加了自信，对专业有了更多的认知。我们感到辛苦付出都是值得的。

（文：张蕾）

"我和学生只有三尺讲台的距离"

——讲述计算机科学与工程学院高克宁教授的故事

一颗心，一腔爱，心归处，是学生。宽严相济，如沐春风，其志也坚，其韵也柔。雨课堂的热烈互动，C语言的妙趣横生，是渊博的师长，是暖心的姐姐，三尺讲台的高度，盈满对学子的情。

"大家扫完码了，我们开始上课。"

"在高老师的课堂上，我们的思维会不自觉地跟着她的节奏走，经常会有一种茅塞顿开的感觉。"

"我非常喜欢高老师的课，她在课堂上热情洋溢充满感染力，在讲到C语言算法题的关键解题技巧时，她常常会因为激动而不小心将粉笔折断。"

"高老师讲课的时候特别神采飞扬，让我们都很有精神，同时有一种沉浸式的听课体验，在课上和课下的时候和我们相处得像朋友一样，我们都很喜

高克宁

欢她。"

一支粉笔，两袖微尘；三尺讲台，四季耕耘。

作为计算机学院的一名教师，在程序设计教育的讲台上，高克宁一站就是24年。如何借助最先进的教育技术手段，调动学生学习积极性，让非计算机专业学生爱上C语言，是高克宁始终在思考的问题。

"我非常热爱教师这个职业，也喜欢和学生们在一起的感觉，这个信念让我在教育过程中，无论遇到什么样的问题，都会和团队的老师们一起来找到解决问题的办法。"

早在2003年，高克宁便带领团队青年教师建设了国内屈指可数的课程学习网站。近年来，高克宁又带领团队承担辽宁省精品开放课程平台建设工作，完成500余门省级资源共享课程建设，先后与20所省内高校教师开展教改合作。

高克宁在给学生上课（一）

高克宁总有方法让学生们在她的课堂上聚精会神，看似严格要求的背后，藏着的是高克宁对学生最深切的关爱。

"程序设计这门课是非计算机专业的第一门计算机课程，我们希望通过这门课的教学，使学生们掌握计算思维、编程思维和工程思维，因此我们课程团队坚持以信息技术助力教学改革，在课程资源建设、教学方式变革、编程能力评估和个性化学习支持等方面进行探索和实践。在课堂上精讲思想算法，以"练—赛—播"三级编程训练的方式，提升同学们的编程思维能力。"

在醉心于课堂教学的同时，高克宁注重教学与科研相结合，主持和参与多项省部级科研课题，相关成果荣获2018年辽宁省科技进步二等奖。

宝剑锋从磨砺出，梅花香自苦寒来。经过10余年的潜心研究，高克宁在计算机基础课程改革实践的相关研究，先后荣获国家教学成果二等奖等多项殊荣。主讲的课程先后被评为国家精品在线开放课程、辽宁省精品课、辽宁省一流课程。编写的教材被全国 80 余所高校选用。她先后荣获全国五一巾帼标兵、辽宁省最美教师等荣誉称号。

高克宁在给学生上课（二）

"要成为一名优秀的高校教师就必须去做研究。而教育本身也是一门学科，值得我们所有的老师去研究、去探索。"

高克宁曾经跟学生讲，如果说老师和学生有距离的话，那一定是三尺讲台的高度。正是这份用心关爱、平等交流的育人态度，让高克宁成为学生心目中的暖心姐姐，温柔且有力量。

师者如光，微以致远。岁月带走的只是韶韶年华，而沉淀下来的是高克宁教授对教育事业依旧年轻的情怀，致敬每一份平凡岁月里的坚守，爱在其中，乐在其中，这就是一名老师最大的幸福。

【高克宁教授在 2023 年"讲述·东大人的故事"典型推介会上的访谈实录】

主持人：高老师您好，您曾经说过，"如果老师与学生之间有距离的话，那一定是三尺讲台的高度。"我想这也正是教师当好"平等中的首席"的生动展现，那么面对平视世界的这一代青年学子，您是如何搭建沟通桥梁，帮助学生成长的呢？

高克宁：尊敬的老师们，亲爱的同学们，很高兴能有这样的一个机会站到这里，我是这样想的，当老师们站在讲台上面向学生的时候，他们是在将自己的知识积累无私地传递给学生。当老师走向讲台和学生圆桌讨论的时候，学生和老师都是问题的学习者和探索者，学生对问题的不同思维的考虑，常常会给我以启迪，给我以灵感，并促使我把这些教学灵感用到后续的教学课堂上。所以我非常感谢我的学生们。

高克宁在讲述
活动现场

主持人： 高老师，您认为作为一名老师，最应该给学生们的是什么呢？

高克宁： 我们常说"师者，所以传道、授业、解惑也"。对于程序设计这门课来讲，传道是讲课程学习之道，那不仅是包括课程本身的学习，还要包括学生自主学习的方法和程序求解问题的方法。授业当然就是讲课程的知识体系，我们将计算机经典的程序设计思想和程序设计方法与计算机领域最新的技术成果，以一种融合的方式传递给学生，使学生们在夯实知识体系的同时，也能够开阔视野。所以我们希望学生在掌握知识的同时，还可以具有将自己专业领域问题转化为可计算问题的能力。解惑当然最基本的是解决程序上的问题，但是我们更应该关注的是同学们在学习过程当中，他的疑虑以及在对问题深入探索当中的一些思考。所以我希望培养同学们一种抗挫折的能力，在课程实践过程当中，有一位同学在项目总结的时候说了一句我印象深刻的话，他说"思考越深入，代码越精简。"我想这是对这门课最好的学习体会。

主持人： 说得真好，那么很多同学我都听他们说，听您讲课是一种幸运，更是一种幸福。那么我们在采访的过程中，有许多同学有话要对您讲，这个也是我们送给您的一个惊喜，请看大屏幕。

【学生祝福】

魏志安： 亲爱的高老师，我是魏志安。我真的非常幸运在您的课堂上体会到了"思考越深入，编程就越简单"的道理。在一次翻转课堂上，我以这个道理为主题做了一次发言，您对我的发言非常的肯定，本来我对 C 语言这门课程是非常害怕的，但是在您的肯定之后，我对我自己充满了自信，也对 C 语言这门课程充满了热爱。

李可欣： 高老师您好，我是您 2015 级的硕士研究生李可欣。今天也跟您分享一个好消息，我在前几天顺利地完成了博士论文的答辩，非常感谢您高老师。正是您 5 年之前对我如此严厉，才能让我在之后做每一件事情上都严格地要求自己。

李小朋： 高老师您好，不知道您还记得我吗？我是资土 19 级的李小朋，还记得当初刚进大一学期，我在学习和生活上遇到了很多困难，感到特别迷茫，但是在您的课堂上，你对我的思维导图作业表达了肯定，并且在全班面前进行了展示，给了我莫大的鼓励。或许这次表扬对你来说很普通，但却是我进入大学以来受到的第一次表扬，让我一下子找到了学习和生活中的方向，最终也顺利地进入咱们东大继续攻读研究生。

魏志安： 我真的非常感谢您高老师，希望您在往后的生活中身体健康。

李可欣： 工作顺利，每天都有一个好心情。

李小朋： 桃李满天下，春晖遍四方。

（文：迟美琪）

"亲妈"

——讲述理学院邵新慧教授的故事

站在挤满学生的圣殿前，你是授业解惑的"女王"；走在东大的校园，你是学生爱戴的"亲娘"。直播课堂，幽默解析，让学子迷茫的心豁然开朗。

想上她的课，学生需要以百米冲刺的速度抢座，抢不到座位的学生，就把教室的窗台、过道、讲台前的空地全部坐满。这成为东北大学一道独特的风景，制造这道风景的人是理学院邵新慧老师。

邵新慧上课课堂

邵新慧从 2002 年开始承担研究生公共基础课"数值分析"的教学任务。不论在哪里上课，教室里都会挤入远远超过座位总数的人。

东大小编王延邦，为了制作微信，亲自参与了一次学生抢座，立即被学生们的热情所感染和震撼。"我们采访的那个早晨，又黑又冷，抢座的场面，想象不出的疯狂。"王延邦说，"当时，我们问学生为什么这么拼，学生说，没办法，蹭课的人太多，不抢座，只能站在门外听。"

"邵老师的课特别受欢迎，每年选课时都很快被选满，还有些学生为没选上她的课而深感遗憾。后来，研究生院就把东北大学最大的教室安排给了邵老师，尽最大可能满足学生选上邵新慧老师课的意愿。"研究生院原培养处处长赵彩清说。

教室太大，学生太多，为了照顾两侧的学生，邵新慧有时会把重要板书写两遍，还担心后面的学生看不清，就让前面的学生拍图片，发到 QQ 群中，进行网上直播。

邵新慧为学生解答问题

学生们都表示，听邵老师的课，思维会跟着老师的节奏跳动，不时有醍醐灌顶的感觉，枯燥的数学瞬间就生动起来。

上课时间有限，课下时间无限。邵新慧经常利用课下时间解答学生提出的问题。时常一下课，部分学生就挤向讲台，将邵新慧围在中间问这问那。邵新慧总是微笑着与学生交流，耐心地解答学生的提问。

"一学期下来，抢座虽然很辛苦，但能近距离听邵老师的课，值了！"这是很多学生发自内心的话语。

国家法定假日，学校规定放掉的课不用补，邵新慧却每次都把课补回来。班级较多，无法统一补课，她就分开补，一节课有时要上三四遍。

为了让每一堂课都生动而精彩，让学生学懂、学透、学以致用，邵新慧一有时间就泡在图书馆，翻阅书籍，查找文献，并站在学生的角度反复推敲，精心准备，引导学生爱上数学、运用数学、享受数学。

正在武汉大学攻读博士学位的薛冠宇表示，邵老师幽默风趣的教学方式让他爱上了数学。"刚读研时，基础很薄弱。她就耐心地指导我读论文，帮我选择文献，每周听我汇报。两年间我阅读了近 100 篇论文，最终公开发表论文 3 篇，其中 JCR 一区 1 篇，EI 检索 2 篇。"

5 月 14 日，母亲节，邵新慧的手机又像往年一样忙碌起来。手机 QQ 提示音不停地响着。"亲妈，节日快乐！""亲妈，我想死你了！""亲妈，保重身体！"……看着学生们的祝福，邵新慧的脸上满是幸福的微笑。

每教一届学生，邵新慧手机里的 QQ 群就多几个。她表示，"学生水平参差不齐，无法保证教学质量，有了 QQ 群，可以及时解答学生的问题。"

一些学生开始与邵老师私聊，家庭困难、考研方向，甚至挂科、失恋等苦恼都找她。有时学生深夜打电话，她也热情接听，甘当学生最信赖的倾听者。

被京东高薪聘用的学生李晨表示，"大一时我是班里的前三名，大二时沉迷游戏，几门功课差点不及格。那段时间很痛苦，就通过 QQ 找到邵老师。邵老师告诉我，游戏只是一种休闲方式，是学习累了之后的一种调剂。不能喧宾夺主，把大好时光都用在游戏上。她教我如何科学分配时间，并利用课余时间帮我补上了大二落下的课程。大三时我的成绩又恢复到 90 分以上，大四时保送我校研究生。研究生期间，我曾获得国家奖学金，并在 JCR 一区发表了 1 篇 SCI 检索论文。"

"很多学生虽然毕业了，但大家依旧通过 QQ 群交流工作，畅谈人生。看着群里的每个人都很活跃，就舍不得退出。"邵新慧说。

把深奥的数学课上成风景，把"老师"的称谓变成"亲妈"，这一切，源

邵新慧

自她对事业朴实的热爱，对学生无私的付出。

桃李不言，下自成蹊。"优秀班导师""我最喜爱的教师""我心中的好导师"，一项项荣誉是学生送给她最好的褒奖。

"学生喊我亲妈，这是对我的信任。我能做的，只有用心上好每一节课，回报那一双双热切注视、抬头仰望的眼睛。"邵新慧说。

【邵新慧教授在 2017 年"讲述·东大人的故事"典型推介会上的访谈实录】

主持人：刚刚看视频，很多学生都叫您"亲妈"，学生是从什么时候开始叫您"亲妈"的？

邵新慧：好像是从 2013 年，我教大一学生线性代数开始。有一天上课，我看见后面一个孩子不好好听课，就说，大好时光不去学习，如果我是你亲妈，一定会揍你。课后，学生便叫开了。一开始只是一些调皮的男生，后来女生也跟着叫。现在，走在校园里，经常听到有人叫我"亲妈"，那感觉就是两个字——开心。

邵新慧在讲述活动现场

主持人：学生能发自内心地叫您"亲妈"，您一定也为学生付出了很多。

邵新慧：其实每个老师都为自己的学生付出很多。能得到学生的喜爱，最重要的是要把学生当成自己的孩子，以真心换真心。1997 年刚工作时，班里一个学生总是帮我擦黑板。我注意到他总穿同样的一件衣服，长得面黄肌瘦，就主动和他聊天，询问他的家庭情况。他说，父母都在城里打工，家里很困难，他不想加重家里的负担，能省就省一点。看着这个懂事的孩子，想着他正是长身体的时期，我就经常在周末把他叫到家里，做点好吃的。毕业后，他开始叫我"亲姐"。

主持人：这么多年过去了，你们现在还有联系吗?

邵新慧：有啊。他经常来看我，节假日更是准时发来祝福。他的孩子出生后，还专门刻了一张盘邮过来。

主持人：从当初的"亲姐"到现在的"亲妈"，将来会不会有学生叫您"亲奶奶"?

邵新慧："亲奶奶"，那得多老啊，我可不想那么快就变老。不过，人总是要变老，我倒是非常希望有学生叫我"亲奶奶"！

（文：李晨）

"号哥"

——讲述机械工程与自动化学院李小号副教授的故事

独创教学秘籍，打造磁力课堂。一支粉笔，画就育人乾坤；一声"号哥"，培育国家栋梁。你是东大教师，你是铸魂榜样！

在机械、材料、冶金等专业有这样一门基础课——"画法几何及机械制图"，被称为"工程界的普通话"，更是相关专业学生的"看家本领"。"制图非常枯燥，还非常难，最容易挂科。但这门课学不好，学别的更费劲。"信息科学与工程学院学生魏鹏宇说。

东北大学机械工程与自动化学院李小号老师却发明了"独家秘籍"，他截

李小号

取网络游戏中的人物造型、场景布局等类比课程内容，使晦涩难懂的知识点让学生有了直呼过瘾的代入感，他的课堂被挤得满满当当。"学生们在课余时间爱玩游戏，我就思考：怎么让学生把玩游戏的劲头转移到学习上呢？因为这门课主

要是讲制图读图，而游戏也都用画面呈现、用图交流，图就成为游戏和课程的结合点。"李小号说。听过李小号的课后，同学们纷纷表示，李老师通过游戏一下就"get"到我们的兴奋点，有时还没听够就下课了。

李小号在上课

工作十多年来，李小号始终坚守在教学一线，倾力打造魅力课堂。"每一次上课，我都想如果是我的孩子在下面听课，我该怎么讲，让他们更容易懂。作为老师，要对讲台有敬畏心，要对得起教师这个职业、要对得起学生。"李小号说。为了方便与学生交流，李小号建立了课程QQ群，并通过推荐相关专业书目，拓展学生的知识面，夯实学生的专业基础。白天他忙于上课，晚上就在QQ群里和学生沟通，以最快的速度解答、回复他们的提问。

课上是老师，课下是朋友。生活中学生们都亲切地叫他"号哥"，一遇到问题都愿意找"号哥"排忧解难。2017年的一天，学生张勇找到李小号，说自己挂科太多不想继续上学了。李小号给他列出了"退学的十大理由"和"坚持的十大理由"，苦口婆心、动情动理地和张勇谈了4次。此外，李小号每隔几天晚上就到他寝室，看他是否坚持复习，持续了三个多月。在李小号的帮助下，张勇顺利毕业，如愿进入一家国企工作。

"有些路，走下去，会很苦很累，但是不走会后悔。人生贵在行动，迟疑不决时，不妨先迈出一步；人生没有对错，只有选择后的坚持。"每到最后一堂课，李小号都会寄语学生这样一段话，这不仅是他

李小号在指导学生

对学生的殷殷教诲，更是他为学、为师的真实写照。

【李小号教授在 2019 年"讲述·东大人的故事"典型推介会上的访谈实录】

记者：李老师您好！将网络游戏融入课堂，您就不怕把学生带歪了吗？

李小号：刚开始确实有这个顾虑，但经过几年的尝试，通过学生们的反馈，顾虑逐渐打消了。将游戏融入课程不是教大家玩游戏，不是把学生往游戏上引，而是把学生玩游戏的兴奋点转移到知识点学习上。我觉得将新的元素融入课堂关键是"度"的问题，创新教学方法不是一味地迎合学生喜好，不是刻意地找噱头，而是找到教学方式和教学内容的契合点，让学生学好、用好知识是我们的最终目的。

李小号在讲述活动现场

记者：校外媒体报道您有教学的"独家秘籍"，那么您的"秘籍"是什么？

李小号：实际上也没什么"秘籍"。有时候我们老师觉得把知识点讲清楚了，但学生不一定能准确地接受；如果一个知识点反复讲，学生们还不能很好理解，我们就得思考是不是要换一种讲授方式。我认为重要的是老师要和学生打成一片，要了解学生，要让学生愿意和你交流，也要多和学生交流，学生在分享他的想法的时候，老师要捕捉到学生的诉求，改进教学方式，提高教学效果。只要学生能学好，我还会想更多的方法。

记者：李老师，您在教学上付出这么多，值得吗？

李小号：很值得。教学确实花费很多时间，包括课前的教学准备，以及课后给学生答疑、批改作业等，但我感觉很值得。比如说学生遇到问题和我讨论，确实会花费很长时间，但通过我的引导他懂了、学会了，当看到学生的那种笑容，我就感到很满足。因为我是老师，我的作用就是教学生，让他懂，帮助他提高，这就是我的成就感。

（文：李晨）

严师慈"傅"

——讲述工商管理学院樊治平教授的故事

> 著作等身，质朴率真；繁重的工作挡不住你勇担班导师的脚步，心心念念的是孩子们向上拔节的速度。外表冷峻，内里炙热，有师如你何其幸，自古严师出高徒。

"得下功夫啊，得花精力啊，上网上搜、找同学问。玩命！拼命！听懂没？"入学伊始的学业生涯指导课上，信息管理与信息系统1201班的新生做梦也没有想到，班导师初次见面就给他们当头棒喝，让他们迄今记忆犹新。

樊治平在指导学生

"很严，要求挺高的，想得到他的表扬太难了。""非常严，上了大学还得上晚自习，和我想象中的完全不一样。""太严了，就像高中班主任一样。"……虽然已经毕业，但每每念及自己的班导师，他们依然感慨良多。

但他们所谓"严"在

硕士研究生和博士研究生眼里已经是相当"温柔"了。"读硕士的时候他就要求'讲的东西小学五年级都能听懂'，不认真准备就会在研讨会上被他'挂在'台上。读博了就更不敢懈怠了，每个标点、公式、符号都要准确无误，谁都不敢偷懒。"博士研究生曹兵兵说。

草生木长，秋冬变换，四年的时间，新生变成毕业生，但这位班导师的严格却从未变过，从大一、大二时的自习、考级到大三、大四时的生涯规划、考研就业，没人知道令他"满意"的标准在哪里，只能不断地提高、提高、再提高。毕业之时，班里的 29 名学生，有 16 人升学深造，其余的则进入华为、国家电网等知名企业。

这位对学生"永不满意"的班导师，就是樊治平教授。面对新生入学后迷茫、懒散的状况，他全然不顾自身繁重的科研、教学、管理工作的压力，主动请缨承担班导师这项工作。作为国家杰出青年科学基金获得者、国务院政府特殊津贴获得者、东北大学工商管理学院原副院长……樊治平教授对班导师这个身份有着自己的见解和认识："现在的学生大多是独生子女，相对来讲他们学习的自主性差一些，另外也存在着比较自我、缺乏合作精神等问题，所以从他们在校读书期间和步入社会的各个方面考虑，就需要有经验的老师来对他们进行引导。"

虽然从来没有温情脉脉的话语，但学生的点滴冷暖他都记在心头，他常常要求自己的学生"尽可能在别人困难的时候帮别人做点什么"。在他心中，一位老师的使命，不应仅仅是课堂上的两个小时，而是要时时处处对学生用真心、动真情。

樊治平给学生做学业生涯指导

"2015年9月，我父亲罹患恶性肿瘤，樊老师每天都会打电话，向我询问我父亲的病情，每一天都会安排我们团队的一个师兄弟陪我来医院守护过夜……"已经毕业的博士研究生高广鑫在接受电话采访的时候依旧难以释怀。

"我这不第二年才考上研究生嘛，想早点过来适应一下研究生生活，就租了个房子，樊老师知道后，特意为我申请了助研津贴。"学生黄淳勇在出租屋里接受采访的时候说。

樊治平教授深深地明白：教育从来不是一个人的事，一个人的精力终究是有限的；教育也从来不是一代人的事情，正所谓"十年树木，百年树人"。因此，他非常注重对青年教师的培养，从论文的选题到项目的申报，他都不遗余力地提供帮助，还积极为青年教师搭建国际交流与合作的平台。"'打铁还需自身硬'，老师在人才培养的过程中必须要有过硬的功夫，要在教学和科研上做到最好。"他是这样说的，也是这样做的。20年时间里，樊治平教授作为负责人拿下7个国家自然科学基金项目，平均不到3年就有一项，其中还有"特优"项目一项，要知道，"特优"等级的数量非常少，只能占项目总数的5%左右。

樊治平与毕业生合影

岁月饮春秋，冰心鉴天地。躬耕三十载，桃李三千圃。治学从严，恪守为学之道；点滴化润，不忘育人初心。他，就是樊门子弟共同的严师慈"傅"。

【樊治平教授在 2017 年"讲述·东大人的故事"典型推介会上的访谈实录】

主持人： 樊老师您好，我们了解到您带的学生无论是升学还是就业表现得都非常突出，除了要求严格之外，有没有一些心得可以与我们分享一下？

樊治平： 这个从两个方面来讲吧。从本科生来讲，我刚做班导师的时候感觉他们自习能力比较差，所以我就引导他们一定要养成自习的习惯，主动去组织自习，到了大二、大三，就指导学生尽早地做职业生涯规划。在研究生方面呢，我总结多年的经验，提出要进行"综合能力"的培养。这个"综合能力"的培养包括学习能力、发现问题的能力、分析问题的能力、利用数学和计算机解决问题的能力、表达能力、写作能力等，其中最重要的还是学习能力和发现问题的能力。平时我也主动引导学生去观察经济社会中的一些实际现象，比如这个产品的定价，是不是通过大数据来分析？是不是需要通过数学建模来确定？所以这么多年来，我们在这方面的努力在学生身上取得了明显的成效。2016 年，华为在管理学院将近 200 名研究生中录取了 5 名，其中我们团队就占了 4 名。

樊治平在讲述活动
现场

主持人： 樊老师，您的经验真的很值得我们借鉴。我们都知道新生面临的最大的问题就是专业迷茫，对于这个问题您是怎样解决的呢？

樊治平： 这个我深有感受。学生刚入学的时候，我和每个学生交流，结果没想到有一半的学生受家长的影响或其他方面影响才报了信息管理这个专业，也不知道这个专业是干什么的，也不知道这个专业和计算机专业有什么区别，有很多学生还要去换专业。发现了这个问题后，我反复地进行引导，我说现在大家每天的生活都和信息有关，包括互联网、大数据等，需要大量的信息管理，这是我们中国重大的现实需求。同时我还举了一些优秀毕业生到企业工作的案例和发展趋势。通过不断地引导，我发现我们班的学生有了明显的进步，在毕业的时候也找到了很好的工作。

（文：王刚）

丹心育桃李

——讲述马克思主义学院任鹏教授的故事

信仰的讲坛上，你是马克思主义虔诚的传播者；求真的道路中，带领学生游弋在理论之光的海洋。照亮灵魂，打开心窗，嗓子已嘶哑，真情却滚烫。

2015年8月，任鹏的妻子即将临产，而马克思主义学院正处于国家社科基金重大招标项目申报的关键时期。

"任鹏是课题组的秘书，一个月来一直忙于项目申报，没有时间照顾他的妻子。"课题组同事金钟哲说，"在他妻子临产的当天，他还不断地给我们打电话、发信息确认申报情况。"

在孩子出生后的第5天，任鹏只身一人带着申报书前往哈尔滨工业大学联络合作签章事宜。因为是在假期，联络起来非常不容易。任鹏早上5点多坐上火车赶往哈尔滨，跑了大半个城市才完成相关手续，回到沈阳的时候已是深夜。

任鹏日常读书备课

"任鹏是马克思主义学院最优秀的青年教师骨干之一，在这次国家社科基金重大项目申报过程中，他作出了重要贡献。"马克思主义学院院长田鹏颖说，"同学们听他的课，一致反映听不够。我觉得这种评价，对于一个思政课老师来说，是非常珍贵的。"

2006年，毕业后刚踏上讲坛的任鹏发现，思政课教师这份工作不是那么简单。"课堂枯燥单调""教师古板无趣"是大学生对思政课的普遍印象，任鹏暗下决心，一定要改变这种状况，让更多的青年学子真正感受到马克思主义的真理魅力。虽然要承担年均1600多学时的课程，但为弥补授课经验的不足，他认真去听老教师的课，甚至把每堂课都用录音笔录下来，反复回放寻找教学规律技巧，仔细研磨教学"起承转合"的节奏，听课、备课、上课成了他生活的主旋律。

"他每天不是在面对着学生上课，就是在家里面对着书籍、电脑备课，他的生活中全部都是课。"任鹏的妻子说。

"我们都非常喜欢上任老师的课，特别有意思，一点也不枯燥，他总是能hold住整个课堂。"学生罗玲说。

为了让学生喜欢思政课，任鹏经常与学生一起打篮球、一起共进午餐，千方百计与学生打成一片，了解他们内心所思所想。针对学生的思想疑点、社会热点和理论难点，他在教学中"对症下药"，综合运用小组学习法、讨论教学法、经典品读法等，使学生从"要我学"变成"我要学"，主动参与课程，自主丰富教学内容，使每一节课都成为"精彩一课"。

任鹏在为本科生讲授思想政治理论课

"思政课要入脑入心，赢得青年，就必须坚持政治性和学理性相统一，以'亲和'的理论问题回应学生，以'彻底'的学理分析说服学生，用真理的强大力量引导学生。"任鹏说。

2019年11月，任鹏参加首届全国高校思想政治理论课教学展示比赛，获得特等奖。同年12月13日，他作为全国高校思政课教师唯一代表向时任国务院副总理孙春兰等党和国家领导同志汇报，并展示新时代思政课教学成果。

传播马克思主义理论不只在思政课课堂上，任鹏对广大青年的理论学习活动和理论宣讲需求总是"有求必应"。有时在上了8节课后，来不及吃一口饭又急匆匆赶到另一个校区，站在校内外理论宣讲团的讲坛上"论道"。

如何将课堂知识在实践中转化、将思政小课堂与社会大课堂有机贯通起来，是任鹏经常思考的一个问题。2012年暑期，任鹏顶着酷暑带领学生参与社会实践，并受到袁隆平院士的亲切接见。"为更好地指导我们社会实践，任老师和我们一起坐32个小时的硬座，并抓紧每一分每一秒，在列车上把我们的实践方案改了好几遍。他的言传身教，深深地影响了我之后的职业选择。"工商管理学院辅导员石天如是说。

任鹏带领学生实践团队进行社会考察

为了强化教学效果，让学生真正感受到理论的魅力，任鹏连续11年担任"理论之光"暑期社会实践指导教师，带领学生深入基层，让学生从课本走到社会，在实践中增长知识。

从课上的讨论、课下面对面的交流，到指导学生社会实践，再到邮件的沟通、课程QQ讨论群的建立、微博微信互动，任鹏将课堂建立在每一次与学生的交流与沟通之中。每学期课程结束，他都大胆地让学生匿名反馈教学意见和建议，而每一次匿名的反馈都让他收获到教书育人的尊严。近年来，他先后荣获全国宝钢优秀教师特等奖、"全国高校思想政治理论课教师2017年度影响力人物"、"全国高校思想政治理论课教学能手"等荣誉称号。

有一名学生曾这样写道:"起初,我以为思政课就是单向灌输的,理论脱离实际,很反感。但是现在,我很喜欢,因为它让我超越现实的阴霾,看到了更高、更远的晴空。"

任鹏在讲述活动现场

【任鹏教授在 2016 年"讲述·东大共产党人的故事"典型推介会上的访谈实录】

主持人:任老师您好,刚才我从视频中了解到,您年均要承担 1600 多学时的课,那您最多的时候一年要承担多少学时的课呢?

任鹏:乘系数后,最多的一年(2014 年)是 2220 个学时。

主持人:2000 多学时,那是一种什么样的状态呢?

任鹏:不仅白天是满课,晚上也要上到九十点钟。

主持人:从早到晚,一站就是十几个小时,您不累吗?不觉得苦吗?

任鹏:是挺累的。在课堂上精神处于亢奋状态,不觉得。一回家,毛病就出来了,整个小腿是木的、嗓子疼,一句话都不想说,倒头就能睡着。但是,说实话,我最享受的时光也是在课堂上,甚至有时候我在想,我可能是上课"上瘾"了。

主持人:为什么会"上瘾"呢?

任鹏:因为我总是觉得我们今天的年轻学生有敏锐的眼光、有精神的渴求,但又对马克思主义理论和当下的中国特色社会主义实践有困惑。作为一名思政课教师,最有存在感和获得感的莫过于和他们分享自己发现真理的乐趣,以及直面问题、理性思索的快乐，引导他们超越现实的阴霾，看到更远、更高的阳光与晴空。所以无论上几节课，也无论多忙、多累，我从不拒绝为学生作报告、座谈或者个别交流。我总想着，阳光多一些，阴霾就会少一点。

（文：刘剑）

"我不是未来，但我的事业是未来"

——讲述马克思主义学院曹洪滔教授的故事

> 信仰让他选择了这个职业，在"传道授业解惑"中体验幸福时刻；
> 热爱让他耕耘三尺讲坛，用行动诠释着"青年在职业选择时的考虑"。

信仰让他选择了这个职业，在"传道授业解惑"中体验幸福时刻；热爱让他耕耘三尺讲坛，用行动诠释着"青年在职业选择时的考虑"。

2019 年 3 月 18 日，学校思想政治理论课教师座谈会在京召开，习近平总书记出席会议并强调，要理直气壮开好思政课，用新时代中国特色社会主义思想铸魂育人，引导学生增强中国特色社会主义道路自信、理论自信、制度自信、文化自信。

"我们的自信从哪里来？"

"我只想要平淡的'佛系人生'不行吗？"

"为什么要坚守科学的信仰？"

如何解答青年学生的思想

曹洪滔

困惑，打消学生对思政课的抵触情绪，让有意义的内容有意思，让有深度的理论有温度，这是曹洪滔一直努力的方向。

从实际问题出发，在解答中逐渐带入相关历史、故事和理论，曹洪滔把系统化的理论和党的最新理论成果融合在生动的案例中传授给学生。

"曹老师非常了解我们在概论课学习时所遇到的困惑。他的课程大部分是围绕提出问题并解决困惑开展的，这种深入浅出并结合实际的讲课方式既有利于我们理解知识，也更容易引起大家的共鸣。"文法学院 2016 级本科生霍佳锐说。

2008 年，曹洪滔工作后任教的第一门课程就是概论课。在他看来，为师者，必先明、必自明、必真懂，才能以正确的知识和正向的价值观教育塑造学生。

为此，曹洪滔不仅攻读马克思主义经典著作，翻遍了图书馆所有相关资料，更是听遍了所里每一位老师的课程。

"洪滔老师是个对待教学非常'较真'的人！他 2008 年刚加入思政课教师队伍，为了过'教学关'，他把所里 6 位老师 64 个学时的课都听学一遍，有的内容还听了多次，反复听学难点、盲点知识，记录了厚厚的学习笔记。"马克思主义学院副院长任鹏说。

当他站上讲台的一刻，当他看到了学生们期待的眼神的瞬间，当他游刃有余地解答学生们困惑的时候，他，更坚定了自己的选择与信念。

"上曹老师的课，我更能感受到一种榜样的力量。"杨铠溪是马克思主义学院 2016 级思想政治教育专业的学生，对于他来说，曹洪滔既是老师，是学长，也是同行。"曹老师的课坚定了我以后的发展方向以及对自己专业能力的锻炼标准。"

理学院 2016 级学生李璇每次上课

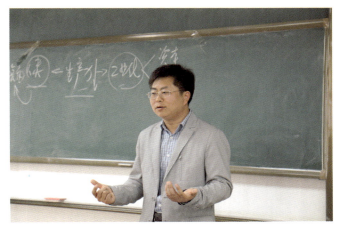

曹洪滔在上课

都会提前到教室跟曹洪滔交流，"曹老师喜欢用生动形象又幽默的语言，直接拉近与我们的距离。""希望通过我的课程，激发青年学生对马克思主义理论的认同与向往。"曹洪滔说。

曹洪滔用独特的个人魅力赢得了学生们一致的肯定和青睐。工作 11 年，他 6 次被学生评为"我最喜爱的老师"。

曹洪滔指导学生

从白天到晚上，从工作日到周末、假期，他无时无刻不在关注着学生的动态。无论是生活琐事、专业学习问题，还是思想困惑和现实困扰，曹洪滔都竭尽所能地帮助学生。

马克思主义学院 2018 级硕士研究生张倩在写关于课程思政论文时，把握不好宏观论述与实践操作的关系。了解到她的困难，曹洪滔帮她厘清了学术论文的选题逻辑、问题的思考逻辑和内容的阐释逻辑，为她打开了新的思路。"曹老师的指导让我明白了基于现实需求开展学术研究的重要意义，让我明白了思维方法与叙述方法的对立统一。"

"我不是栋梁，但我的事业是栋梁；我不是未来，但我的事业是未来！"这是曹洪滔在职业生涯开始时给自己的定位，也是他始终坚守在思政课讲台上的初衷。

【曹洪滔教授在 2019 年"讲述·东大人的故事"典型推介会上的访谈实录】

主持人：曹老师您好！您工作 11 年，6 次被评为"我最喜爱的老师"，您的秘诀是什么？

曹洪滔：秘诀谈不上。我觉得学生喜欢的老师无非就是那么几类，专业知识渊博，具有个人魅力，教学风趣幽默。这三者任何一个都足以吸引学生、打动学生。如果能三者俱备，那就是教学中的大咖。

具体到我个人，我觉得是一个字——"真"。首先是认真面对教学。在我刚参加工作的时候，有一位老教师说过一句话，"允许能力不够，但不允许不认真"。从那时起，我一直把这句话作为自己的座右铭，努力把职业当事业，把教学当爱好。要求自己在备课的时候，每一个知识点都要首先说服自己。只有首先说服自己，才有可能说服学生。其次是真诚地面对学生，这就需要接触学生，了解学生所思所想所惑。所以，我会结合现实中学生喜闻乐见的事例，使自己所讲有针对性，让学生真想听、听得懂、听进去、有共鸣。最后就是展示真实的我，老师越是不苟言笑，学生距离我们就越远。我希望通过幽默真诚的表达深化学生对理论知识的认知和理解，用我的真诚打动学生，最终使学生实现由知识体系、思想体系向信仰体系的转化，这也是所有思政课教师追求的本真。

曹洪滔在讲述活动现场

主持人：认真、真诚、真实，离不开一个"真"字。我们都知道您既是思政课教师，又是学校理论宣讲团成员。每天不仅要备课、讲课、做课题，还要参加学生团日活动、给师生党员讲党课等。这么充实的工作，那您平时有没有时间放松和休息？

曹洪滔：说实话，这个是有的。比如，平时我也追剧，不过我追的是剧情的介绍，主要是想了解现在的学生在看什么、关注什么、想什么。之所以追剧情的介绍，是因为平时教学科研和其他工作基本占据了我所有的时间，有时候还不得不熬夜到很晚，所以最近两年也在抽出时间锻炼身体，因为身体是革命的本钱。在此，也希望同学们少熬夜、多锻炼。

主持人：是啊，习近平总书记也说年轻人不要总熬夜。那您把时间都给了工作，觉得累吗？

曹洪滔：有时候觉得还是挺累的。但是每当我走上讲台，看到学生期待的眼神时，当我把自己融入学生成长历程的时候，我觉得所有的累都变成了幸福。

（文：杨玥）

我的生日愿望

——讲述医学与生物信息工程学院王帅的故事

> 16 年细碎的光阴，有多少日子，就有多少爱和陪伴；单薄的身躯，挡住青春的风雨，挑起学子成长的重担。你用坚强把内心的柔弱掩盖，却把阳光般的微笑，洒向你的挚爱。

王帅，自 2001 年留校后一直从事学生工作。16 年来，于学生而言，她是青春路上的"陪跑者"，温暖知心、不离不弃；于家长而言，她是能够放心托付的好老师，专业耐心、细致周全；于同事而言，她是工作中的好搭档，睿智严谨、谦逊友善。

"王老师精力特别充沛，总能看到她不知疲倦的身影。"侯美含说。

"我一直劝她去复查，她就是不听，总是说单位有忙不完的事。"王帅爱人说。

"王老师早早就已经把工作都布置好了，我们按

王帅在办公室

王帅与学生在一起

部就班地开展就行了。"程俊龙说。

"那段时间，王老师经常通过微信和短信来和我们交代工作，每件事情都要反复交代好几遍，生怕出现什么差错。"时英晋说。

王帅的工作日志

2016 年 3 月 6 日 星期日

今天是开学第一天，工作很饱满！上午开学办会，布置新学期工作任务；中午开班长会，统计学生返校情况，联系并嘱咐还没到校的学生途中要注意安全。下午又走访了寝室，晚上和几个考研失利的学生谈心谈话。上周体检结果出来了，彩超检查提示甲状腺好像有些问题，医生建议尽快去复查，不过应该没什么事儿吧。

2016 年 3 月 16 日 星期三

开学已经十多天了，今天特别忙！上午讨论修改学院绩效考核方案，中午参加学院艺术节活动启动仪式，下午又参加学校干部培训班，晚上进行了学生发展咨询……今天检查儿子作业时，他贴心地给我捶肩，突然小手停下来在我头上扒来扒去，惊讶地说："妈妈，看来以后我要经常帮您拔白头发喽！"

2016 年 3 月 28 日 星期一

今天是我生日，感觉格外累。可能是从开学到现在一直没消停过，身体有些吃不消吧。还记得刚搬进新校区的那半年，每天都要跑好多遍寝室和教室，还经常值夜班，也没感觉怎么累呀。不会是身体出了问题吧？晚上过生日许愿的时候，除了祈祷家人健康平安，还偷偷给自己许了个愿——让我休息三天吧，只要三天就行，睡个懒觉、陪陪孩子、帮爸妈干点活，给他熨熨衣服。

2016 年 5 月 21 日 星期六

忙活了一个多月的校运动会终于结束了，还好这次运动会一切顺利。还记得三年前校运动会刚结束时，在回家的路上就接到学生电话说思靓同学散场后晕倒了。我赶紧去医院，陪着检查、看护点滴、联系家长、记录医嘱……回到家已经是后半夜了。说到医院，下周我也该找个时间去复查了，一直拖着也不是回事儿啊。

2016 年 5 月 31 日 星期二

今天真的很糟糕！复查结果出来了，医生说我有80%的可能是甲状腺恶性肿瘤！之后医生好像又说了些什么，但我都记不得了。父母年纪那么大了，我还没有好好地尽孝；儿子还那么小，一直也没好好地陪陪他。今晚，我要搂着宝贝儿子一起睡！不！我要先多看看他，看到困得不行了再去睡……

2016 年 6 月 5 日 星期日

明天就要手术了，和父母说我要出差几天。下午把近期的工作和同事、学生都安排好了，让他们有事儿第一时间再联系我吧。

2016 年 6 月 9 日 星期四

今天是手术后的第四天，医生说我恢复得还不错。相伴四年的学生们就要毕业了，看着他们开始在朋友圈发毕业照，我想，我得回去陪他们度过大学的最后时光。

【王帅在 2017 年"讲述·东大人的故事"典型推介会上的访谈实录】

主持人：王老师，您从事学生工作 16 年，对于辅导员这样一个角色，您是怎样定位的呢？

王帅在讲述活动现场

王帅：作为一名辅导员，应该做学生青春路上的陪跑者，在学生遇到困惑迷茫的时候，不应该做代替学生决策的独裁者，而是要做拨云见日、加油鼓劲的教练，用心陪伴、静待花开。

主持人：用心陪伴、静待花开，说得真好。那么，您能和我们分享一个您与学生之间的故事吗？

王帅：那我就讲一个我带过的一名学生的故事吧。她叫小文，小文在校期间每到期末考试之前都会假借创业之名跟我说要休学。其实她在高中的时候就被确诊为患有轻度的抑郁，上学期间也因为成绩原因降级了，所以她也是我日常思政工作关注的重点对象。我平日里会找她聊聊天，关心她、帮助她，甚至连拉带哄地陪着她去看心理医生，还把精心挑选的绿植送给她，就像我在她身边陪着她一样。一点点地，小文的心结慢慢地打开了，她也能真正地去拥抱自己的青春和梦想。毕业临行前，她和我告别，回馈给我一个深深的拥抱。这个拥抱让我切实体会到：只有真心关爱，才是对青春蜕变的最好守护。

（文：刘剑）

指南针驿站
——讲述外国语学院指南针驿站团队的故事

> 让彷徨的学子看见光，让困惑的灵魂找到方向，让迷惘的心灵豁然开朗。风和日暖盛桃李，驿站之中有春秋！

"准备考研的同学早就开始复习了，想保研的同学已经在准备夏令营，想出国的同学也开始对自己的生活做出权衡，可我……"

"考研的苦承受不来；保研，还是别想了；出国的话，申请什么专业，找哪家中介……真的要出去吗，还是不得已的选择？人家不是说二十出头是充满希望的年纪吗？我怎么活得这么丧……"

李露是外国语学院 2015 级学生，大三时面对考研、出国各种迷茫困惑，她不知所措，不知路在何处。

手机弹出指南针驿站的微信推送，让她眼前一亮。但她不敢确定老师是否愿意听她这些矫情的困扰，这让她一度不敢预约指导。徘徊之后，李露还是认真地填写了指南针驿站的预约申请表。让她没有意料到的是，预约后的第二天，她就接到了指导师刘卓的电话，约她到自己的办公室聊一聊。

那天阳光正好，在刘卓老师的办公室里，李露说出了自己的困惑和一些不成熟的想法。面对李露疑惑而又渴求的目光，刘卓用心思考问题的症结，用经验为李露拨开现象的迷雾，给予最真诚的指导和建议。

让李露真正能与教授学者面对面获得指导咨询的平台是外国语学院构筑的文化育人新平台——指南针驿站。

指南针驿站成长沙龙

指南针驿站取"指南针"和"驿站"两者的寓意,通过精准的思想文化引领,为学生提供补给,让学生更好更快地成长成才。

"指南针驿站的设计初衷源于一个现实问题,即学生对学术科研的渴望与教授学者和本科生接触较少的矛盾,这督促我们建立这样一个平台。"外国语学院党委副书记、副院长(兼)赵丽娜介绍说。

学生有需求,随时有指导。指导分方向,思政无界限。指南针驿站聘请学科带头人、校外专家学者、优秀校友等建立指导师库,学生根据自己的问题预约指导师,指导内容覆盖思想引领、学业指导、就业指导、生涯规划指导、心理指导、出国交流(留学)指导、创新创业指导、入党指导八大方向。截至2019 年,平台已开展预约指导 500 余人次,成长沙龙 100 余次。

"你对你的专业到底了解多少,怎么才能学好?与邓建华老师一对一的预约指导,让我明白奋斗与不奋斗虽是一字之差,但四年之后再回首时就是天壤之别。邓老师的教导让我毫不犹豫地选择前者。"外国语学院 2017 级学生李玉颖说。

"张德旭老师不会提那种教条式的建议,而是本着对学生负责的态度,根据我的实际情况,给予最真诚的建议。而这恰恰是我最需要的。"外国语学院2016 级学生郜乐凡深有感触地说。

学生希望探索周围的世界、融入紧张的生活,然而往往发现忙碌没有带来想象的充实;他们认真对待每一门课程、准备每一次考试,然而经常沮丧成绩没有预期的理想;他们热爱生活、多才多艺,然而有时面对选择却无所适从。走进指南针驿站的同学来自不同的年级,带着不同的问题,但相同的是对未来的期许，是奋斗的姿态，是对自己的思考和对指导师的信任。指导师们用爱心、耐心、责任心陪伴学生成长，帮助学生驱散阴霾，解开心结，收获坚定选择的自信。

自2016年以来，指南针驿站已形成统筹协调各方资源和力量，共同助力学生发展的全员育人模式、从学业提升到思想引领的全方位育人模式、从课上到课下、从大一到大四的全过程育人模式。

指南针驿站工作人员合影

聚焦短板、精准发力，打通盲区、焊接断点。指南针驿站真正把重心、重音落在育人效果上，成为培养学生德智体美劳全面发展的"能量枢纽"，不断提高东北大学思想政治工作的亲和力和针对性。

指南针驿站，一心一意只为你。

【指南针驿站团队在2019年"讲述·东大人的故事"典型推介会上的访谈实录】

主持人：李露，你是2015级学生，指南针驿站创建于2016年，所以你们这届学生应该是和指南针驿站一起成长起来的，也是最大的受益者，能谈谈你的感受吗？

李露：我最大的感受就是，比努力更重要的是选对方向。只有选择了正确的方向，才能避免不必要的损失和无用的努力。指南针驿站给我们提供了一个可以和最有经验的老师直接对话、寻求帮助的平台，收获很大。因为面对的是我们朝夕相处的老师，所以可以完全信任，没有心理负担地说出自己真实的困惑和想法。

指南针驿站工作人员在
讲述活动现场

主持人： 这种信任也让指导师们深感责任重大，是不是，刘卓老师？

刘卓： 对，也正是这种信任，让我不断思考教师的本分是什么，怎样做才能真正帮助学生成长。三年多来，通过平台与我预约一对一指导和沙龙活动的学生人数达 50 余人，他们的问题有专业学习的困顿迷茫，有国际交流的难以抉择，有不知如何确定硕士方向，有面对就业市场无法找到定位……每一次，我都会根据学生的具体情况，进行个性化的引导，保证每一名学生的问题得到精准解决。能被他们预约是我们作为老师最有成就感和幸福感的事。

主持人： 赵老师，我们也想听听幕后策划人的初衷和想法？

赵丽娜： 指南针驿站对学生的思想引领实现了从粗放型向集约型的一种转变，我们从学生的实际需求出发，将我们想说的和学生想听的结合起来，将"大水漫灌"和"精准滴灌"结合起来，将解决思想问题和解决实际问题结合起来，切实提升思政育人的亲和力和针对性。运行三年来，现已在全校得以推广，除了要感谢我们可亲可敬的指导师们，还要感谢指南针驿站的全体工作人员，正是他们的默默付出与坚守，才有了今天的指南针驿站，借此机会也要对他们说一声"谢谢"。

（文：段亚巍）

第五篇

以梦为马，追逐星辰

一年 VS 一件终生难忘的事

——讲述新疆研究生支教团的故事

> 脚踏泥泞，俯首躬行，在大西北的贫瘠中展开爱的马拉松。流淌的汗水是青春，播下的种子叫希望。有梦不觉天涯远，扬帆启航再出征！

T302，沈阳北开往乌鲁木齐，全程 53 小时 26 分钟。2006—2017 年，11 年间，这趟列车向西北边陲输送了 11 批次 59 名东大志愿者，他们用爱与信仰坚守在祖国最需要的地方。

新疆研究生支教团
与学生在一起

2009 年 10 月，支教团入疆未满两个月，甲型 H1N1 流感席卷新疆。支书王明飞突发 41 ℃高烧，3 天不退，吓坏了当时的团员李典阳，"紧张、担心，县医院条件太有限，到乌鲁木齐要 10 多个小时，如果真的是甲流，那我们的麻烦就太大了。"

首发地昭苏，伊犁州直唯一的五类艰苦地区县。每天往返 10 公里，做饭，生炉子是生活必备技巧；常驻地布尔津，少数民族居民占 70%，夏季毒蚊，飞机洒药都消灭不了……

看着他们，布尔津县高级中学校长夏丽萍心存疑问："这些支教老师千里迢迢地从东北到西北，他们能坚持下来吗？"

顾不上与环境磨合、调适心理，支教团要应对更大的难题。80% 的少数民族学生没有教学经验和技巧，如何讲好一堂课？

支教团的门添力有自己的独门秘籍："下死功夫，把课讲好。"22 岁的门添力在冲乎尔镇寄宿制中学是年龄最小、课时最多的青年教师。2 门课程每周 20 课时，5 个班 173 份作业，备课、修改作业占用了他全部的业余时间。对于门添力当时的努力，同寝室的胡永欣记忆犹新："为了给孩子们上一堂高质量的历史课，他经常备课到凌晨一两点钟。"

就这样，学自动化的门添力，历史课教出了全县第一；学自动化的何晓辰用 RAP 教会了学生《蜀道难》；信息课教师马犇参编了高中课本……

24 门课程，8 万余课时，4000 名中小学生，这是支教团 11 年的支教成绩单。

新疆研究生支教团成员为学生答疑

11 年中，支教团带去的，不仅是知识的甘露，还有走出去的希望。

2000 元的国家补助，要支付罗扎生活费 500 元，罗扎入冬衣服鞋子 132 元，高考教材 35 元，电话费 100 元……

这是支教团刘雷的生活账单。2000 元的国家补助，自己只留 1000 元。1000 元，意味着不能生病，不能打牙祭，不能添置衣物。

罗扎，伊犁师范大学大一学生。高二时母亲病重，父亲失去劳动能力，成绩优异的她面临失学。回忆当时，罗扎满心感恩："支教老师资助我，还帮我募集助学金，让我能够继续学业，参加高考，有了走出来的机会。"

一个都不能少。11 年间，支教团募集善款百余万元，帮助 198 名失学生重返校园。发起"安利彩虹"超市、"疆爱津行"等公益项目，极大地改善了支教地的办学条件。

旧问题解决了，新问题又出现了。

支教团刘雷手里有一组数据："全县 10393 名小学生，3000 多名中学生，1000 多名高中生。90% 的学生流失了，他们不相信知识可以改变命运。"

精准扶贫从精准支教开始，精准支教从消除思想贫瘠入手。11 年间，支教团跋涉万里山路，到全县 19 所中小学开设公益课堂，宣讲梦想力量。

回忆起高中时的梦想课堂，沈阳城市建设学院的朱思齐说："有支教老师的地方就有梦想课堂，梦想课堂上那个精彩的外面的世界，我也走出来看看。"

岗位需要处，皆有我身影。11 年间，支教团搭建了初级中学校园网络，开发了高中学生综合管理系统，绘制了冲乎尔镇寄宿制中学的主体建筑。"冲乎尔镇寄宿制中学是布尔津县最大的一所学校，那里的图纸大部分是从我这里出来的，当时主楼让我命名，我说我们学校的校训是'自强不息、知行合一'，那就叫知行楼。"刘雷说。

"我没想到他们坚持下来了，还做了这么多事情。"布尔津县高级中学校长夏丽萍告诉记者。

距离返程的日子只有 5 天了，刘思宇的脚步更加匆忙了，她还有许多放心不下的地方。

"书的种类还不够，回去还要再想办法；阿合特列克爸爸的病不知道好了没有，走之前要去她家里看看；帕丽扎性格太内向，不敢大声朗读课文，要记得跟禹老师说一下，让她多鼓励鼓励；哈不列提的字要提醒他，即使我走了也要坚持练习……"

爱是一面回音壁，付出总会有回报。临行前，刘思宇的行囊中装满了礼物，稚嫩的字迹中写满了感谢。"支教是一个双向的过程，我们是付出者也是收获者，孩子们的情谊是给我最好的青春纪念。"刘思宇告诉记者。

新疆研究生支教团合影

"自强不息、知行合一。"11年来，校训精神引领着一批批东大学子"到西部去，到基层去，到祖国最需要的地方去"，用奉献与友爱改变着我国乡村教育的现状。"用一年不长的时间，做一件终生难忘的事。"志愿者口号响亮，志愿情长。

（文：姚艾君）

军中良剑耀东大

——讲述国防教育学院第二中队党支部的故事

携笔从戎铸亮剑，无悔青春献国防！

晚上 9 点的五五运动场，正是同学们休闲娱乐的绝佳场所。喧闹的人声中，昏暗的光线下，国防教育学院第二中队却列队整齐，开始了 5 公里体能训练。

寒冬里顶风冒雪，烈日下挥汗如雨。他们每天早出晚归、团结奋进，平均每个党员获得奖学金 3.5 次，获评荣誉称号 2.4 项。这是一个光荣的集体，也是一个没有人掉队的集体。

第二中队党支部翟广羽同学说："5 公里，也就是绕着大操场跑 13 圈，体能稍差的同学会比较吃力，但也都拼命跟上。"对此，同为党员的杨雨霖表示："我们穿上了军装，就代表着另一种身份，要把最好的一面呈现出来，这就是我们的'亮剑精神'！"

每个党员都是一面旗帜。

党支部成员在训练

"模拟班"制度是党支部在 2015 年建立起来的，即以两个寝室为一个模拟

班，由党员担任班长，定期组织活动，带领同学自习或进行体能训练。支部每周组织模拟班负责人进行一次工作总结，每个月对工作优秀的模拟班和进步较快的个人进行嘉奖。

党支部成员

"这种机制让大家普遍感到学起来、练起来更有劲儿了，我们的学习和训练成绩都有所提高。"中队长刘大川说。

2015 年，第二中队承担了一项特殊的任务——新生军训。14 天，起早贪黑，没有一人迟到或请假；落下的课程，毫无怨言，默默自觉赶上。困难面前，没有一人逃避和退缩。很多人带病坚持，浑南校区教官带学生赶活动时常常吃不上午饭。由于高强度的体能消耗，他们甚至在等待新生听报告、体检或参观时，就不知不觉睡着了。

国防教育学院原院长刘云飞认为，能在军训中担此大任，正是源于他们平时的严格训练。国防生们每年暑假都会到雷锋团、防化团、炮兵学院等部队集训，在真刀真枪的磨砺下，向成为一名合格军人的方向迅速成长。

党支部成员合影

清晨 5 时许，东大校园还在沉睡，国旗仪仗队队长李欣学已经带领队伍开始了一天的训练。每逢学校大型庆典，这群英气勃勃的年轻人总会吸引所有人的目光。而这背后，是他们几年来日复一日、一丝不苟的艰苦训练。正步端

腿、摆臂，一练一两个小时；一个"肩枪"动作，每天要练几十次，手臂累得拿不稳枪，依然咬牙坚持。当被问及是什么样的信念一直支撑着他们时，李欣学这样回答："我们是东北大学国防生，就应该走出东大国防生的精气神！"

2013年，四川雅安发生7级强震，国防生自发组织、创立了爱心公益平台"十基金"。从此，全院学生每人每月捐款10元，用于资助学校和社会上需要帮助的人和群体。2014年起，第二中队党支部正式接过了这个爱心接力棒。

"十基金"的长期资助对象、烈士遗属关焯月是其中比较特殊的一个。

关焯月的父亲关喜志是原沈阳军区某集团军工兵团参谋长。2010年7月，7000余只化工原料桶被连日暴雨冲入松花江内，严重威胁两岸人民生命财产安全。关喜志同志率部打捞，遭遇突发险情，他果断指挥和帮助战友脱险，自己却被激流卷走。

第二中队党支部书记于孔明介绍说："关喜志烈士的事迹让我们深受触动。他的女儿当时还很小，2013年'十基金'成立以后，决定给她提供小学阶段每月600元、初中阶段每月800元、高中阶段每月1200元的资助，直到她考上大学。""他们不但寄来玩具、学习用品和书籍等礼物，还写信鼓励她走出悲伤的阴影，用积极向上的态度面对生活。"关焯月的母亲在电话中说。

党支部成员在升旗仪式现场

"携笔从戎铸亮剑，无悔青春献国防。"这就是国防生们的青春宣言。军人是一种选择，更是一种价值追求和责任担当。

（文：张蕾）

话不多说，干就得了

——讲述 Action 创新团队的故事

> 名叫"Action"，从来行动派；千钧一发的赛场，用默契化险为夷，一招制敌背后是通宵达旦的努力。桂冠洗去失败的苦涩，胜利开启崭新的梦想！

在全国大学生机器人竞赛 ROBOCON 赛事中创造"四连冠"的神话，五次代表中国出战世界大赛，获两次亚军、一次季军和多次"最佳技术奖"，荣获全国"小平科技创新团队"称号，这是东北大学 Action 创新团队组队 21 年来的赫赫战绩。

Action 创新团队合影

Action，英文意为"行动"，用一句当下十分流行的话来解释或许更加贴切——"话不多说，干就得了"。一直以来，无论是最初的结构设计、优化机构，还是赛前的不断调试，Action 创新团队经常熬到凌晨或是整夜不睡。

2020 年 10 月，东北大学 Action 团队在丛德宏教授的指导下完成四传一射，平均用时 21 秒，在各高校中用时最短，排名第一，荣获 2020 全国大学生机器人大赛 ROBOCON 一等奖和最佳技术奖。这也让东北大学成为了全国唯一一所连续五次代表中国出战亚太大学生机器人大赛的高校！

可胜利的路上并不总会一帆风顺。

那是一次亚太大学生机器人大赛现场，距离比赛开始还剩不到 1 小时，场地测试时机器人突然无法正常运行。由于场地照明的灯光对机器人视觉识别造成了干扰，机器人一下就找不到追踪目标了。关键时刻，他们顶住压力，紧急启动备选方案，最后通过红外线识别解决了问题，顺利完成比赛。

参赛多年，像这种让人记忆犹新的时刻，Action 创新团队经历过很多。

2009 年，机器人"石头""剪子""布"出征大赛，完成任务"胜利鼓乐"。

"'剪子'是依靠传感器识别地表

Action 创新团队参赛

白线确定运动轨迹的，一到赛场我们就蒙了，满地都是白点，因为识别失误，第一场比赛就输了。"团队队员崔延洋说。

若不想近一年的心血付诸东流，只有在两场小组赛间隔的一个多小时内完成主控程序修改。控制队队长朱帅临危受命，"很难，很急，志愿者不停地催，我们关起门全神贯注改代码，完成时离比赛开始就剩 5 分钟了。"

"剪子"再没出现问题，那一年，东北大学夺得亚军。

2019 年，在两个月的国际赛备赛过程中，队员们精益求精，没有丝毫松懈。为了节省 MR1 那几百毫秒的时间，绞尽脑汁，不放过每一个细节。从材料的选择到轮子包胶表面处理工艺的改变，甚至考虑过重新设计舵轮。前前后后试了十几版，最终确定了一个方案。而 MR2 更是如此，为了提高运行速度，提高机器人工作的稳定性，驱动板、电源板等硬件电路均需要作出最优化的设计改进，有的改进甚至是推翻式的改变。这种改变既是对技术的考验，也是对队员心态的考验。

Action 创新团队参加国际比赛

Action 创新团队参赛机器人

2020 年，因为疫情防控原因，师生交流、技术指导、快递收发都给队员们带来了不小的挑战。但大家却没有一句抱怨，在困难面前，大家的心反而凝聚得更紧了。面对与以往不同的比赛模式，Action 创新团队毫不退缩。他们说："哪怕发生问题的可能性只有百分之一，我们都会尽可能地早做准备、趁早解决。"

拒绝平庸，挑战极限。东大机器人"凤凰"，赛场翱翔！

"从 2002 年我们参加第一届比赛开始，21 年来，既经历过获得冠军的辉煌，也经历过小组赛被淘汰出局的沉痛打击。无论遇到怎样的困难和挫折，我们从来没有想过放弃。"指导教师丛德宏说。

在科学馆 101 室，角落里成排码放着床垫和被褥。备赛期间，队员们就打地铺住在这里，日夜奋战。

在背后支撑他们的，是 Action 创新团队指导教师丛德宏教授。作为团队的掌舵人，他已扎根实验室 21 年，是学生眼中认真、执着的灵魂人物。每晚 10 点半下班是他的工作常态。

"这种对抗性的竞技比赛对培养学生的综合素质和综合能力是非常有价值的。看着一批批队员在团队中得到历练、成长，心里感到很欣慰。虽然在别人看来挺苦挺累，但我自己觉得很开心。"指导教师丛德宏说。

2014 年，王海洋和几个队员注册成立沈阳艾克申机器人技术开发有限责任公司，研发的技术和产品广受认可和好评。一款全方位平面定位系统现在已经在国内外 60 多家高校和公司得到应用。

2016—2019 年 Action 创新团队获奖合影

（Action 创新团队在全国大学生机器人竞赛 ROBOCON 赛事中创造"四连冠"的神话）

"我们在丛老师的指导下建立起以定位系统、驱动器、伺服轮、激光雷达等为核心的产品链，研发了下肢康复机器人、家庭服务机器人等整机产品。"王海洋说。

21 年间，中央广播电视总台、新华社、共青团中央和全国学联微信公众号等各大媒体多次将目光聚焦东北大学 Action 创新团队。"少年强则中国强""未来机器人行业里的中坚力量""走到他们梦寐以求的终点"，媒体报道的每一句话，是肯定、是鼓励，更是全体东大学子勇于钻研、追求卓越的生动写照。

参加历届大赛队员累计 200 余人。其中，去往美国、日本、德国、意大利等国留学、工作 20 余人；在清华大学、北京大学、浙江大学、华中科技大学、东北大学等高校继续深造 60 余人；在华为、大疆、宝马、英伟达等国内外知名企业从事相关工作 50 余人；自主创业 10 余人。

这就是东大的王者之师！

传奇还在续写，神话仍将继续！

Action，话不多说，干就得了！

（文：张蕾、段亚巍、李皓然）

狭路相逢勇者胜

——讲述 T-DT 机器人创新团队的故事

在东大，有这样一支队伍：他们操纵着自己一点一滴积累研发的机器人，用一颗颗闪烁的弹丸击溃来势汹汹的敌人，在一个真实的电竞赛场上纵横驰骋，横扫千军，成为中国大学生顶级机器人大赛的双冠王。他们就是 T-DT 机器人创新团队。

T-DT 机器人创新团队组建于 2012 年，在指导教师陆志国、刘冲的指导下，团队在机械底盘设计、云台俯仰、电路控制、视觉识别、无人机飞行等相关技术领域取得了丰硕的研发成果。团队先后荣获首届中国"互联网＋"大学生创新创业竞赛金奖、2017 年 RoboMaster 全国大学生机器人大赛全国一等奖、2017 年 IEEE ICRA 国际移动搬运机器人技术挑战赛世界冠军、2018 年 RoboMaster 机甲大师全球总决赛亚军、2019 年 RoboMaster 机甲大师全球总决赛冠军、2020 年 RoboMaster 机甲大师全球总决赛冠军。

"T-DT"意指"Thinking-Doing to Theory"，是东北大学校训"知行合一"的英译。在科研道路上，思考并付诸实践，这是 T-DT 名字的由来，也是队员们始终秉持的信念。这支由机械、自动化、软件、计算机、电子等专业的数十名队员组成的"机器人"大军，一次次冲击的是有着中国大学生最高水准的机器人竞赛之称的 RoboMaster 机甲大师赛。

T-DT 机器人创新团队夺冠合影

2019 年的夏天，一趟从沈阳始发的列车，带着东北大学 T-DT 机器人创新团队的成员们，来到了深圳。酷暑八月，在宝安体育场附近的一个居民区内，一个属于东北大学的备赛基地悄然成立。就在 2018 年，T-DT 在总决赛中惜败对手，这一次他们已经做好了一切准备。

8 月，深圳宝安体育馆，第一场热身赛。数据上的显著差异，让东北大学的队员们在面对上海交通大学时，显得有些轻松，可比赛开打之后，T-DT 却被打了一个措手不及，接连败退。分区赛"不败"的传说遭到了来自上海交通大学的当头一棒。第一场打完后，整个队伍士气低迷，大家都感受到深深的挫败感。

在"备赛基地"中，一种淡淡的压抑正在蔓延。

T-DT 队员调试比赛机器人（一）

这一年的比赛，将会如何？开局失利，似乎为整个赛季蒙上了一层灰色的阴影。

"狭路相逢勇者胜"，这是 T-DT 的口号。科研与比赛的道路上，从来就不会缺少"狭路"，而真正缺少的就是这些"勇者"。当改代码、调板子成为队员们的日常，一次又一次的失败便算不了什么——正是失败带给了他们继续前行的力量。

T-DT 队员调试比赛机器人（二）

接下来的比赛里，队员们冷静地思考，及时地切换战略，让 T-DT 连续三场以大比分淘汰对手，朝着总决赛一路挺进。

冠军之战，T-DT 再一次面对决赛之旅"开局杀"的对手——上海交通大学。

每一个人都是紧张的。这一天，已经等得太久；这一天，将决定谁能捧起那个闪闪发光的金色奖杯。那个被握在手掌心的金色 R 字，显得格外耀眼——这是中国大学生机器人竞赛的最高荣耀。

倒计时两分钟，队员们进入比赛场地，将机器人安置在对应的位置，最后的检查也完成了。

倒数 5 秒——5、4、3、2、1。

闻令而动，势若奔马，霎时间，如同奔雷入江，激起千层浪。

工程机器人轻松上岛，开始补充弹丸。英雄机器人迅速接过补给，灵巧地移动到补给岛的另一侧，那里是上海交通大学的补给点。这时，3 名步兵机器人已经开始围攻上海交通大学的工程机器人与英雄机器人……突然，上海交通大学的三号步兵机器人冲到了东北大学的基地，四号步兵机器人果断回防，配合哨兵机器人攻击偷袭的敌方。东北大学的地面力量明显发力，英雄机器人再一次拿到了分数。

第一个小能量机关被东北大学抢先激活了，步兵机器人的视觉识别明显胜对方一筹。紧接着，是长达一分多钟的对峙。没有人进攻，但是气氛紧张到了极点——所有人都默默等待着第二个能量机关……

一个灯亮起来了——继续，2 个、3 个、4 个，但是没打中，重来，4 个、5 个！第二个小能量机关被激活了！这是关键的胜负手，如果说东北大学夺冠需要三步，那么到此已经完成了第二步；第三步，就是无人机"充能"完毕。

无人机起飞了。稳稳地悬停在赛场上，云台转向，对准敌方的基地——1800、1500……每一发弹丸都精准地落在敌方的基地上，上海交通大学基地的血量在急速下降——1000、500、200、0！

T-DT 队员比赛

每一名队员都兴奋地从椅子上跳起来，欢呼着，向这个挥洒着自己汗水的赛场倾吐喜悦。操作间里，虽然听不见声音，但是看到队员们高高挥舞的拳头就能感受到赛场上的震耳欲聋。每一个凌晨入睡的夜晚，每一件浸透汗水的衣衫，每一发闪闪发光的弹丸，都承载着太多太多为实现青春梦想的努力与拼搏。

领奖台上，金色的彩带在空中缓缓飘落，**T-DT** 机器人创新团队队员相拥在舞台上。每一个人都在尝试够到那个闪闪发光的金色奖杯——那是属于实验室、属于东北大学的荣耀。而鲜花与掌声并没有让这群逐梦者们骄傲自满，一年后的决赛中他们成功卫冕，成为当之无愧的"机甲大师"。

走进南湖校区科学馆二楼 T-DT 机器人创新实验室，正对入口的一间柜子上摆满了各类奖杯和荣誉证书，这是一代代团队成员不懈奋进的见证。地上顺次摆放着参赛机器人，有步兵机器人、英雄机器人、工程机器人、哨兵机器人和空中机器人等。它们不像电视里看起来那么小巧灵活，从接近 1 米的英雄机器人到重达 40 斤的步兵机器人，个个都是"钢铁战士"。

即使早已荣誉满载，他们依旧埋头苦干、专心研发。奖杯是外界对他们的认可，而在实现目标的过程中，通往巅峰征途上的那一个个不眠不休的夜晚，在灵感迸发的瞬间，溢满胸腔的充实和满足，才是他们从这份事业中得到的最大奖赏。

（文：邱子翱、霍佳锐）

与"郎"共舞

——讲述信息科学与工程学院 1609 班的故事

立鸿鹄志，做奋斗者，求真学问，练真本领。以青春之我诠释梦想的无限可能，以奋斗之我标注时代的前沿脉搏。追梦路上，与你同行，风雨兼程，与"郎"共舞。

"最近学习上有什么困难吗?""没有!"

"那生活上有什么困难吗?""没有!"

这个班级学生貌似"佛系"的回答是辅导员老师早已习以为常的"标准答案"，而当我们去了解他们每个人的大学"成绩单"时，我们不得不承认，这种回答的确是他们的"正确答案"。

备战篮球 3V3 城市挑战赛；第一部 50 万字的网文小说已经售出版权，再动笔写两部；买来的服务器用得不舒服，自己

信息科学与工程学院 1609 班在一起学习

搭建一个服务器；买了几款面膜，比较一下哪个更适合男孩的皮肤……这些在别人眼中随随便便就能 Carry（掌控）大学生活的"大咖"都来自同一个班级——自动化 1609 班，他们还有一个更为人熟知的名字——郎世俊实验班。

"郎世俊实验班是学校'树梁计划'创建的首批实验班，用我国自动化教育的开拓者郎世俊先生的名字命名，从 2013 年开始，到他们已经是第四届了。"信息科学与工程学院院长杨光红说。

信息科学与工程学院 1609 班合影

实验班，顾名思义，是开展各类教育教学模式改革和创新的班级，这不仅是对教师教学能力的考验，也是对学生接受能力的考验。

学生华晓强表示："实验特别多，有些课是用双语或者是纯外语上的，而且每年都会有一个专题设计答辩，感觉像是年年都得做毕业答辩。"

"课时少，但课程内容多，不自学根本不行。李佩哲住院的时候和我们说'好羡慕你们能上课'，还和医生请假出来做实验。"学生乔中正说。

面对压力，他们没有选择消极逃避，他们异常笃定地选择挑战自我、淬炼自我，充分利用自己的每一分、每一秒。

"这帮学生上课的状态真不一样，给他们上课，越讲越有劲儿。"控制系统仿真与 CAD 任课教师薛定宇教授说。

学生的努力和进步深深地感染着教师，教师也竭尽全力为他们寻找更多的资源、搭建更好的平台，邀请国际知名学者打造特殊的国际短期课程，聘请校外顶尖专家打造创新能力培养类课程，学生的知识水平不断深化、国际视野不断开阔。

郎世俊实验班班主任、人工智能系副主任潘峰介绍说："我们在这届实验班开始尝试导师制，院士、杰青，这些大咖们他们都可以选，而且导师那里有硕士、博士、青年教师，相当于选择了一个导师组。"

苦心人天不负，有志者事竟成。在这种教学相长的正能量循环中，信息科学与工程学院 1609 班所取得的成绩自然出类拔萃：四级通过率 100%，六级通过率 97%；各类奖学金获得者 70 余人次，奖学金将近 20 万元；各类荣誉获得者近 60 人次，省级、国家级、国际级竞赛奖励者 80 余人次。

成绩是最好的证明，但不是最终的证明，凡是过往，皆为序章，早已习惯了优秀的他们始终把追求卓越作为自己的方向，不断去拼搏一个充满无限可能的未来。

信息科学与工程学院 1609 班在讲述活动现场演唱

青春没有地平线，他们以不懈怠的姿态不断自我超越，与"郎"共舞，他们用实际行动诠释着过去、现在和未来。培养拔尖创新人才，东北大学正在给出自己的答案。

（文：王刚）

陪你长大，看你走远

——讲述学霸寝室的故事

奋斗是青春永恒的底色，学霸是学在东大的时代群像，学霸寝室是东大青年抱团奋斗的青春选择。全研寝室，组团深造；和而不同，个个出彩！

我是东北大学的寝室，大学 4 年我是陪伴你们最久的人了吧？最近几天因为他／她们我频频上热搜，大家都叫我学霸养成所，学霸集散地。一起听听他／她们的故事。

（一）

我们是理学院三舍 C 区 136 寝室，寝室成员李子蕴保送中国科学技术大学，姚瀚植保送东南大学，刘雷直博中国科学院大学北京化学所，曾文保送中国科学院大学上海有机所。

我们不是天生的学霸，只是很要强。大一上学期，我们寝室绩点普遍较低，大家心里都憋着一股劲，一起定下了四年的奋斗目标。从大一下学期到大三下学期，我们寝室早晨 8 点到晚上 10 点从来都是空无一人。大家都是自觉比着学，寝室里有一股你追我赶的学习气氛。我们上课坐在一起互相监督，课下 4 个人分开自习互不打扰，回寝室大家互相讲题查缺补漏，临考在三舍 C 的 131 自习室晚上一起熬夜。"兄弟同心，其利断金"，全研寝室是对我们最好的奖励。

科研没有捷径，我们只能坚持不懈，我们每个人都吃过科研的苦头。那些在化学馆的日子里，我们中有的人顶着酷暑在烘箱之间做实验，汗流浃背；也有人辛苦做实验，等待数日却毫无收获。吃不透

男学霸寝室一起学习

的文献，过不好的柱层析，做实验真的就像一直在黑暗中行走，实验完成时突然看到了一束光照进来，能体会到这种感觉是很幸福的。大学 4 年，我们每个人都发表了 SCI 论文，共发表论文 8 篇，另有专利 1 项，这些积累了 3 年的厚厚的实验记录就是我们这些笨小孩儿的小倔强。

除了学习和科研，我们也有自己挚爱的兴趣和舞台。曾文是全明星社团副社长，姚瀚植是理学院2015 级年级会副主席，刘雷是理学院 2015 级年级会部长，李子蕴是理学院应用化学 1504 班四年的班长。如果你在早上路过知

男学霸寝室合影

行广场，经常会看到带领大家晨读的曾文同学；4 年里，李子蕴最自豪的就是带领班级两次荣获校优秀班集体；姚瀚植负责组织和策划的学院各项活动十余次；而微信公众号高品质推送的背后有刘雷日复一日的默默付出。可以说，我们因为兴趣而接近，又因为热爱而坚守，我们没有天赋的领导力，有的只是一腔的热情和全力的付出，行虽慢，誓必达。

我们知道，荣誉不能证明一切，成长才是大学的命题。这就是我们的寝室，我们的大学。

（二）

我们是材料科学与工程学院四舍535寝室，寝室成员王雪茜保研至上海交通大学，尹宝琴保研至上海交通大学，林可欣保研至天津大学，张希盟留学至康考迪亚大学，孙璐保研至东北大学，马昕考研至东北大学。

女学霸寝室一起学习

我们寝室6名成员来自3个不同的班级，还记得初次见面时，大家拎着行李箱走进寝室互相生涩地打招呼，现如今我们已成为一家人。读研是我们共同的目标，我们不是6个学霸，但我们是1个学霸寝室。一个人可以走得很快，但是一群人可以走得更远。无论遇到什么难题，只要有一个人会，全寝室就都能会，6个人哪有解决不了的难题呢？

一个也不能掉队是我们寝室成功的秘诀，马昕作为全寝室唯一一个考研的人，大家用独特的方式与她共进退，走过了考研的189天。

我们一起在自习室学习，谈论问题，一起在网吧通宵做课程设计。4年里全寝室获奖学金共30余次。

我们不是呆板的工科女，我们的生活中也有诗和远方。我们一起化妆变身

女学霸寝室弹吉他

美妆博主，一起排练毕业晚会的舞蹈节目，一起在五五运动场晨跑锻炼身体，一起参加寝室争霸赛。我们寝室每个人都会一种乐器，马昕和孙璐会弹钢琴，尹宝琴和张希盟会弹吉他，林可欣会吹口琴，王雪茜会拉小提琴，我们在一起随时都可以来一场现场秀。

无论在外面有多大的压力，535 寝室总是相互默默守护。有人受伤时大家细心地照顾，有人伤心时大家暖心地安慰，有人生病时大家贴心地叮嘱。我们也在想，要怎样回馈这样一个温暖的港湾。我们一起大扫除，一起装饰寝室，把我们的家守护得更好。寝

女学霸寝室合影

室连续三年获得东北大学"十佳寝室"，获"卓越寝室""最美寝室"称号。四舍 535，不仅仅是寝室，更承载了我们四年最好的芳华。535 教给我们的，我们也想告诉更多的人。我们一起参加"世界和我爱着你"心理创意大赛，将温暖传递给更多的人。为什么我们寝室的氛围这么好？因为我们是一家人！

这是他们的故事，也是我们所有东大人的故事。

刚来的时候你们都叫我寝室，不知道从什么时候开始，你们就叫我"家"了。家就是那个陪你长大，看你走远的地方！

常回家看看。

（文：姚艾君）

无奋斗不青春

——讲述计算机科学与工程学院学生宋琦的故事

> 命运置你于危崖，你馈人间以芬芳。用怒放的生命，展开翱翔的翅膀。被爱呵护，偕爱前行，你用感恩回报社会，用奋斗燃起希望。一番寒彻骨，男儿当自强！

2020 年的 12 月 9 日，对于宋琦来说，是欣喜而难忘的一天，他获评"中国大学生自强之星标兵"，全国仅 10 人获此殊荣，也是在这一天，他收到了保研上海交通大学的录取通知书。

可谁又知道，这个阳光自信的男孩曾面临一次生命的考验。

宋琦（左二）荣获"中国大学生自强之星标兵"

18 岁生日刚过，一纸诊断书打破了宋琦原本平静的生活，正值高三的他被确诊为急性 B 淋巴细胞白血病。

这是一个谁都不愿接受的"成人礼"。

"整个世界都崩了的感觉，对死亡的恐惧，之后的一两天，我就觉得人活着不应该这么平庸地离去，总要做一点什么。一个短暂的目标就是我要参加高考，即使不为了自己，也为了父母。"宋琦说。

化疗、放疗、移植、排异……

18 岁到 21 岁，这是一场难以想象的漫长"战役"。

"在 2017 年 2 月，跟父母多次商量后，我决定回到高三继续备战高考，圆我的高考梦，当时很多人认为我应该从高二开始读，但还是一种偏执吧，我依然决定从高三读，还有103 天……"回忆起那段日子，宋琦充满了感慨。

2017 年 7 月，宋琦以优异的成绩考入了东北大学。他在心里默默地下决心，既然活了下来，就要活得精彩。

宋琦考入东北大学

4 年里，他是学生、是学生会干部、是成长发展指导员、是辩论队员、是大创队长……每一种身份的背后，都是异于常人的付出和奋斗。

"由于疾病的原因，这 4 年他需要定期去做穿刺检查，大大小小的化验不计其数。"他的同学童文昊提起宋琦的经历和他的坚强，充满了钦佩之情。

"宋琦做科研有一种不达目的誓不罢休的劲儿，本来做 1/4 就能完成的项目，他硬是拉着我们做到了 100% 甚至 150%。"他的同学施展说。

水到绝境成飞瀑。自强独立，勤工俭学，他用自己的双手实现经济独立；刻苦学习，踏实勤勉，综

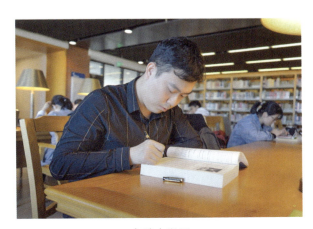

宋琦在学习

合测评专业第一；学术科研、学生工作、志愿公益全面发展。经过大学 4 年的淬炼，宋琦已然成长为一颗耀眼的自强之星。

爱是一面回音壁，在爱和鼓励陪伴下的宋琦，把青春前半段的挫折变成了一种回馈社会的力量。

经历过艰难困苦，才更能体会被爱的感动与力量。宋琦希望带着这份感恩来温暖更多的人。

病友的微信群里，他一直是主治大夫的"小助理"。青春告白祖国的实践中，他回校回乡开展理论宣讲 20 余场。

"他满满的正能量，激励了其他同学共同进步，带动了积极向上的良好氛围。"宋琦的辅导员王泽燊表示。

在学生指导服务中心副主任石昌远看来，宋琦是东北大学培养的自强之星中的优秀典范，东北大学"自强不息、知行合一"的校训精神在他身上得到了很好的展示。

青春是用来奋斗的！毕业在即，宋琦依然像往常一样忙碌着……相信他的人生会更加精彩！

【宋琦在 2021 年"讲述·东大人的故事"典型推介会上的访谈实录】

宋琦在讲述活动现场

主持人：宋琦你好！你的乐观、坚强、努力感染和激励着很多人。刚刚毕业，请谈谈大学 4 年你在东大的收获。

宋琦：我在东大这 4 年是一个不断茁壮成长的过程，最大的收获应该就是成长。得益于学校这样一个大的平台，让我不断开阔眼界，拥有着前进的方向。辅导员老师是亦师亦友的存在，能够在困惑的时候给予我很多开解。我们专业的 8 位老师，有 7 位指导过我的科创，比起学术知识，从他们身上我更多地学到的是科创精神，锲而不舍、求真务实、稳扎稳打，我觉得这些对我最终选择走科研道路有很大的影响。

主持人：谈到未来，你有什么期待呢，你的梦想是什么？

宋琦：目前我已经直博到了上海交通大学，研究方向是量子精密测量，今后也想在高校继续从事科研工作，践行科技强国的梦想。我知道现在我的力量还是渺小的，但是我心中有一个信念，青春是用来奋斗的，无奋斗不青春，我要用奋斗的青春回报社会、奉献祖国，做"自强不息、知行合一"的东大人。

主持人：谢谢宋琦！祝你在逐梦的路上扬帆远航！

（文：姚艾君）

向着未知的终点前进

——讲述生命科学与健康学院学生郑少钦的故事

> 为人类顽疾寻良药，为生命健康添福祉。因为喜欢，所以选择；既已选择，不畏艰险。实验室通宵达旦的灯光，映亮了你奋斗的青春底色。

"Introduced myself to mother again today." 道出了阿尔茨海默病最大的残酷——遗忘。阿尔茨海默病，还有一个带歧视色彩的名称：老年痴呆症，比"死别"更残忍的"生离"式疾病。

据统计，2018 年，全球已有大约 5000 万阿尔茨海默病患者。每过 3 秒，世界上就有一个新的阿尔兹海默病患者出现。中国是阿尔茨海默病高发国家，有 1000 多万患者，每年新发病例平均 30 万人，居世界之首。遗憾的是，阿尔茨海默病尚无法治愈。

然而，在 2018 年的阿尔茨海默病协会国际会议

郑少钦在做实验（一）

上，一位来自中国的本科生为阿尔茨海默病的治疗提供了新的思路；他将自己的研究成果发表在美国高水平期刊上，影响因子为 5.168。他，就是东北大学生命科学与健康学院本科生——郑少钦。

在生命科学与健康学院苗圃计划的培育下，郑少钦自大一下学期开始进入实验室。郑少钦说："回想起自己的科研路，就像是一场不知道终点在哪里的奔跑。"当他面临实验失败一次、两次、三次、四次、无数次得到的无效数据，连续几个月的原地踏

郑少钦（右一）在做实验（二）

步，心态的崩塌、未知的迷茫，坚持成了他脑中唯一一个念头。

1200 余个日夜，郑少钦用实验填满了一切的课余时间，他几乎没有休过一个周末和寒暑假，只有在过年的时候会回家歇上一周。

"我唯一休息过两周的一个暑假，还得因为当时我得了荨麻疹。"郑少钦说。

为备战第二届全国大学生生命科学创新创业大赛比赛，郑少钦和他的队友在暑假连续 35 天做对照实验、完善实验数据。

"当时时间特别紧张，我们的压力特别大，但是只要看到我们的队长郑少钦在，我们就会觉得很踏实，他就是我们的主心骨。"队员巩子祎说。

决赛中，郑少钦带领他的队员从 500 余支队伍中脱颖而出，获得了一等奖，也获得了唯一一个在现场进行项目展示的机会。

功不唐捐，玉汝于成。辽宁省第五届大学生创新创业年会优秀学术论文奖，

郑少钦在图书馆学习

第十一批全国大学生创新创业项目优秀结题项目，沈阳市优秀共青团员、东北大学校长奖章、十佳本科生、自强之星、优秀学生干部标兵、优秀学生等，这一项项荣誉，既是他刻苦的诠释，也是他坚持的结果。

离毕业还有几天了，郑少钦终于在繁忙的科研中抽出一点时间拍了一张属于他自己的毕业照。获得东北大学直博资格的他没有松懈，而是更加努力，因为在他的心中，有一个信念，在科研的道路上向着未知的终点前进。

【郑少钦在2019年"讲述·东大人的故事"典型推介会上的访谈实录】

主持人：郑少钦你好，通过短片我们看到，你在本科阶段就取得了较好的科研成果，你觉得做科研带给了你什么？

郑少钦：我觉得做科研让我感觉非常充实。在科研中遇到失败是很正常的，正是科研教会了我如何正确面对失败，失败了不是让你去痛心疾首，而是要仔细地去分析自己哪里出现了问题，并采取有效的措施解决问题，从而直面失败。

郑少钦（右一）在讲述活动现场

主持人：那你当时是怎么选择科研这条路呢？

郑少钦：在学院苗圃计划的培育下，我从大一下学期便开始进入实验室。我是一个来自农村的孩子，家里从小便教育我读书是唯一的出路。其实刚进入大学的时候，我也感到很迷茫，我并不清楚自己将来要做什么。在大学阶段我也做过很多尝试，经过多方面尝试和比较后，我觉得我更适合做科研，便决定在科研的道路上走下去。

主持人：作为学长，你对学弟学妹们有什么建议呢?

郑少钦：我觉得在大学阶段，一定要尽早确定自己的奋斗目标，并为实现目标做好充足的准备。但最重要的就是坚持，没有任何一件事是一蹴而就的，我觉得奋斗的青春才最美丽。

（文：孙晶）

进取，即使路已冰封

——讲述文法学院学生王耀的故事

　　命运的暴风雨袭来，你没有抱怨；生活的重担压在肩头，你没有低头。年少的面庞，几多沧桑，因为微笑，雾霾也变得阳光；年轻的心胸，几多豁达，是艰辛也要歌唱。一番寒彻骨，男儿当自强！

王耀

　　"劈开太行山，漳河穿山来。自力更生创奇迹，高举红旗永向前！"激昂的歌声颂扬着"自力更生、艰苦创业、团结协作、无私奉献"的红旗渠精神。50年后，这种精神依然传承在红旗渠人的身上，传承在东北大学文法学院法学1202班学生王耀身上。

　　王耀的家在河南安阳，就在红旗渠边上。这是一个普通而幸福的五口之家。但就在王耀上小学六年级时，父亲突发心脏病，家里倾尽所有才将他从死亡的边缘拉了回来。可祸不单行，父亲又意外遭遇车祸。当他和姐姐赶到车祸现场时，看到父亲满脸是血地倒在血泊里，还有那扭成麻花一样的自行车轮，姐姐早已泣不成声。可他没有哭，只是紧紧地抱住姐姐。

面对高额的医疗费和孩子们的学费，本来无业的母亲也开始往来奔波，夜以继日地工作。那时的王耀就默默下定决心，要用自己的臂膀为母亲扛起重担！他从帮母亲摆地摊卖杂货做起，后来就自己一个人上街，卖气球、做

王耀在 2014 级新生入学绿色通道资助仪式上发言

烧烤、卖冰糖葫芦……小小的手把一切能做到的事情都做了。

"我见过母亲夜里一个人偷偷地哭，她说过她把所有的希望都寄托在我身上。"王耀说。

2012 年，王耀以优异的成绩考入东北大学。一入学，他就收到了装有羽绒服和日常生活用品的"爱心大礼包"，并通过学校的"绿色通道"办理了每年 6000 元的国家助学贷款。大学期间，他做过家教、发过宣传单、当过推销员……从来没向家里要过一分钱。记得一年冬天王耀去做家教的时候，大雪把自行车车轮埋了一半，无奈之下，他只能蹚着雪，推着自行车走回学校，整整用了 2 个多小时。

生活的暴风雨再猛烈也扑不灭他身上的光，他还用这份光和热照亮和温暖身边每一个人。2012 年 9 月，王耀的同班同学冯敏因刚到学校对周边环境不熟悉，有一次上街迷了路。她情急之下打电话向班长王耀求助。王耀接到电话后二话没说，大半夜就骑自行车出去找她。"我记得那天正好是中秋节，找到我之后，班长请我吃的饺子，很感动也很温暖。"冯敏说。

四载大学时光，王耀一直是同学们在遇到困难时最先想到的那个人。军训时帮大家别帽徽；办讲座时，小小的个子搬四把椅子；扫雪时，也总是一人干两人份……"我们班长热心肠，好人缘，大家其实都挺佩服他的。他有着比同龄人更加成熟的思想，比任何人更加强韧的意志，我们喜欢叫他'王雷锋'。"王耀的同班同学布威阿斯玛说。

王耀从来没有忘记母亲对自己的期望，因为他明白只有自己强大，才能真

王耀获"自强之星"

正撑起这个家的未来。大学期间王耀勤奋好学，通过了国家司法考试、英语六级、计算机二级等资格考试；获得国家级奖学金及荣誉 3 项；荣获辽宁省立志成才优秀大学生、沈阳市孝老敬亲优秀大学生典范、东北高校模拟法庭竞赛团体冠军等省、市、校级各类奖励 20 余项。2013 年，王耀又因其卓越的表现获得东北大学第十届"自强之星"第一名。

"王耀已成功考取了我们法学专业硕士研究生，他身上充满了一种昂扬向上的正气和一往无前的勇气，是我们身边可信、可敬、可学的自强榜样。"王耀的班导师牟瑞瑾说。

"故天将降大任于是人也，必先苦其心志，劳其筋骨，饿其体肤，空乏其身，行拂乱其所为，所以动心忍性，增益其所不能。"对于孟子这句话，王耀有自己的解释："生命中有这样与众不同的经历就是为了给我特殊的恩赐！"很多人都在抱怨这个世界不公平、不美好、不幸福，可是在他看来，不管这个世界美不美好、幸不幸福，只要人的内心世界是幸福的、是美好的就足够了。只要心里有盼头，有希望，有火种，就应该把它收集起来，点亮自己，并用这团火去点燃另一团火。

王耀在图书馆学习

谁能看到他年少的面庞藏着多少沧桑？因为这豁达，是艰辛也要歌唱。

【王耀在 2016 年"讲述·东大共产党人的故事"典型推介会上的访谈实录】

主持人：王耀你好，你是 2012 级的学生，刚刚毕业，通过视频，我们对你大学四年有了整体的了解，感觉你大学期间做过很多兼职，这期间一直没有间断过吗？

王耀：嗯……中间也有过间断。

主持人：那是什么时候呢？

王耀：是我大三的时候，因为大三的时候法学专业的学生有个考试叫国家司法考试，那段时间我就集中精力准备考试，没有去做兼职。

主持人：那段时间的生活费是怎么解决的呢？

王耀：那段时间过得特别特别辛苦，幸好我有点奖学金勉强维持生活。我记得那会儿最苦的时候我就只能节省。那时我兜里只有 400 块钱，但距离考试还有 3 个月，所以我一日三餐基本吃的都是一样的，也是最便宜的，一般就是两个馒头配咸菜，或是馒头配免费汤。但最后结果还是挺好的，我顺利通过了司法考试。

王耀在讲述活动现场

主持人：馒头、免费汤，那段日子真的是非常艰苦，那么一直是什么样的力量或是精神支撑着你呢？

王耀：我觉得精神力量支撑着我在逆境中克服困难。我的老家就是红旗渠的故乡林州，"自力更生、艰苦创业、团结协作、无私奉献"的红旗渠精神一直是我的信仰，也鼓舞着我奋勇向前。我觉得逆境并不可怕，反而是加速一个人成长的最好机会。我记得有一年大年初一，下着雪，我推着玻璃车去街上卖糖葫芦，结果就碰到了我同学，他们穿着新衣服揣着压岁钱在街上买各种各样的好东西。我当时特别害怕他们看到我，特别尴尬，抬头也不是，低头也不是……但后来也不知道为什么，我竟然抬起头，跟他们打招呼，介绍我家做的冰糖葫芦。他们没有像想象中那样看不起我，反而鼓励我、帮助我，捧我的场，买了好多冰糖葫芦。从那一刻起，我觉得我真的成长了，对逆境的认识提高了。说到这，我觉得乐观也很重要。记得有一次赵校长在绿色通道启动仪式上对受资助的学生说过一个最小值理论："当一个人觉得人生处于最低谷的时候，其实黎明马上就要来了。"这样的话一直鼓励着我乐观、豁达地迎接明天。

主持人：确实如此，一个人的精神信念是让人前进的动力，我记得王耀是学校的"自强之星"，那你能给学弟学妹提供一些过来人的建议吗？

王耀：建议谈不上，但我有一点点心得愿意和大家分享。首先学生的天职是学习，无论在什么时候，什么地点，在做什么，我们都不能耽误了学习。因为学习是我们提高自我、丰富人生的最佳途径。其次是要学会爱自己、再去爱别人，因为只有照顾好自己才能使自己不成为别人的累赘，这样才能更好地照顾别人，创造价值。最后是希望我们每一个人都能够立志如山，行道如水，坚持初心，牢牢把握每一次成长的机会。我觉得奋斗的青春才最美丽。

（文：段亚巍）

敢于尝试更多的"可能"

——讲述信息科学与工程学院学生刘嘉伟的故事

> 刘嘉伟，信息科学与工程学院自动化专业 2020 级本科生，2019年参军入伍，执行海上重大任务十余次，获得"四有"优秀士兵奖章，获评东北大学"爱国修德"自强之星标兵、优秀学生标兵，获得国家级竞赛奖项 7 项、省级奖项 14 项，申请专利 3 项，发表 SCI 检索论文 1 篇。

【刘嘉伟在 2023 年"讲述·东大人的故事"典型推介会上的演讲实录】

大家好，我的青春关键词是：尝试。

我是刘嘉伟，一名退伍学生，现在是信息学院自动化专业大三的学生。2018 年，我走出大山，来到东北大学；一年后，我披上戎装，从东大走向军营。很多人都不理解，书读得好好的，为什么要去当兵？我的特种兵梦源于电影《战狼》中的一个镜头，一名中国军人在面对

刘嘉伟

一群外来武装分子时说："犯我中华者，虽远必诛"。这句话直击我内心，带着对军人的崇拜，对军人的神圣使命的向往，我步入了军营。

刘嘉伟在训练

我的军营第一站是特战中队。在这里我完成了从一名懵懂的大学生到合格士兵的转变。为期3个月的新兵连训练，让我难忘。射出的第一枪让我耳鸣，扔手雷的那一声巨响让我震撼；擒敌拳练习是一个动作一个动作定型到乳酸堆积的过程；射击训练要把枪抬起来挂上水壶瞄准；手榴弹需要每天投掷假弹上百次；隐蔽性匍匐前行让我们的膝盖和手肘一直都是青一块紫一块；体能训练还包括各种障碍跑和力量型训练。因为身板小，体能储备不够，我每天在训练完后都会加练半小时长跑，熄灯后再练习俯卧撑100次、仰卧起坐100次。我的体能测试，也从中下水准一步步提升至连队前几名，3公里跑实现从13分钟到11分钟的突破。

集训后，我被分配到南方海边进行为期5个月的舰艇通信专业训练。大家可能听过莫尔斯码，它是通过电台或者灯光闪烁的方式用莫尔斯码翻译想要传达的话并进行加密的舰艇间通信。学习莫尔斯码的过程是非常痛苦的，因为一长串莫尔斯码可能代表拼音中的一个字母，在收发时需要记忆所有的字母并在短时间内实现快速翻译和复诵，所以每天我们要顶着烈日进行高强度的机械式训练，从一个字母开始，后面慢慢到一个字、一个词、一句话，并不断加快速度……我也把默念莫尔斯码当作睡前小夜曲，最终测试的"优秀"，让我获得了"优秀学兵"的荣誉。

学兵连结束，我来到舰艇上工作。不到一周就需要出海执行任务，7级风浪，即使是4000吨排水量的舰艇，倾斜度都可达50°，这对旱鸭子的我来说是一场噩梦。后来，我逐渐适应了舰艇上的生活和海上的风浪，也会通过写一些文字来舒缓情绪，还发挥我的拍摄特长参与到宣传工作中。一年多时间里，我共执行海上巡航任务十余次，每次看到祖国的万里海疆，都会非常自豪。我也获得了部队的嘉奖 1 次、"四有"优秀士兵奖章 1 枚。

回到学校，我选择跨转专业，来到信息学院自动化专业学习。起初，我很不适应，既有因为长期与外界隔离而对社交的恐惧，又有因为知识的遗忘和进入陌生专业领域而对学习的恐惧。但我想：既然这是自己的选择，那我必须要克服。我开始认识新的朋友和新的同学，培养新的兴趣爱好，疫情期间还用自己在部队学习的理发技术帮上百名同学解决理发难题。学习上开始疯狂

刘嘉伟在国家级大学生创新创业训练计划项目结题项目展上讲解

补习功课，每天 6 点半起床，10 点半回寝室，自习室、食堂、寝室三点一线，重新学习高数、线代课程，网课看一遍不会，就看两遍，两遍不会就看三遍，直到学懂弄通。真的要非常感谢我的老师和同学们，我的每一次询问都能得到不厌其烦的回答。一学期的努力也得到了回报，不仅绩点实现了提升，获得国家励志奖学金，还被评为东北大学优秀学生干部和"爱国修德"自强之星标兵；在大创比赛中，我们的团队共斩获国家级奖项 7 项，省级以上奖项 14 项，我申请了专利 3 项，发表了高水平论文 1 篇，同

刘嘉伟参加长跑比赛

时我们的大创项目以国家级优秀的成绩结题，并且获得了最佳创意项目奖。

在最美好的青春时代，每个人都有不同的选择，并且在不同的道路上实现了自己的人生价值。我的经历很普通，只是在很多节点的选择上，敢于尝试更多的可能。而这些经历又让我不断地思考、不断地成长。

刘嘉伟在讲述
活动现场

未来我们还有很多种可能性，无论在何岗位，永远用一颗赤子之心接受前路未知的考验。

（文：刘嘉伟）

一路宣讲，"跨界"成长

——讲述马克思主义学院学生亚尔麦麦提·玉素普的故事

亚尔麦麦提·玉素普，维吾尔族，中共党员，马克思主义学院马克思主义理论专业 2022 级硕士研究生，东北大学"学习报国"青年宣讲团成员。现为共青团辽宁省委"强国有我"青年讲师团讲师、辽宁省大学生"红色理论"宣讲团成员。

【亚尔麦麦提·玉素普在 2023 年"讲述·东大人的故事"典型推介会上的演讲实录】

大家好！我的青春关键词是：热爱。

亚尔麦麦提·玉素普
在讲述活动现场

　　我是亚尔麦麦提·玉素普，马克思主义学院的硕士研究生，本科毕业于资土学院，来自祖国最西部的新疆喀什。2014 年得益于党的政策，我实现了自己的内地求学梦。9 年间，从上海到东大，从资土学院、民族教育学院到马克思主义学院，我从未忘记党的培养，也从未忘记"学成归来，建设家乡"的初心使命。很多朋友都说，麦麦提，你的经历很"跨界"，我认同这个说法，不过一次次跨界的背后，改变的是成长，不变的是初心。

亚尔麦麦提·玉素普在讲课

　　2019 年，非常偶然，我们在延安社会实践的途中走进了杨家岭红军小学。学校的老师热情邀请我们给孩子们讲几句，这个"讲几句"，大概就是我的第一次宣讲，应该说讲得不太好，很紧张，但小朋友们却听得很认真。有一个小女孩告诉我自己是语文课代表，她的梦想是当一名语文老师，她问我"这个梦想能实现吗？"这个瞬间，我感到了一种使命感。我对她说，只要勇于追梦，就一定能实现梦想，就像我一样，从新疆一路求学来到东大。其他小朋友也开始你一言、我一语地告诉我他们的梦想。在愉快的氛围中，一种从未有过的幸福感油然而生，这是一种尽己所能、引导他人向上向善的幸福感。

　　从那以后，我加入了"学习报国"青年宣讲团，我想把党的创新理论，把我的经历和感悟讲给更多人，尤其是带动青年人坚定不移听党话跟党走。2019 年，就在刘长春体育馆，我把这个故事讲给了 2019 级的新生。当时在现场的一名同学

亚尔麦麦提·玉素普在 2019 "青春告白祖国"主题宣讲活动上宣讲

说，她也同样来自偏远地区，我的宣讲让她感到一种力量……当年的新生，到今天刚好毕业，我相信，她一定没有辜负在东大的时光。

不负时光，这是东大青年的追求，是青年宣讲团的写照。有一次宣讲之前，家乡传来了脱贫摘帽的消息，于是我将这一好消息融入到宣讲稿中，在现场宣讲时，内心很激动，宣讲取得了很好的效果。对于一名宣讲员而言，那一刻，曾经的期盼变为了现实，理论与现实之间仿佛架起了一座桥梁，我见证党带领全国各族人民过上了更加美好的生活，这就是我们做理论宣讲的力量之源。

成长的背后，永远是敢于善于"自找苦吃"。为了完成好一场宣讲，我会不厌其烦、反复推敲稿件内容，又会对着镜子进行宣讲姿态和普通话的练习，以取得最好的效果。2019年至今，我已面向校内外各界受众开展多次理论宣讲，受众人数 2 万余人次，我也获聘为共青团辽宁省委"强国有我"青年讲师团成员。

亚尔麦麦提·玉素（左二）普参加"百"年"百"讲活动

我把家乡的变化和我的成长讲给许多人，未来我也一定会把学习到的理论知识和东大精神带回家乡，用实际行动报答党的培育之恩，让青春在不懈奋斗中绽放绚丽之花。

（文：亚尔麦麦提·玉素普）

挑战科研"无人区"

——讲述轧制技术及连轧自动化国家重点实验室李云杰的故事

李云杰博士，于 2014 年、2020 年分别获东北大学学士学位和博士学位，师从王国栋院士、袁国教授，主要从事高强钢强韧化机理研究。以第一作者或通讯作者在 Science、Scripta Materialia 等期刊发表高水平论文 12 篇；授权国家发明专利 7 项，主持国家杰出青年自然基金、中国博士后基金等 5 项；获辽宁省优秀博士论文、沈阳市自然科学奖等荣誉。

【李云杰在 2023 年"讲述·东大人的故事"典型推介会上的演讲实录】

李云杰

大家好，我的青春关键词是：挑战。

我是来自轧制技术及连轧自动化国家重点实验室的博士后李云杰。非常荣幸能够在这里和大家分享一些关于自己成长与科研的经历。

我的研究方向是超高强钢铁材料，都说钢铁是传统行业，一度被大家称为"夕阳产业"。这些话也曾对我产生过负面影响。庆幸的是，大三的时候我有机会进入 RAL 实验室，结识了恩师王国栋院士。是他的坚定、对钢铁的热情和高屋建瓴，改变了我对钢铁行业的认知和理解。王老师常说："钢铁行业是国民经济和国防军工的支柱产业，这样的流程工业不是夕阳产业，正面临巨大的挑战和机遇，有非常大的创新空间。"从那时起，我对钢铁材料兴趣愈加浓厚。我坚信在这样一个领域长期深耕，定能做出有显示度的成果。也正是如此，我本科毕业时以专业排名第一的成绩，选择了直博本校材料加工工程，来到王国栋院士、袁国教授课题组攻读博士学位。

攻读博士学位期间，我主要围绕"汽车用先进高强度淬火－配分钢"开展研究，这个课题早在 2003 年已经提出了相应的设计理念，世界上关于该方面的研究层出不穷，井喷式爆发，给予后来者的创新空间并不大。然而，在这样的条件下，我们选择向无人区发起挑战，首次提出"控制控冷＋淬火－配分"的工艺路线，旨在开发"以热代冷"型淬火－配分钢，这也契合了钢铁行业绿色化、短流程的发展方向，尤其是在如今实现"双碳"目标的过程中，这样的研究更为迫切。

李云杰（左）在车间

课题研究之初也是困难重重，关于该方向的参考文献不到 10 篇。王老师每两周都会组织我们小组讨论，鼓励我，让我有了坚持下去的勇气和信心，也启发了新的研究思路。恩师每每提到"要敢于挑战无人区，勇当第一人"，要在实践中学会科研，在游泳中学会游泳，我逐渐领悟到其中的深意。问题是创新的源泉，这也是恩师经常给我灌输的理念，对于该课题，需要回归到热连轧生产线去思考工艺和生产线的匹配性，寻找和挖掘该钢种在实际生产中的关键科学技术难题。我来到迁钢、京唐、山钢等多个钢厂进行学习和交流，通过与现场技术人员的交流，逐渐理解工业生产过程中的痛点，进一步总结凝练出一系列科学问题。低温淬火的难控制、卷取冷速的不均匀性、连续冷却的相变复杂性几个科学点均来自工业生产线的启发，这些都成为我博士课题的重点研究内容。终于，在 2018 年我们取得了标志性的突破，成功在首钢迁安生产出世界上第一卷轧热淬火－配分钢工业卷，向世界宣告东北大学首次完成了该钢种工业化生产，我认为这非常有意义。如恩师所说，无人区虽伴随着巨大风险，但是也意味着更多的惊喜。2020 年 1 月，我结束了博士生涯，以第一作者发表 SCI 论文 8 篇，授权国家发明专利 4 项，出版研究报告 1 部，获得省优博士论文、省优毕业生、校长奖章等多项荣誉。

李云杰在讲述活动现场

博士研究生毕业后，我进入了博士后流动站，瞄准国际前沿的超高强钢强塑性倒置科学难题，探索 2000 MPa 级以上钢铁材料的极限性能，目标很明确，力争实现从"0"到"1"的突破，满足大国重器对轻量化和特殊、极端使用性能的需求。但是 2020 年初新型冠状病毒肺炎疫情暴发，给所有人的生活和工作都带来了诸多不便，在这期间要拿到国家自然科学基金、博士后基金已是不小的挑战，我竟然异想天开地想要在钢铁材料这样的传统领域发表 *Science/Nature* 级别的成果。但是事实上，当我选择攻克 2000 MPa 级超高强钢的科学问题之后，我调研了很多世界上代表性的研究成果，发自内心地认为这个领域有很大的突破空间。于是，这几年我专注于做这一件事情，早 8 晚 11 点是常事。在此，非常感谢学校的柔性政策，让疫情对我科研工作的影响能够降到最低。最终，我们通过借鉴生物结构的优势，大胆创新，在钢铁材料设计中提出"马氏体拓扑学结构设计＋亚稳相调控"的增塑新机制，构筑出一种全新的拓扑学双重有序马氏体和多尺度亚稳奥氏体的纳米组织结构。该科学理论可拓展应用于系列高强材料的开发，对推动低成本、大尺寸超高强塑性钢铁材料的制备和应用具有重大现实意义。该研究工作也获得 Science 编辑和审稿人的高度评价。该材料可应用于工程机械、坦克装甲以及潜艇航母等关键领域，以提高我国战略科技力量。2023 年 1 月，我们在 Science 上发表了钢铁领域唯一一篇和工业应用联系最为紧密的文章。

近期我们又取得了一项重大进展，创新提出的"低强度成形，高强度使用"新策略，首次在世界上获得屈服强度高达 2300 MPa、均匀延伸率超过 10% 的零件使用性能，同时解决成型和成性两大难题，开辟了超高强塑性钢铁材料新的研究方向。在此，也希望在学校、实验室及团队的支持下，能够在该方向产出更多创新性成果。

亲爱的学弟学妹们，以上是我的主要科研成长经历。可以说，我并无多么精彩的履历，但我想说，对于纯粹的科研而言，最关键的还在于自己，你的坚持、你的果敢、你的放手一搏、你的敢于想象、你的不惧失败……锤炼这些品质终有收获。

从 2010 年入学，我在东大已经度过了本科、博士、博士后阶段。13 载有余，我有幸见证了母校的蓬勃发展，能够与其深度同频共振，经常会因母校取得的伟大成就而自豪和骄傲，也时常会思考母校与世界顶尖学府的差距，而内心频频想到那句"能不奋勉乎吾曹！"13 年虽短且长，在东北大学的历史长河里属于小量级时间尺度，百年东大已有如此成就，而东大还有很多个 100 年，我坚信母校在每一位东大人的努力奋斗下定能持续创新发展。

在母校建校 100 周年之际，祝母校生日快乐，再创辉煌！

（文：李云杰）

第六篇

建功时代，知行合一

携笔从戎铸良剑，无悔青春献边防

——讲述 2009 届国防生巴兴的故事

依山滨海，东部边陲，坐落着祖国最大的边境城市——丹东。这里，曾经历了甲午战争的伤痛，见证了抗美援朝的荣光。如今，巴兴，一位东北大学毕业的当代大学生，一位从东北大学国防生队伍中成长起来的边防连队指导员，就是在这里，扎根基层，戎马青春，书写着一位当代边防军人的忠诚誓言。

"情人岛上没有一户居民，只有飞鸟在这里约会，但我们在这里驻守，正是为了让更多的有情人能够幸福安宁……"

鸭绿江畔有一块面积只有 0.46 平方公里的小岛，它有着一个美丽的名字——"情人岛"。清晨，辽宁省军区某边防团三连政治指导员巴兴带领官兵踏上巡逻路。对于巴兴而言，这条巡逻路再熟悉不过，每到一处关键部位，他都要仔细查看一番；每来到一个界碑旁，他都要带领官兵深情地擦拭碑身；每经过一处历史遗址，他都要停下来给大家讲讲这里曾经发生的故事。

巴兴

在巡逻路上，时不时会看到一些黄蜡石。巴兴捡起一块黄蜡石对身后的记者讲道："玉有五德，'仁、义、智、勇、洁'，这也是玉的灵魂，好比军人的军魂。我们边防军人更是要牢记军魂，为祖国站好每一班岗！"

巴兴，1986年1月出生，2006年11月入党，2009年7月从东北大学信息科学与工程学院毕业入伍，历任排长、副政治指导员，2012年3月任现职。所在连队被评为全军"创先争优先进基层党组织"、军区"学雷锋标兵单位""学习贯彻科学发展观活动先进单位""红旗观察哨"，荣立集体二等功3次、三等功2次，个人荣

巴兴（右）在部队

获全军"学习成才标兵"、全军"四会"优秀政治教员标兵、全军"军魂永铸"读书学习竞赛优胜个人、军区"学雷锋标兵"，荣立一等功。

谈及母校，巴兴对记者说："我们东北大学是一所具有爱国主义光荣传统的大学，作为东北大学的一名国防生，我选择到祖国最需要的地方来！"

东北大学国防生培养工作始于1999年，是全国首批依托培养工作单位之一，是沈阳军区首家国防生培养签约高校。先后涌现出李晓东、丁宁、姜廷涛、张连旭、孙立荣等军区和全军的先进个人。在这样一个优秀的集体里，巴兴的成长之路备受砥砺。

在东北大学读书时，巴兴就是一个品学兼优的学生干部。他担任过院学生会主席，蝉联四届沈阳市优秀学生干部，曾获辽宁省大学生演讲比赛总冠军，并4次获得校奖学金。因为各方面表现突出，巴兴在大二上学期就被批准入党。2008年，巴兴特意跑到医院去看望忠诚于党的创新理论的模范教员、海军大连舰艇学院教授、中央电视台"感动中国2007年度人物"方永刚。方永刚那坚定的信仰与军人气概深深地打动了巴兴，他暗下决心，一定要像方永刚那样，成为一名优秀的共和国军官。

2009 年 4 月，即将大学毕业的巴兴面临前途的选择。因为在校成绩优异、表现突出，好几家实力雄厚的大公司纷纷向他抛来了橄榄枝。一家世界 500 强的外企单位还向巴兴承诺，只要和他们签约，不仅给予丰厚的待遇，还无条件帮他缴纳国防生违约金。一边是进入资深外企做"白领"享受丰厚的待遇，一边是投身绿色方阵与风霜雪雨做伴。面对企业的高薪聘请，巴兴心中的答案始终如一："从军报国是我追求的理想，也是我不变的选择，这不是用物质报酬可以衡量的。"

巴兴（左二）在部队

随即而来的毕业分配，巴兴面临一次选择：一个是去大连海军某部机关当后勤参谋，一个是去空军地勤当技术员，最后一个则是留在沈阳军区。对于巴兴来说，去海军任职似乎是最完美的选择，不但工作与专业对口，而且女友家就在大连，以后两人能有更多相处的机会。而巴兴却认为岗位的选择就是对人生的定位。"不敢挑战自己，何谈实现梦想？选择安逸的工作岗位就意味着梦想要打折扣，我一定要去实现梦想的最前沿！"最终，巴兴坚守了自己的梦想，主动申请去最艰苦的边防部队。2009 年 7 月，巴兴如愿走进了边防部队，开始了他的军旅生涯。

然而，巴兴的军旅生涯并没有想象的那么顺利，反而遇到许多的困难。排长集训期间，第一次摸底考核，近 200 斤的巴兴，因为"低姿匍匐"这样一个简单的战术基础动作都搞不明白，受到同批排长的嘲笑。下到连队后，问题更是一一暴露出来，5 公里武装越野，他始终是"后腿"；400 米障碍，他狼狈不堪；单杠练习，他拉不上去；手榴弹投掷，他不合格……"知耻而后勇，受挫而奋发。"巴兴在他的日记中这样写道。为了摆脱窘境，巴兴下定决心为自己量身定制了"魔鬼式"减肥计划。每次体能之前，巴兴便给自己偷偷穿上 15 斤重的沙背心；手榴弹练习，别人投 5 个，他投 20 个；战术基础，战友爬 2 个来回，他爬 5 个来回；每天晚上坚持完成 100 个仰卧起坐、100 个俯卧撑、100 个深蹲起……一天训练下来，巴兴常常累得直不起腰来，有时甚至连拿筷子的力气都没有。功夫不负有心人，不到半年的时间，巴兴便成功蜕变，体重从近 200 斤减到了 142 斤，训练成绩也跨入全团前三行列。

巴兴在边防部队

　　2012 年 3 月，巴兴走上了指导员岗位，新的起点有机遇也有挑战，缺少对管段全面细致的了解，成为他上任后遇到的第一道难题。巴兴所在连队管辖的范围是全团边情最复杂的区域之一，既囊括了丹东最繁华的地段，又包含着众多的岛屿沙洲，并有多处一类口岸和 20 余个旅游景点。每到旅游旺季，抵边记者与中外游客交织，民情社情十分复杂。同时，由于地势缓，水位浅，这里也是不法分子从事违法活动的高发地段。为了尽快熟悉防区情况，每晚熄灯后，巴兴都拿出 3 个小时的时间来研究边防政策法规，理顺边情处置程序，比照地图背记《边防勤务手册》。他还将周边地形、建筑、自然环境的相关知识点制作成简易卡片，方便随身背记。

"纸上谈兵代替不了亲身实践，边防线的长度还需用脚板丈量。"巴兴如是说。

初春的丹东，仍然是零下十几摄氏度的气温，迎着刺骨的寒风，巴兴开始了他的"边防行"，爬土坡、钻密林，认真分析地形特点，摸索管控规律，经常走得汗流浃背。一路上，巴兴遇到边民总会停下来唠一唠，看到渔船就走上去问一问。"沙洲什么时候出现的？""作业船是哪家单位的？"为了观察辖区全貌，巴兴决定利用检修监控设备的时机，登上虎山的最高点。虎山人工栈道的尽头是一条将近 40° 的陡坡，那里人迹罕至，杂草里还混杂着未融化的积雪。脚踏着泥泞，手扶着山石，巴兴开始了艰难的攀爬，遇到陡峭处还要手脚并用，湿滑的道路也增添了不少麻烦，好几次都差点摔倒。20 分钟后，他终于到达了山顶，站在最高点，江水沙洲、沟汊排列、村屯民居……管段情况一览无余。就这样，巴兴很快掌握了防区防情。

作为一名指导员，不仅要熟悉防区防情，更要会做政治教育。巴兴自担任指导员以来，认真学习思想政治教育大纲、基层官兵理论学习规定和上级关于开展思想教育的指示要求，立足于思想政治教育，培育当代革命军人核心价值观，铸牢听党指挥的军魂。从朴素的热情到政治自觉，他在思想政治教育的道路上越走越踏实。他收集 100 余篇全军优质教案细心研读，上政工网找来 20 余部优秀教员的授课录像揣摩练习。在一次演讲比赛中听了军分区领导点评后，他不顾职级差距，连着 3 天给首长打电话请教问题。为呼应官兵渴求，他把历史故事、文学美学、心理常识等带进课堂，把网络新词、名言警句、经典故事写进教案，使每堂课都充满了知识性、趣味性、哲理性，他的课战士们都爱听。巴兴有一个好习惯，每次授课前，他都找几位骨干给他提意见，有时为了讲清一个道理，他会跟战士争得面红耳赤。为增强教育实效，他把教育搬到训练场，带上巡逻车，讲到界碑旁，使教育直接作用于岗位、作用于中心工作。强军目标提出后，全连战士都很振奋，但也有战士讲，梦想很丰满，现实很骨感，特别是情人岛班哨的同志，觉得地方太小难有作为。巴兴紧密结合情人岛防区情况，以《0.46 连着强军梦》为题，围绕小岛地理位置和战略价值、官兵面临的诱惑和考验、履行使命存在的差距和不足等，给大家上了一堂令人警醒、催人奋进的教育课。凭着这一课，他从丹东讲到了沈阳，讲到了北京，讲到了全军"四会"优秀政治教员标兵的领奖台。他两次应邀做客全军政工网，畅谈学习体会，被网友誉为"金牌指导员"。

风正扬帆行万里，中流击水搏浪急。远处，断桥依稀可见；身侧，界碑静静矗立；前方，鸭绿江水缓缓流淌。巴兴，一名边防连队的指导员，一名东北大学毕业的优秀国防生，正与他的士兵行走在八百里边防线上，用忠诚护卫着祖国的和平与安宁，在强军的征程上，续写着共和国边防卫士的大爱篇章。

（文：张晶东）

他把青春留在了祖国的蓝天

——讲述 2011 届国防生邹存邈烈士的故事

他，如同在空中展翅的鹰，每一个壮丽的航迹都是梦想；他，如同在天上闪烁的星，每一个坚定的信念都是忠诚。他把青春留在了祖国的蓝天，也留在我们的心里。

仰望共和国的蓝天，中国战鹰从未像今天这般如群星璀璨。回首一条条壮丽航迹，他们为一代代中国新型战鹰赋予了灵魂和生命。

邹存邈，1989 年 9 月出生，2011 年 6 月入伍，2013 年 6 月加入中国共产党，东北大学 2011 届国防生。生前系中国人民解放军飞行员，空军上尉军衔。历任飞行学员、飞行员、飞行中队长。2018 年 1 月 29 日，在飞行训练中，不幸遇难。同年 2 月 2 日，解放军南部战区空军批准他为革命烈士。

邹存邈出生在辽宁盘锦一个普通干部

邹存邈

家庭，也许是传承了祖辈的红色基因，也许是受到家庭的熏陶，邹存邈从小为人谦和、尊重他人、勤奋好学、志向高远，立志做对社会有用的人，报效国家。

邹存邈（中）在东北大学

从小到大，邹存邈品学兼优，多次荣获"优秀共青团员""优秀学生干部""学习成绩突出奖"等荣誉。高中期间，他就一直向往蓝天，立志当一名飞行员。高三时，民航招飞，他毅然报名，却遗憾没能通过复检。但他没有灰心，怀揣着成为飞行员的梦想，报考了东北大学国防生，并如愿收到了东北大学的录取通知书。

2007 年，邹存邈踏进了东北大学的校门，成为东北大学机械工程及自动化专业的国防生。大学期间，他一方面努力学习专业知识，一方面注重强健自己的体魄，学校健身室经常有他的身影，傲人的身材一直是他的骄傲。他平时话不多，但是同学有需要的时候，他都会默默地提供帮助。心中的梦想让他一直向往着蓝天，临近大学毕业时，中国人民解放军空军在大学应届毕业生中选拔飞行员，他再一次报名，并在这次部队的选飞中脱颖而出，成功圆梦蓝天。

他说："选择空军，就一定要当飞行员！"

邹存邈军装照

经过两年严酷的学习训练和层层的选拔淘汰，他凭借自身努力脱颖而出，成为一名光荣的空军飞行员。进入部队后，他地面苦练，空中精飞，深入钻研飞行技术，不断提高飞行能力，安全飞行近千小时，成为单位的骨干力量，先后参加重大演习演练十余次，受到官兵的一致好评，用实际行动展现了当代国防生的风采。

在部队的日子里，他写下了属于他的飞行日记。那是他青春的记录，关于飞行和梦想；那是他绵长的思念，关于家人和牵挂。他写下的每一个字都化作信仰的力量，承载了他的青春、梦想和爱。

飞行日志

2013 年 11 月 29 日，天气晴，今天我飞了 6 次 308，前两次都是退出滑行再静止起飞，感觉自己的动作有点儿过于僵硬，有时候觉得自己仿佛是在跟自己较劲儿，飞两圈就满头大汗，晚上睡觉腿都一直绷着，很长时间之后身体才能放松。爸妈上周末来电话了，问我训练怎么样，辛不辛苦？我撒谎了，说任务挺轻松的，我没敢告诉他们，因为飞行就是这样，容不得丝毫的马虎和偏差，为了飞行梦，我要跟自己拼了！

2017 年 12 月 20 日，天气多云，今天接到家里电话，说老二上午 10 点 52 分生了，又是个儿子，5 斤 6 两，我特别高兴，可是因为白航 336 还有几个架次就要飞完了，我们接下来要去湖北执行紧急任务，所以我没有申请回家，不能因为我一个人耽误全队的飞行任务啊。老婆生孩子我没能在身边，心里特别不是滋味，老婆，对不起，还有，二宝，没想到老爸跟你说的第一句话也是：对不起了……

2018 年 1 月 8 日，天气阴，今天，做了一次进跑道起飞，一次安全着陆，在空中做了 15° 和 30° 的坡度盘旋，下了 3 次拉升，突然遭遇气流，飞机来回摆动，根本看不住航向，紧急处理着陆之后，我手心里还都是冷汗……记得队长跟我说，干咱们这行啊，每次起飞可能都是告别……我今天算是有了深刻的体会，可于我们每一个人而言，家有年迈双亲，妻儿幼小，我们，又怎么敢轻易告别？

每每噩耗，泪，总是那样的沉重。我们最不愿看到的事情还是发生了。2018 年 1 月 29 日，东北大学 2007 级国防生邹存

邹存邈在部队

邈永远地离开了我们。为了心中的梦想与坚守，他顽强拼搏、顾全大局、舍家为国、公而忘私，在部队执行训练任务时不幸牺牲，将自己年轻的生命献给了祖国伟大的国防事业。

"大邈是我们 2007 级所有国防生的骄傲，是我们中国军人的骄傲。如今他永远地离开了我们，但是他的这种精神，将永远地传承于白山黑水之间，永远地传承于我们每一名东大学子的心间。我们东北大学，从过去到现在，从来不缺英雄！"邹存邈的大学室友在得知噩耗后这样说道。

没有谁生来就矢志空天，飞行里更多的，是咸咸的汗水，是身体上永存的腰酸颈痛，可他们还要日复一日重复着那样的情形，不是他们不累，更不是他们没有家人的疼爱，只是那样，如何守卫我们祖国的浩瀚天空？

东北大学纪念五四运动 100 周年大会现场

我们必须牢记，每一位军人的牺牲都是为了给国家换来更多的安宁和幸福。英雄已经闭上了双眼，他们飞向了天堂。因为那里的天空，只有幸福，没有疼痛。他把最美好的年华献给了强军事业，将无悔的青春芳华永远地镌刻在祖国的蓝天。

（文：李皓然）

东大锻造的一块好钢

——讲述 2010 届校友周文涛的故事

2017 年 4 月 11 日，中国北京，第 11 届模拟钢铁挑战赛世界总决赛，37 个国家 1479 名选手，一个普通的车间工程师，不到 10 分钟第一个炼出合格钢水，最终成绩定格在低碳钢吨钢成本 220.19 美元，以压倒性优势摘得职业组桂冠。

在模拟钢铁挑战赛备战那段时间，周文涛除了吃饭睡觉，就是备赛和生产的连轴转，专业理论书籍翻了又翻，网站模拟系统练了又练。从世界模拟炼钢挑战赛冠军回头看去，这沉甸甸的奖杯是用夜以继日的汗水与奋斗铸就的。同样，他也将这股坚持用到了生产一线上：从"经验炼钢"到与计算机自动化数字化对接；从高价少量高端钢的炼制到着眼于每一步的优化生产，他创新转炉渣洗工艺，使精炼造

周文涛（左二）与同事研讨工作（一）

渣前移，破解了精炼工序"时间瓶颈"，缩短精炼时间2分钟以上；他致力于高精尖产品开发，全年累计开发及优化石油管道用钢、汽车制造用钢等高端品种131个……他用默默的奋斗和执着的追求，将东大匠心镌刻在行业发展第一线，让中国的青年力量闪耀在世界顶级赛场，他是"代表民族工业，担当国家角色"的青年先锋。

他就是2018年"两会"代表、中国青年五四奖章获得者、全国向上向善好青年、东北大学冶金学院2010届校友周文涛。

【周文涛在2018年东大青年奋斗的青春故事会上的演讲实录】

尊敬的各位领导，亲爱的同学们，大家好，我是2010届冶金工程专业毕业生周文涛。毕业之后我很少回到学校，今天怀着激动的心情，我又一次回到了母校，感到非常高兴、激动和感恩。十几年前还是个懵懂少年的我，怀揣着对知识的渴望和对梦想的追求，开始了大学生涯，度过了一段非常美好的时光。今天重回母校，校园里的一草一木是那么的亲切，在这里，要感谢母校对我多年的培养，感谢那么多优秀的老师对我的教诲和帮助。

能够参加今天的活动我感到非常荣幸，也非常恐慌，我觉得今天的自己，远没达到优秀的标准，所以我只能结合自己的工作经验和大家一起交流，希望对学弟学妹们有所帮助。

自强不息。毕业之后，我来到河钢集团邯钢公司，能够在这样的大企业里工作，我感到非常高兴和自豪。近两年，河钢集团一直推动国家"一带一路"的发展规划，实施国际化路线，为我们青年成长铸就了走向世界舞台的道路，让我们青年的信心更加坚定，干劲更加十足。我热爱炼钢工作，扎根在生产一线，用不屈不挠的工匠精神践行和建设着钢铁强国的中国梦。在去年4月份第11届世界模拟炼钢挑战赛上，我不负众望，一举摘下了世界总决赛企业组的冠军，让中国青年的技术力量闪耀在世界的顶级赛事上。

知行合一。毕业工作8年来，我一直扎根在生产一线，在炼钢炉台旁边从事着技术以及操作工作，我将大学中所学的理论知识和现场的实践经验相结合，不断地锤炼自己、锻炼自己，精心炼好我手中的每一炉钢。我们先后成功冶炼了S80管线钢、Q500D等一系列低合金高强钢等70多个新钢种，为河钢的高端产品走进市场创造了有利的条件，也让我在生产一线上迅速成长了起来。不满是向上的车轮，不止是前进的脚步，在国家大力实施创新驱动发展，推进供给侧结构性改革上，我也紧跟着企业需求，主动转变思路，秉承特钢理念，打破了经验炼钢的固有模式，努力实施数字化炼钢，通过对钢水在线成分的分析不断总结经验，计算出准确的加料数据，让钢水成分波动控制在最小范围内，保证钢水成分的稳定性，提高了钢水的质量，实现了精炼钢水的优质低耗。

作为一名产线工程师，我积极破解精炼工序的时间瓶颈，探索出新的精炼冶炼模式，通过造轧前移，缩短精炼时间2分钟以上，为提质增效作出了积极的贡献。河钢集团坚定走产品高端化路线，优化客户结构，促进产品升级。在激烈的市场竞争中，我始终坚持以客户的要求作为自己的工作追求，

周文涛（左二）与同事研讨工作（二）

努力为客户提供满意的产品和优质的服务。为了提升品种钢的质量稳定性，我跟班作业，主动开展技术攻关，有时候为了得到生产中品种钢的某一个数据，我们连续加班加点十余个小时。习近平总书记说，幸福是奋斗出来的，奋斗本身就是一种幸福。我在现场工作中，十几小时坚持下来，我感到是幸福的。我也深知不积小流，无以成江海；不积跬步，无以至千里。作为一名青年，我利用业余时间，不断充实自己，不断去学习，我先后取得了六西格玛绿带及黑带资格证书，并且发表了论文《低成本高效LF精炼工艺创新与应用》，在河北省冶金协会交流会上获得了一等奖，参与发表的《LF精炼质量控制的创新与应用》获得了河北省质量技术一等奖，这让我更加坚定了向更高更远的目标奋力攀登的信心和决心。

同学们，大学时光转瞬即逝，作为一名学长，我对在座大一同学有几点建议：第一，身处学生阶段的我们，要将学习放在首要的位置，扎实的理论知识是我们将来主要的工作能力，会让我们的工作得心应手；第二，要培养一个良

好的学习习惯，一个好的学习习惯会让我们受益终身。课余时间，我们不要将时间浪费在打游戏上，我们可以利用课余时间参加学校和社会组织的活动，锻炼自己，这会为以后的工作提供很大的帮助；第三，要提高个人的综合素质、做人要谦虚、低调，还要有一个非常稳定的心态，遇到挫折不应该退缩，要坚持下去，只要坚持，就一定能成功。此外，还要有团队合作的意识，尤其是在工作之后，个人能力再强，如果没有团队的帮助，也不会取得成功。习近平总书记在党的十九大报告中说："青年兴则国家兴，青年强则国家强。青年一代有理想、有本领、有担当，国家就有前途，民族就有希望。"作为新时代的东大青年，我们要行动起来，走在时代前列，走在青年前列，牢记习近平总书记的嘱托，做有理想、有追求的大学生，做有担当、有作为的大学生，做有品质、有修养的大学生，积极投身到实现中华民族伟大复兴中国梦的伟大实践中。

周文涛在东大青年奋斗的青春故事会现场

（文：周文涛、周洛琦）

他建设了世界第二高桥

——讲述 2005 届校友张明闪的故事

深 406 米，跨 1130 米，长 2171.4 米，285 根通长索骨每根长度 1877 米，1 个工程，1 个工法，9 个科研项目，10 余个专利，20 余篇论文，1000 天日夜坚守……贵州省第一长桥，亚洲山区第一钢桁梁悬索桥，世界第二高桥——贵翁清水河大桥竣工通车。

贵州，全国唯一一个没有平原支撑的省份，在山茫茫、水迢迢的复杂地形中开山修路架桥，无异于"愚公移山"。"金沙水拍云崖暖，大渡桥横铁索寒。"这座世界第二高的清水河大桥，是总工程师张明闪参与建设的第四座桥。2015年末，这座桥用建设的句号留下了经济发展的冒号。"办法总比困难多"，这是他经常挂在嘴边的一句话。"修桥已经 10 多年了，别看 10 年好像很长，但修一座大桥就得花三四年时间。"作为总工程师，张明闪虽然是个"80后"，建桥经验却很丰富，从浙江舟山西堠门大桥，到泰州长江公路大桥，从杭州之江大桥到世界第二高桥贵州清水河大桥，他们把一个个天堑变成了通途。

他带领团队攻克一道道难关。首次将板桁结合结构的钢桁梁形式应用到山区悬索桥领域；首次采用千米级大吨位缆索吊技术，填补山区长距离大吨位吊装技术的空白，实现"中国智造"技术创新，被称为"敢干的路桥人"。他常说，桥通了，两岸百姓方便了，这就是筑路人的追求。他筑就了大家，却忽略了小家，因长期驻扎工地，女儿与父亲的团聚成为工地上最感人的一幕。大国匠心，他正和万千技术工作者带着独具专注气质的"工匠精神"，"拼出"中国建桥加速度。

【张明闪在 2019 年东大青年奋斗的青春故事会上的演讲实录】

张明闪在东大青年奋斗的青春故事会现场

尊敬的老师，亲爱的同学们，大家晚上好。我是东北大学资源与土木工程学院 2001 级的学生，我叫张明闪。我是来自中交第二公路工程局的一名桥梁工程师，今天我分享的是，作为"基建狂魔"的中国人当中一个桥梁工匠的故事。

2017 年，我出差到浙江舟山，路过了一座连接两个海岛的跨海大桥——西堠门大桥。西堠门大桥主跨 1650 米，他的跨径是中国第一、国际第二。当时载我的司机很兴奋地给我讲述了这座桥的故事，后来我告诉他，我就是这个故事的亲历者。是的，2005 年走出东大校门的我参与的第一个工程就是这座大桥，在这座大桥的建设过程中发生了很多的故事，最难忘的是经历台风的那些故事。我是山东菏泽人，作为一个内陆人，参与这个工程的时候是我第一次见到大海。工作没有多久就遇到了台风，当时我们加固完桥梁结构以后就躲在海岛上的驻地里。当时台风带着暴雨，水漫进了我们的房间里，因为在我当时的印象里，台风就是那种拔树倒屋的灭顶之灾，所以精神特别紧张。晚上，因为精神紧张所以十分困倦，我躺在床上，一只手耷在床下的水里就那样睡着了。第二天，风停雨收阳光明媚，让我感到一种特别的温暖与力量，这件事让我感受到生活的磨难都是成长的养分。后来这座桥获得了中国的鲁班奖、国际上的菲迪克杰出项目奖。

我参与的第二个工程是泰州长江公路大桥，这座长江大桥是世界上首座千米级、三塔两跨的悬索桥，当时这个结构，国外很多专家认为做不成，太难了，但是中国的工程师认为可以，能行。所以参与这座桥的建设过程中我

张明闪在现场指导桥梁施工

不光学习了很多的桥梁知识，也向我们的桥梁前辈们学习到了那种努力拼搏、想干敢干就能干成的工程师精神。后来这座桥获得了英国卓越结构工程大奖、2014年杰出结构工程奖。

我参与的第三个工程是钱塘江七桥，又叫之江大桥，这个桥是当时世界上最大的拱形钢塔斜拉桥。钱塘江潮被称为"天下第一潮"，是一大自然奇观，但是对于我们修桥的人来说，潮水却是一个很大的挑战。针对这个项目我们做了很多的科研，研发了自开门式液压提升系统、新型桥面吊机等，很好地完成了之江大桥的建设。后来这座桥获得了西湖杯、钱江杯，以及国家优质工程奖。

之江大桥刚刚通车，我就开始了第四个工程的建设。第四个工程是清水河大桥，清水河大桥主跨1130米，是一个三渠峡谷的桥梁。桥面距离峡谷底406米，我们需要在这个高度架设一座桥。难度有两个方面，桥高是一个方面，另外一个方面是运输难。在贵州，要想把几万吨的材料运输到场地去，我们采用的是蚂蚁搬家式的作业方式，然后用搭积木式的方式搭建我们的大桥。我记得我们的主缆运输需要340多次。很多老司机第一次运输到桥位以后就觉得太难了，再也不来第二次了，所以我们所有的运输都是一次性的。我们找了340多辆车才把主缆运输完成。当然针对这座桥我们还做了很多的科研，完成了机制砂自密实混凝土的应用和大额大吨位千米级的缆索吊的应用、板桁结合

加劲梁的应用。我们用了 29 个月就完成了这座千米级悬索桥的建设，比同类桥梁工期缩短三分之一。2015 年 12 月 31 日，这座桥通车了，让没有平原的贵州省实现了县县通高速。看着大桥通车，那一天，我写下了一句话："你静立青山，大美无言。我饮冰十年，不负少年。"这座桥后来获得了黄果树杯优质工程奖。

张明闪在桥梁施工现场

我现在做的工程是金安金沙江大桥，金安金沙江大桥主跨 1386 米，是目前世界上最大的三渠悬索桥。我们前期也经历了突风、突雨、山坡滑塌、高原反应等诸多的困难，但是我们都一一地克服了。现在大桥正在进行上部结构施工的时期，更大的挑战还在前方，但是我想我们能把所有的"不行"变成"我能"，把所有的天堑变成通途。

最后我想说的是，我看到了无数的海上日出，无数次的山间彩虹，我跨越了山和大海，"自强不息、知行合一"的东大校训精神刻在我的心头，时刻给我指引着方向。我相信我们东大的青年有用激情和理想去追梦、用奋斗和奉献去圆梦的精神，也有为我们伟大复兴中国梦的实现贡献自己力量的情怀。我相信通过我们青年人的努力，伟大的中国梦会覆盖我们中国的每一个角落！

（文：张明闪、迟美琪）

瞭望人生

——讲述 2003 届校友朱轩彤的故事

> 数学家怀特海曾说："在中学里，我们伏案学习；在大学里，我们应该站起来四面瞭望。"

20 年前，有这样一位东大青年，用"今天我以东大为自豪，明天东大以我为骄傲"的青春誓言，开始了她的人生瞭望。她曾担任 G20 能源事务中国协调人，曾到全球 50 多个国家和地区学习、工作和访问；她熟谙英、法、日、德四国语言，兼修社会学、经济学、会计学、法学等多学科。她是被保送到清华大学的东北大学历史上首位女学生会主席。

她以"开窗放入大江来"的胸怀书写人生，用"推开每扇可能打开的门"的信念创造未来。

【朱轩彤在 2017 年东大青年奋斗的青春故事会上的演讲实录】

尊敬的各位老师、尊敬的各位同学，大家晚上好！

我是朱轩彤，现就职于国家发展和改革委员会，特别开心能够回到母校参加青春故事会。我们都喜欢听故事，没想到有一天，我也成了青春故事会里的一个人。大家肯定都对故事里面的人充满了期待，觉得她很神秘，但实际上当我站在台上，想告诉你们的是，我就是你们当中的一员！

朱轩彤在东大
青年奋斗的青
春故事会现场

今天特别开心，见到了十多年前教过我的老师，见到了我的同学，最高兴的是见到了很多还不认识的学弟学妹。说实话，我特别羡慕你们，为什么这么说呢？因为你们还年轻，有很多很多的可能。我还羡慕你们，因为在这十多年里，东北大学完全变了模样。可能你们想不到的是，15年前的今天，站在主持位置上主持"五四奖章"颁奖典礼的就是我，但那时候，学校还没有刘长春体育馆，颁奖典礼是在图书馆门前的广场上举办的。这十几年里，东北大学发生了翻天覆地的变化。走在校园里，我能感觉到一丝青春的甜甜的气息。我听说东北大学新建了浑南校区，光图书馆就有4万多平方米，我特别希望能到那里去看一看、到那里去读书，可惜我比你们大了太多岁，可能已经失去了这个机会。我想请大家珍惜现在拥有的机会，你们才刚刚开始大学生活，可以在这里享受很多很多。

朱轩彤在东北大学

现在，我们要开始一个不那么正式的部分了。

我想跟各位的手机打个招呼，各位的手机，大家好！我相信刚刚很多人并没有在看我，你们在看手机、在看微博微信、在和旁边的同学用手机沟通。确实，手机和网络改变了我们的生活，但大家请想一想，这能代替人吗？不能！很显然，这不是真实的世界，这只是一个虚幻的世界。互联网、计算机、计算学习、大数据、云计算、区块链已经改变了世界，但是请别忘了，这些只是工具，而不是生活的全部。大家可以想象，当优秀的围棋选手被阿尔法狗打败的时候，我们是不是也应该有一丝丝的危机感呢？也许就在不远的将来，机器可以代替人类，或者至少可以代替人类很大的一部分工作和生活中很重要的一些功能，但是不变的是什么？其实是我们自己。我们需要做的是什么？实际上是去赶上生活，这样才能够打造可持续的人生。前一段时间，网上有一个很流行的段子，是说 35 岁之后，你还能干什么？我今年已经 36 岁了，我可以挺自豪地说，我还能干挺多事情的。请坐在下面的你也想一想：你在 35 岁以后还能做什么？

在这里，我特别想跟大家说，如果我能重新开始的话，我特别希望能够在这里得到"三多"。哪"三多"？多读书、多思考、多担当。

多读书，顾名思义，来到东北大学就是读书的。刚才我提到的图书馆，你有没有去过？你有没有在那里多读几本书？你有没有和你的同学一起分享学科之外的一些好书？现在你们还没有进入研究生阶段，最重要的就是打造自己在多学科多专业方面的能力。我曾经参加过中国对卡塔尔、美国、加拿大等国家的专业谈判，在东大期间学习的国际法、国际商法知识派上了用场。上学时其实根本没有想过，有一天会用上。这些知识会悄悄地改变你，改变你的生活。如果你有机会，请去图书馆，请去学习，学习更多自己学科外的知识。比如说，你可以多学几门外语，可以学学财会、法律等。可能很多人会说，我并没有那些资源啊。我可以告诉你，十多年前的时候，我在东北大学就学习了很多语言，那个时候我能找到的资源，相信今天的你也一定能找到。

第二"多"是多思考。很多时候我们会觉得思考是什么，它

朱轩彤

不就是孔子说的"学而不思则罔，思而不学则殆"。大家语文学得都很好，但我想跟大家说的是，思考过程中除了个人的思考外，还有一个非常重要的过程，就是和大家探讨，与老师、与前辈、与同学，甚至与不相关的人探讨。我们不要再沉溺于手机，要和大家进行面对面的讨论、面对面的交流，从别人的生活经历或工作经历中汲取营养。我觉得东大有非常多非常好的老师可以给我们提供这方面的帮助。

朱轩彤（一排左三）担任 G20 能源事务中国协调人

第三"多"是多担当。我从清华毕业后去了外企，然后又考的公务员，现在工资比在外企要少很多。大家可能不太理解，我为什么要当公务员呢？因为我非常高兴能和祖国、和这个时代在一起，我能感觉到我的祖国需要我。我参与了国家非常多的重大历史事件，像马拉喀什气候变化大会、G20 峰会、APEC 会议……你也许会问，当一个公务员苦不苦？其实在去年一年里，我差不多每天晚上都是 9 点多才能下班，回到家的时候已经 10 点或 11 点了，我的孩子早已经睡着了，第二天早上我出门的时候他还没有醒。特别是我们在经历一些重要的事件时，比如主持重要会议、写报给国务院的大稿子或者是参加 G20 谈判的时候，是经常要熬通宵的。办公室里有一张很破很旧的折叠床，已经跟了我很多年，有的时候加班，我就会睡在办公室。虽然苦，但是我觉得这一切都是值得的。我不知道你们现在能不能体会到这种值得，这种体会需要时间沉淀，我希望你们有一天能够体会到。

（文：朱轩彤、赵春时）

"笔尖钢"的故事

——讲述 2003 届校友车德会的故事

> 向上是一种力量，向善是一种品格。

在共青团中央主办的"全国向上向善好青年"推选活动中，太原钢铁集团有限公司技术中心青年科研人员、本硕博均就读于东北大学的"三东"校友车德会光荣入围。

2015 年，他以重要成员身份加入笔尖用钢研发团队，为得到用户的第一手资料，他"奔跑"在上海、苏州、温州等城市，连续出差最长时间达 32 天。凭借着惊人的意志力，夜以继日攻关试验，成功研发出我国的笔尖钢产品，破解了李克强总理的"圆珠笔之问"，用中国智造实现了"笔尖用钢国产化"，打破了国外企业对这一领域的垄断，让国产笔用上了自己的笔尖。

小笔尖铸就报国志，实干处深藏大豪情。

【车德会在 2017 年东大青年奋斗的青春故事会上的演讲实录】

尊敬的各位领导、老师，亲爱的同学们，大家晚上好！

我叫车德会，是来自太原钢铁集团有限公司的一名产品工程师，非常高兴能够再次回到母校，也非常感谢母校能够给我这样一次机会。曾经在这里学习生活了这么长时间，每次回来都能感受到熟悉的气息，体会到青春的美好，也让我回忆起我在这里读书的那些日子。今天回到母校，我要和大家分享一下，我研发笔尖钢的经历。

车德会在东大青年奋斗的青春故事会现场

2015 年 11 月 22 日，央视《对话》节目里面提到，中国造不出来笔尖钢。2016 年 1 月 4 日，李克强总理在太原召开钢铁煤炭行业化解过剩产能座谈会，又一次提到了笔尖钢。于是，笔尖钢火遍了网络。看似不起眼的圆珠笔头，实际上内部结构非常精密复杂，加工精度的要求是微米级，对材料的切削加工性能要求极其苛刻。考验的是我国制造业的短板：精细化。在我加入研发团队之前，公司已经研究了四年笔尖钢，但一直没有获得用户的认可。

2015 年底，我接到研发任务后，也是一头雾水。面对引起社会强烈反响的李克强总理的"圆珠笔之问"，面对国内多年尚未突破的技术难题，作为太原钢铁集团笔尖钢研发团队的一员，我深感责任重大的同时，积极面对挑战。没有什么捷径，只能从头学起，先跟客户收集现有材料存在的问题，以及对产品性能的要求，再仔细去分析检测，这个过程需要特别地细心和敏感。随后，我们总结了四点问题，一是材质成分问题，二是元素偏析问题，三是力学性能问题，四是磨损问题。通俗来讲，就像我喜欢吃的一盘菜叫地三鲜，一是没加

车德会在研发

青椒，二是茄子咸了，三是土豆还有点生心，四是吃一口还有沙子，像这样的菜，顾客挑剔也正常。随后，我们有针对性地对成分进行了重新设计，冶炼以及加工工艺也重新进行了修正和调整，效果立

竿见影，客户反映材料性能明显改善，但是实际上与进口材料还是有一定的差距。做事情就要做精，我们随后又再次改进，不允许留存一点差距。我们再生产的时候，笔头质量已经能达到进口材料的水平，客户很满意。

听我这么讲，好像研发过程挺简单的。其实，我在 2016 年是全身心地把精力都投到这一件事上，研发过程中遇到了各种各样的难题、障碍，但不管怎样，我都告诉自己要沉住气，要硬着头皮去一一解决。忙起来时，没有下

车德会在车间

班时间，也没有周末休息。在去年技术攻关的最关键时期，我曾连续 32 天出差没有回过家，在生产一线盯着生产。这需要一股韧劲、需要一份坚持，就是这种不达目的不罢休的毅力，是成功最关键的因素。就像经典作文《挖井》，有的人坚持下去了，那他就挖出来了水。做技术，搞科研，需要的就是这股韧劲儿，需要不屈的"种子"精神，更需要以不达目的不罢休的标准去要求自己，只有这样，目标才有可能实现。

当然，光靠细心和毅力是不够的，百分之九十九的勤奋之外，还需要百分之一的灵感。灵感是怎么来的呢？有的是从面试题目，有的是从课本上的公式，有的是从同学的论文中。解决一个问题，有时候单单靠课堂上的知识是不够的，需要我们平时勤于学习和善于积累，积累的知识多了，自然就有了灵感，就像哲学里的一句话，偶然事件也有必然性的因素。

大学时，高数老师王学理的一番话，我至今记忆犹新，"学习是要贯穿人一生的行为，考上大学只是你人生万里长征的第一步。"这句话深深地影响了我，也是从那以后，我真正意识到只有不断潜心学习才是正路，即使遇到困难，也要用坚定的毅力去面对。

不管是细心、毅力，还是善于积累，实际上都是源自你们内心。如果你日后从事的工作是一份自己很感兴趣的工作，那是最好的。但我认为兴趣不一定一直靠谱，更靠谱的是你对工作的责任感和使命感，你呵护了你的工作，你的

工作自然会给你回报。

我国近些年在制造业上的成就举世瞩目，比如说高铁、载人飞船、大飞机和国产航母。实际上，其中有一部分关键材料，我们仍然不能自产，还需要进口。

东大在传统专业上有着非常大的影响力和优势，比如说冶金、材料、加工、采矿、机械，这些传统专业绝不是没落专业，中国制造业就需要传统专业的参与。传统专业更具有发展潜力、更有技术含量、更需要我们一代一代的科技人员去积跬步前行。你们是中国未来制造业的担当，中国制造业强国的目标，需要靠你们来实现。

车德会在钢厂

没有母校多年来对我的培养，也就没有我今天的成绩。工作期间，每次去实验室或者厂房看到机器上的"NEU"标志，都让我以作为一个东大人而自豪。

同学们，大学是人生职业生涯的启蒙阶段，希望大家能在东大这个熔炉里，练就一身本领。最后，祝同学们的大学时光快乐、充实、有意义！

（文：车德会、赵春时）

载人深潜的探索之路

——讲述 2006 级校友赵兵的故事

2020 年 11 月 10 日，大洋之底，马里亚纳海沟，载有 3 名潜航员的"奋斗者"号成功坐底，下潜深度达 10909 米，标注中国载人深潜新坐标，达到世界领先水平。东北大学优秀毕业生、"奋斗者"号控制软件负责人、主驾驶试航员赵兵，亲眼见证了我国载人深潜的这一次跨越。

"奋斗者"号全海深载人潜水器成功完成万米海试并于 2020 年 11 月 28 日胜利返航。中共中央总书记、国家主席、中央军委主席习近平发来贺信，致以热烈的祝贺，向所有致力于深海装备研发、深渊科学研究的科研工作者致以诚挚的问候。

习近平总书记在贺信中指出，"奋斗者"号研制及海试的成功，标志着我国具有了进入世界海洋最深处开展科学探索和研究的能力，体现了我国在海

赵兵在东北大学"大学声"成长计划成果汇报会活动现场

洋高技术领域的综合实力。从"蛟龙"号、"深海勇士"号到今天的"奋斗者"号，你们以严谨科学的态度和自立自强的勇气，践行"严谨求实、团结协作、拼搏奉献、勇攀高峰"的中国载人深潜精神，为科技创新树立了典范。

在这次海试中，有一个名字引起大家的关注，他就是东北大学优秀毕业生、"奋斗者"号控制软件负责人、主驾驶试航员——赵兵。

赵兵作为"奋斗者"号控制软件负责人，负责潜水器核心控制软件的设计与研发，针对深渊复杂环境下大惯量载体多自由度航行操控、系统安全可靠运行等技术难题，实现了潜水器自动定深、定向、定高、定速、悬停定位、定点航行等高精度自动航行控制功能，基于数据与模型预测的在线智能故障诊断与容错控制以及海底自主避碰等功能，基于多传感器数据融合的水下高精度组合导航功能。其中，水平面和垂直面航行控制性能指标达到国际先进水平。

【赵兵在 2021 年"大学声"成长计划成果汇报会上的演讲实录】

尊敬的领导、老师，亲爱的同学们，大家好！我叫赵兵，是"奋斗者"号载人潜水器的总驾驶，本科毕业于理学院信息与计算科学专业，硕士毕业于东北大学信息学院模式识别与智能系统专业，非常荣幸收到母校的邀请，接下来想跟大家分享我从事载人深潜试验的历程。

2014 年毕业后，我进入中国科学院沈阳自动化研究所水下机器人研究室开展工作，7 年来，我一直致力于载人潜水器控制技术研究，在我国的第二代、第三代载人潜水器"深海勇士"号和"奋斗者"号的研制中，担任控制

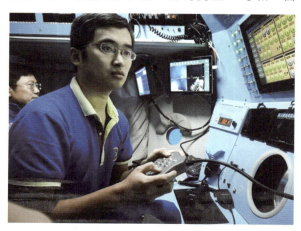

赵兵在工作

软件负责人。在潜水器的海事试验中，我勇担重任，承担了最为艰巨的潜水器主驾驶室试航员工作。马里亚纳海沟被誉为除北极、南极、珠穆朗玛外，地球的第四级，是地球上环境最恶劣的区域之一，在这里我成功驾驶"奋斗者"号下潜到了万米深渊。

回顾我的载人深潜历程，经历了太多的辛酸与鼓舞。航天英雄杨利伟说过，有一种生活你没经历过，就不知道其中的艰辛；有一种艰辛你没体会过，就不知道其中的快乐；有一种快乐你没拥有过，就不知道其中的坚定。还记得首次下潜试验时，我们要顶着37℃的高温连续下潜调试12小时，舱里的环境如同桑拿房一样，每一次都是汗如雨下，浑身湿透；还记得第一次驾驶潜水器在海上下潜时，潜水器在恶劣的海况下剧烈摇晃，严重晕船的我在潜器里吐了三次，即便这样，我还要驾驶潜水器完成调试作业，并且第二天还要连续下潜；还记得潜水器外场试验时，恰逢妻子怀孕和坐月子，其间为了确保项目进度，我一直出差在外进行调试实验，一去就是200多天，非常遗憾没能尽到一个丈夫和父亲的责任；还记得万米下潜的前夜，虽然从水池试验到海试，驾驶潜水器我已经轻车熟路，但考虑到即将执行的是一项极具挑战性的工作，全世界之前只有13人到达过万米深渊，我紧张得彻夜难眠，脑海中不停地演练着第二天下潜过程中每一步的细节。如果下潜时发生了意外，假如我上不来

"奋斗者"号海试试验

了，我的父母怎么办？我的妻子怎么办？我3岁的孩子该怎么办？我不禁偷偷写了一份"遗书"，留给自己的亲人。

时至今日，我已驾驶潜水器执行了72次下潜。尽管面临着这么多艰辛，也曾直面过恐惧，我却从未有过一丝退缩，是什么力量在支撑着我？我想这是一份精神、一份责任和一份担当。当初成立试航员团队时，我们在国旗下进行了宣誓，我想在那一刻我们选择的不是一份职业，而是一份责任。正是有了这一份责任，才支撑着我默默地面对各种艰辛、默默地坚持。身为一名共产党员，我坚信祖国的利益高于一切，在国家的载人深潜试验面前，我做到了舍小家为大家，倾注自己全部的心血，牺牲奉献一切的个人幸福。壮丽的海疆需要我，深沉的海域需要我，祖国的深潜事业需要我，那我便毫不犹豫，向载人深潜事业奔去，尽我全力！

辛苦的付出终究收获了回报。2020 年 10 月 30 日，我驾驶"奋斗者"号，在马里亚纳海沟执行下潜任务。下潜的过程非常顺利，1000 米、3000 米、8000 米……潜水器的深度不断增加。当控制软件界面的深度突破 10000 米时，我们三个下潜人员都非常激动，这一刻确实等了太久。记得当执行完抛载，操作潜水器平稳地着落在万

赵兵（左一）完成"深海勇士"号 4500 米下潜试验

米深渊时，我激动地透过观察窗向外看，那是一片神秘的未知空间，万米的海底是如此深邃和静谧，它能让一切嘈杂的心随之沉静下来，海底生物的数量出乎我的意料，随处可见透明的海参、多毛类、海绵，不禁让我感叹生命的适应性是如此之强。最终，我们的最大下潜深度定格在了 10819 米，我也迎来了下潜生涯最重要的一次泼水礼。

更重要的是，这是我们中国人第一次到达这里，在这一刻我深切地感受到作为中国人无比的骄傲和自豪，体会到了历经艰辛后的这份快乐。在这里，我要感谢我的母校东北大学对我的培养，感谢我的导师赵姝颖老师对我的教导和帮助，您的教诲为我后续的科研工作打下了坚实的基础。无论走到哪里，我都以身为一名东大人而自豪。虽然我们成功

赵兵（中）在"奋斗者"号上

探索了万米深渊，但海洋研究的工作还远未停止，海洋学家认为，目前人类对海洋的探索只有 5%，还有大片的未知等待着我们去探索。

习近平总书记强调，我们要进一步关心海洋、认识海洋、经略海洋，推动我国海洋强国建设不断取得新成就。今后，我会继续发扬"严谨求实、团结协作、拼搏奉献、勇攀高峰"的中国载人深潜精神，在科研的道路上奋力拼搏。我的目标是那一抹深蓝，我的目标是星辰大海。请全体东大人与我一起宣誓，白山兮高高不忘历史底色，黑水兮滔滔建设新时代使命，自强不息争做时代新人，知行合一砥砺青春梦想。新时代的东大人以实现中华民族伟大复兴为己任，不负时代，不负韶华，将汗水挥洒在祖国的大地上，用热血谱写建功立业的新篇章，请党放心，强国有我！

（文：赵兵、管珊珊）